prompt & subit nous seruira d'excuse.
Aussi qu'il n'est pas possible de vous le
presenter plus à propos qu'en suite de tant
de nouuelles victoires & de conquestes, non moins glorieuses & considerables, que les premieres. Car puis que
V. M. les a voulu faire voir dans les
pais estrangers, & que le cours n'en a
peu estre empesché par la rigueur des
saisons, & les fortes digues que la Nature a mis pour borner les Royaumes
contre l'ambition de vos ennemis, &
non pour retarder les effects admirables
de vostre Iustice. Il n'est pas raisonnable que les triomphes qui vous sont
deus, soient renfermez dans l'enceinte d'une ville, & terminez par la brie-

ueté d'vn seul iour; mais qu'ils soient publiez par tous les endroits du monde, & continuez autant de temps, que la Posterité iouyra de vos bienfaits. C'est, SIRE, nostre intention, que nous vous suplions en toute humilité receuoir auec pareil contentement, comme vous auez fait l'action mesme. Cependant nous continürons nos vœus & nos prieres à Dieu pour la prosperité de vostre personne sacree, & accroissement du bon-heur de vos armes, & qu'il luy plaise conseruer V. M. comme le plus beau rayon qu'il face reluire sur la terre, & vous ramener bien tost couuert de gloire & d'honneur, pour auoir deliurè de seruitude ce païs, qui se vantoit autrefois de commander toute

ELOGES
ET
DISCOVRS
SVR LA
TRIOMPHANTE
RECEPTION DV ROY
EN SA VILLE DE PARIS,
apres la Reduction de la Rochelle:

ACCOMPAGNEZ DES FIGVRES,
tant des Arcs de Triomphe, que des autres preparatifs.

A PARIS,

Chez Pierre Rocolet, Impr. & Libraire ordinaire de la Maison de Ville,
en sa boutique au Palais, en la gallerie des prisonniers.

M. DC. XXIX.

AVEC PRIVILEGE DV ROY.

AV ROY.

S IRE,

Vostre Maiesté a tesmoigné auoir eu
tant agreable les efforts de ses subiects
pour la receuoir glorieuse & triomphante en sa bonne ville de Paris, que nous
auons creu qu'elle approuueroit nostre
dessein d'en laisser le discours à la posterité. L'on nous poura reprocher d'auoir
beaucoup attendu, mais vostre depart si

ã

la Terre, & reduit sous les lois de vostre obeyssance, ce qui reste d'opiniastres & de rebelles contre vostre souueraine aucto-rité.

DE VOSTRE MAIESTE'

Ce 25. d'Auril,
1629.

Les tres-humbles, tres-obeyssans &
tres-fideles seruiteurs & subiects,
Le PREVOST DES MARCHANDS,
& les ESCHEVINS de vostre Ville
de Paris.

AV LECTEVR

LVDOVICO XIII·

FRANC. ET NAVAR. REGI CHRISTIANISS.
INVICTO IVSTO PIO
VIRTVTE FORTISS. PIETATE CLEMENTISS.

QVOD RVPPELLA ANNVA OBSIDIONE ET EXCI-
TATO PER MARE STVPENDI OPERIS AGGERE
AD DEDITIONEM COMPVLSA EXTERNIS REGNI
HOSTIBVS TRIPLICI PRÆLIO TERRA MARIQVE
SVPERATIS OMNEM OMNIVM ANTE SE PRINCIPVM
GLORIAM ET FELICITATEM SVPERGRESSVS
VICTOR AC TRIVMPHANS IN VRBEM REDIIT

NVMINI MAIESTATIQ. EIVS DEVOTISSIMA PARISIORVM
LVTETIA AVGVSTA DEDICAT CONSECRATQ.

A LOVIS TREZIESME

ROY TRES-CHRESTIEN DE FRANCE ET DE NAVARRE
INVINCIBLE IVSTE DEBONNAIRE
TRES-PVISSANT PAR SA VERTV
TRES-CLEMENT PAR SA PIETE

APRES AVOIR REDVIT LA ROCHELLE EN SON
OBEISSANCE PAR LE SIEGE D'VN AN ET PAR LE
TRAVAIL ADMIRABLE DE LA DIGVE VAINCV TROIS
FOIS LES ESTRANGERS SVR TERRE ET SVR MER
SVRPASSE' LA GLOIRE ET LA FELICITE' DE TOVS
LES PRINCES QVI FVRENT IAMAIS.

EN SON RETOVR VICTORIEVX ET TRIOMPHANT
LA VILLE DE PARIS.

Toutes les figures contenues en ce Liure ont esté faites et se vendent à PARIS par
...uernier Graueur et Imprimeur du ROY pour les Tailles   Pierre Firens Graueur en Tailles douces demeurant rue
...eurant en L'Isle du Palais sur le Quay à l'Epic d'Or.   St Iaques a lenseigne de l'Imprimerie en Tailles douces

AV LECTEVR.

VOVS aurez grandement souhaité que l'explication des peintures, qu'on a faites pour la Reception de sa Maiesté, eust paru incontinent apres le iour qu'elle se fit: chaque piece receuant tous ses iours en mesme temps, & estant dés lors expliquée, eust encore apporté plus de plaisir. L'on vous eust espargné les ennuyeuses attentes que ces retardemens traisnent apres eux, & vous eussiez receu pour bienfaict ce que les delais vous pourroient maintenant persuader estre vne debte; Car au dire du Chrysostome des Payens, & dans le sens commun du monde, Le plaisir, qui s'attend de quelqu'vn, prend la nature d'vne debte, quand il est long temps attendu. *Dio orat. 40. ὅταν τῷ βραδεύειν ἡ χάρις*

Mais apres vous auoir fait souuenir, de combien les Graueurs ont peu retarder cét ouurage, l'on vous priera de croire, que s'il faut employer vostre bonté pour vne excuse, c'est plustost afin de vous faire aggréer le peu de loisir qu'on a pris pour finir & limer ce qu'on vous presente, que pour aucune remise ou longueur. Celuy-là se mesprend en la Maiesté d'vn grand Roy, dit vn Ancien, qui veut faire entendre ses loüanges, sans auoir pris autant de temps qu'il luy faut, pour s'y preparer dignement. La Nature mesme trauaille dauantage à meurir le fruict du palmier, symbole de victoire, qu'à celuy des autres arbres, elle y met les quatre saisons; pour nous apprendre que si l'Art ne retouche plusieurs fois ce que iettent dehors les premiers saisissemens de ioye que les grandes Victoires nous apportent, il ne peut pas beaucoup estre agreable. Tellement que si quelque chose vous contente en ce fruict de palme, & d'eloge, qui a veu son année & ses quatre saisons presque en vn iour; cela se doit plustost attribuer au grand Genie du sujet, qui se rend admirable encore en ceux qu'on employe pour l'honorer, que non pas à cette acceleration si soudaine, qui ne peut produire de soy, dit Themistius, qu'vn fruict aueugle, & dans la creance commune, qu'vn repentir. *Qui apud Imp. dicit ex têpore, quantum sit, non sentit imperium. Eumen. Const. A. Plin. l.3.c.14. Oratione 15. Θεότης τυφλαί τίκτεσι κ̃ ἀπλῆι.*

Partant apres vous auoir satisfaict sur les precipitations & les longueurs de cét Ouurage, il est meilleur d'employer cette Preface à vous rendre raison de l'ordre qui s'y garde, & pourquoy l'on s'est plustost serui de ce qu'on a trouué de rare dans l'antiquité, pour l'assortissement parfaict d'vn grand Triomphe, que non pas de quelques inuentions modernes, quoy que dreſſées à meſme fin, qui peut-eſtre euſſent requis moins de trauail. Sur quoy l'on vous accorde cette verité, qu'il ne faut pas touſiours priſer l'humeur de ceux qui meſpriſent leur ſiecle, & qui en toute choſe ſe rendent admirateurs, & paſſionnez partiſans de l'Antiquité. La veine des beaux eſprits n'eſt pas ſi toſt tarie que l'on dict; les riches inuentions coulent par noſtre ſiecle auſſi heureuſement, que nos anceſtres les ont veuës cou-ler par leurs trauaux: Au contraire ſils nous ont vaincu en l'ouuerture des che-mins, nous meritons le los entier de les auoir applanis, & ſi bien dreſſez, qu'il y a plus de gloire à les auoir conduicts à cette perfection, qu'à les auoir ſimple-ment entamez. Mais ſur tout, pour plaire à ceux de noſtre temps, le conſeil que donne Eſculape aux Medecins, va plus loing, que ne ſont les ordonnances & les priſes qu'on commande aux malades pour leur ſanté; c'eſt à ſçauoir que les ſcien-ces ſe doiuent accommoder aux ſaiſons, & que dans le maniment des lettres, il faut touſiours ſe regler aux forces d'eſprit, & à l'humeur du ſiecle que l'on ſert.

Toutefois d'vn autre coſté l'on maintient, que les anciens ont excellé telle-ment en ce qui touche l'Honneur de la Vertu, ſoit que la premiere veuë qu'en eurent les hommes, les excitaſt dauantage à l'honorer, ſoit qu'vne plus grande lumiere d'entendement les aſſiſtaſt, que maintenant le plus ſage conſeil qui ſe puiſſe prendre quand il ſagiſt de ſes loüanges, eſt celuy de les imiter. Cette crean-ce eſt ſi forte, que quand l'on veut auiourd'huy dignement recognoiſtre la Vertu d'vn Prince, l'on a recours auſſi toſt aux maſures des coliſées qui nous reſtent en-core, ou à ce que la plume des Autheurs nous a gardé de l'antiquité; l'on eſtime auoir beaucoup faict, quand l'on a deterré quelque pierre, ou vn cuiure qui ſoit fauorable à nos deſſeins. De là vient que comme nous employons dauantage ces moyens de bien aſſortir vn Triomphe, ils ſont auſſi les plus cognus: le peuple qui les voit, y trouue plus aiſément ſa penſée, & la ioye qu'il a du bien public: Les in-uentions modernes ont encore beſoing de pluſieurs ſiecles, pour ſe donner à co-gnoiſtre, afin qu'on les reçoiue en vn employ, qui doit rendre la ioye auſſi publi-que, qu'eſt le bien pour lequel on la recherche. C'eſt donc ce qui a obligé à pre-ferer les pieces anciennes à celles de noſtre temps, & à aſſembler pour la Recep-tion du Roy les ornemens de la Gloire, deſquels Rome & la Grece ont autrefois honoré leurs Princes & leurs Roys Victorieux.

Car quel moyen de ſaccorder auec Dion en vne choſe, qui ſe peut produire contre nous, & qu'il reprend ſi fort aux Rhodiens? Leur couſtume eſtoit, que voulans honorer le merite de quelqu'vn, ils ne ſe ſeruoient point d'autres pieces que de celles qu'ils auoient conſerué du temps paſſé; l'on mettoit le nom du Vi-ctorieux dans la baze des anciennes ſtatuës, & l'on effaçoit celuy des Heros, auſ-quels iadis elles auoient eſté conſacrées: Ne faict-on pas le meſme en ce Triom-phe; auquel l'on donne au Roy tous les eloges de Gloire du temps paſſé? Mais à le prendre ſainement comme il faut, cette couſtume eſt tres-loüable, & l'on ſou-ſtient qu'elle regarde également l'honneur des anciens Victorieux & des Nou-ueaux. Car que pouuoient dauantage eſperer à Rhodes ces ieunes pretendans de la Gloire, que d'eſtre rendus egaux à leurs anceſtres; & quel plus grand aduanta-

Max. Tyr.
λόγ. κθ'.

Orat. Rhod.

ge ceux-cy pouuoient-ils attendre de la vertu de leur posterité, que d'auoir autant de preuues de la leur, que de successeurs en leur gloire? Les statuës mesme en estoient releuées de respect & de prix, quand par vne perpetuelle subrogation de nouueaux noms, leur estime estoit conseruée en sa vigueur: ce rafreschissement continu de noms victorieux les faisoit rajeunir & prendre vne nouuelle vie autant de fois, que quelque eminente vertu paroissoit en la Republique. C'est donc bien payer le secours que nous tirons en cecy de l'antiquité; c'est la tirer du tombeau de l'Oubliance que de l'employer au seruice de sa Majesté: c'est obliger tous les Roys & les conquerans du Temps passé, que de s'estre serui de leurs eloges pour orner le Triomphe du Roy Victorieux, les faire renaistre dans ses merites, comme leurs proüesses se iustifient par les siennes; bref c'est les releuer autant en honneur, qu'ils nous deuancent d'années, que de leurs trophées faire les marches du Trosne de Grandeur que Paris luy veut icy bastir de ses mains.

Aussi nous trouuerons dans la Victoire qui donne le suject de ce Triomphe, tout ce qui se peut admirer dans la valeur des siecles precedens Quand la Nature fait l'Opale, l'on diroit qu'elle mesle ensemble toutes les riches matieres dont elle faict les diamants, les rubis, & les saphirs: & lors que la Bonté Diuine a donné au Roy le succez que nous admirons, elle y a meslé tout ce que nous loüons & prisons ez autres Victoires. Il y a eu de la vaillance & du combat, du hazard & de la meslée, du stratageme & du dessein, de l'aduanture & du bon heur, de la violence & de la force, de la patience & du delay: aussi les Ennemis employoient à leur deffense tout ce qu'on a iamais veu dans les guerres, se seruoient de la nature & de l'art pour resister, combattoient de leurs dedans & par dehors, auoient à leurs secours les forces estrangeres & du pays, souffleuoient tous les elements; & pour faire plus de resistance aux Vertus dont le Ciel a doüé ce Grand Monarque, auoient depuis longues années faict de leur ville vn Azile public à tous les vices. Quelle merueille donc si nous assemblons en ce Triomphe ce que la bienueillance des peuples a distribué aux autres Capitaines & Vainqueurs: & si d'vne seule veüe vous recognoistrez icy, comme dans le fore Romain orné par quelque Edile somptueux, tout ce que l'antiquité a eu de plus exquis dans les monuments consacrez à la Vertu?

Que si quelque particularité a peu arrester quelqu'vn moins versé dans la cognoissance des antiques, tandis que le seul pinceau paroissoit, & qu'on ne voyoit autre chose sur les Arcs Triomphaux, que les couleurs; l'on nous faict esperer que la plume faira couler par tout tant de lumiere, que chacun recognoistra tres-clairement auec combien de suject ces grandes machines ont esté eleuées par la contribution de tous les siecles à l'honneur de sa Majesté. Mesme nous auons imploré la fermeté d'vn riche burin, pour rendre ce Triomphe immortel dans la memoire des aages suiuans; qui venants à iouyr plus que nous encore des fruicts d'vne si belle conqueste, & iugeants auec moins de soupçon des proüesses de nostre Inuincible Conquerant, sçauront gré à la Ville d'auoir voulu prendre le soin de leur communiquer par ces planches la Reception du Roy, & formeront l'estime de ses eminentes qualitez, sur l'air & le patron de leurs desseins.

Vne chofe feule fe trouuera, que ny eux-mefmes, ny ceux qui viendront apres eux ne pourront iamais dignement recognoiftre; qui eft le contentement que le Roy a daigné tefmoigner de l'appareil: C'eft ce qui nous faict dire auec le Panegyrifte de Theodoric Roy d'Italie, & ce qui doit rouler par les fiecles qui nous fuiuront; *O Regem omni tranquillitate compofitum , qui deuotioni noftra imputat, quod impendimus feruituti!* O que ce Grand Roy eft diuinement afforty de toute modération & bonté, qui daigne prendre pour vn témoignage d'affection enuers fa Majefté le feruice que nous luy deuons de noftre naiffance, & à raifon de fes vertus!

Ennod. Ticin. Theodor. R.

Partant nous fommes bien affeurez que dans ces Eloges il n'y aura point de lieu à la flatterie: Comme deuant vne grande lumiere il ne faut point apprehender d'ombre; auffi où efclatte tant de merite, l'on n'y peut pas craindre l'excez ou la vanité. Libanius a dit hardiment qu'en comparaifon d'Achilles, toute chofe ne tenoit que le fecond rang: μετ᾽ Ἀχιλλέα, δεύτερα πάντα; d'où venoit que la Victoire qu'Apollon en remporta, fut la plus grande qu'on euft encore iamais veuë, & qu'on ne pouuoit trop eftimer. Nous dirons veritablement que la Rochelle furpaffant ce qui eftoit deffus la terre en force & en volonté de fe deffendre, fa Majefté l'ayant vaincuë, f'eft couronnée le front d'vn laurier, qui ne peut rien auoir d'exceffif pour la loüange, comme il n'a rien de comparable pour le merite. Vn Grec a peu dire, en la naiffance d'vn enfant, que fi la loüange n'euft point encore eu de cours parmy les hommes, & n'euft auparauant efté cogneüe, il euft neceffairement fallu la pouffer dehors, & luy donner l'eftre dans la plus haute perfection qu'on euft peu, pour dignement honorer ce fuject. Auec combien meilleure raifon pourrons-nous dire que fi les Couronnes, les peintures, les grandeurs n'euffent iamais encore efté veües & pratiquées entre les hommes, il euft maintenant efté neceffaire de les faire naiftre pour nous ayder à conduire le chariot triomphant du Roy Victorieux dans la ville capitale de fes Royaumes? Il n'eft pas donc poffible d'exceder, où la loüange mefme & l'honneur prendroient leurs naiffances, s'ils n'eftoient nais auparauant.

Laud. Achill.

Arift. Genethl.

C'eft le deftin de fa Majefté de toufiours vaincre: il le faict en fes ennemis par les armes, és rebelles par la Clemence, & par le Royal aduantage de fes proüeffes en tous ceux qui trauailleront pour le loüer. La ftatuë d'Orphée fua iadis; comme fi ce Poëte diuin, en vn marbre infenfible, eut confeffé que fes forces n'arriuoient point à la vaillance d'Alexandre. Le plus grand rehauffement que nous puiffions donner à l'Eloge que nous entreprenons, eft d'aduoüer noftre foibleffe, & de ne pouuoir pas fuffire au merite de noftre fuject: ὃ γὰρ ἐλάττωμα τῷ ἐπαινουμένῳ, ὃ τοῦ ἐπαινῶντος ἐν ταῖς τῆς ἐγκωμιαστικῆς φράσεως ἀρμονίαις ἥττημα: Ce n'eft point deshonneur ou dechet, mais aduantage pluftoft tres-honorable, quand le fuject eft plus fort que celuy qui le traicte. Nous nous aduoüerons toufiours pour vaincus; nous ne debattrons iamais contre ce que nous admirons; bien nous prend que cette Victoire eft fi grande, qu'elle ne peut pas eftre egalée par aucune force d'efprit; le premier trophée que l'on defire dreffer icy à la Gloire du Roy, eft celuy de nos forces & de nos cœurs, comme nous confeffans incapables de le pouuoir affez loüer, & neantmoins tres-defireux de le loüer à tout iamais.

Michael Syngelus Areopag.

DESSEIN

GENERAL ET
SOMMAIRE DES
PREPARATIFS
DE LA VILLE,

Pour la Reception de fa Majefté.

OVR racourcir en peu de mots le deffein general de cet Ouurage, que l'on diuife en douze parties, autant que l'on auoit d'endroits à reueftir, & pour faire vne briefue ouuerture de ce qui fe doit expliquer apres plus au long ; l'on peut dire que c'eft *vn Eloge parfaict de douze qualiteZ Royales, qui triomphent auec le Roy.* L'on ne loüe que douze grandeurs en Hercule, & le Soleil n'a que douze fignes à paffer : Les Roys qui font les flambeaux de l'vniuers, ceux que Dieu donne pour nettoyer les vices, & maintenir les hommes en leur repos, doiuent pareillement auoir les douze excellences que nous auons icy remarquées: Toutes font neceffaires pour gouuerner vn Eftat & le faire iouyr des influences diuines qu'il doit attendre de fon Chef : fi vne feule defaut à ce nombre, c'eft rendre fa Couronne imparfaite, qui iadis pour ce fujet abboutiffoit en douze rayons; & faire autant a leur defauantage qu'on fairoit à Hercule, luy oftant le nom d'Inuincible en l'vn de fes douze combats, ou au Soleil, luy fermant l'vne des douze maifons qu'il a au Ciel. Elles efclattent toutes en la victoire du Roy, & iettent vne grande lumiere aux yeux de ceux qui la contemplent; Partant la perfection de ce Triomphe ne peut eftre mieux recogneüe, qu'en les faifant voir l'vne apres l'au-

B

tre, dans les plus grands ornements que iamais on leur ayt veus. C'eſt ce qui ſe faict en ces deſſeins, deſquels il ne faut point enuier la gloire à celle qui l'a meritée; I'entends parler de BASILEE, la Deeſſe Tutelaire des Eſtats, qui a daigné les tracer de ſa main, en commander les eſſays dans ſon Palais, & deſire en deduire elle-meſme ſommairement le project.

Diodorat. I.

Mercure, nous dit-elle, fit vn iour vn bon office à Hercule, quand il le mena, encore enfant qu'il eſtoit, en mon Palais, pour luy faire voir celle qu'il deuoit imiter. Ils me trouuerent en compagnie de pluſieurs autres grandes Dames, qui m'aſſiſtent au maniement de mes affaires; La Grece ne gaigna en ce voyage, que nos noms: car le depart d'Hercule fut ſi ſubit, & la volonté qu'il auoit de voir vn autre chaſteau voiſin, fut ſi grande, que le plus que les Grecs en ont ſceu, c'eſt ſon voyage ſeulement, & ſon retour. S'ils ſe fuſſent donné la patience d'entrer plus auant dans cet auguſte domi-cile, que les Dieux m'ont baſty, de remarquer les ornements des ſales, des galeries, des iardins, & les autres parties de ce Louure, les Eſtats qui ſe ſont eleuez dans la Grece euſſent beaucoup profité de mes inſtructions, & duré plus heureuſement qu'ils n'ont faict. C'eſt à la France à qui ce bon-heur ſe gardoit, auec l'experience parfaicte des rares aduis que ie donne à ſes Mini-ſtres qui me viſitent ſouuent, & reçoiuent de moy les cognoiſſances, qui ſont naiſtre autant de merueilles, que d'effects: Auſſi i'aduoüe que ie ne cheris maintenant aucun Prince à l'egal de celuy qui la gouuerne; il eſt le modelle accomply d'vne parfaicte Royauté. Ces Dames que vous voyez au tour de moy, qui ſont les Vertus Royales, neceſſaires à vne heureuſe Monarchie, m'ont prié que ie leur permiſſe de faire feſte des Victoires qu'il a gagnées ſur les Rebelles: ie m'y ſuis accordée; l'Honneur y a voulu trouuer place; & dauantage ſeſt chargé de porter leurs deſſeins à Paris, où l'on attend le Roy d'heure en heure: mais arreſtez pour cette heure icy, où le Bon Euenement

Bonus Euen-tus.

vous a conduict: il eſt auſſi bon guide que Mercure, & n'eſt pas ſi precipité ny affairé: ie vous congedieray quand il faudra: peut-eſtre que la veüe de nos trauaux vous ſeruira pour mieux entendre ce que vous verrez à la ville auec loiſir.

I. Ie vous conduiray moy-meſme par tout; & dez ce pas, le premier Arc qui ſe preſente, eſt celuy de la Clemence: C'eſt vne qualité, qui tient ſa naiſſance des Dieux: les Roys neantmoins la font voir aux hommes quand il leur plaiſt, & lors qu'elle paroiſt, elle accoiſe les orages, eſſuye les frayeurs, met vn Royaume en repos, comme l'Iris fait au Ciel, apres qu'elle a eſtan-ché les pluyes, & lié les tempeſtes, pluſtoſt de ſa beauté, que de la force & de la cambrure de ſon arc. Les peuples la veulent voir la premiere entre les vertus de leurs Princes, nommément apres les guerres, & ne tiennent point de victoire pour aſſeurée, ſinon quand ils la voyent comme vn feu celeſte apres les eſmeutes & les troubles, ſe repoſer ſur le Vainqueur. Le premier fruict d'vne victoire, eſt de pardonner aux vaincus: le pardon que la Cle-mence leur octroye, plaiſt à ceux-là meſme qui les ont pourſuiuis le fer au

poing, comme ennemis : car defirer qu'vn Prince foüille fa conquefte du
fang de ceux qu'il a dompté, c'eft vouloir qu'il foit de pire condition que les
vaincus. Voyez ce Triomphant dans le chariot de la Gloire; c'eft beaucoup
qu'vne Rochelle forcée, ie l'accorde; c'eft dauantage neantmoins, que de
luy auoir pardonné.

I I. Cet autre Arc, qui ouure à cofté droict ce beau portique, eft l'ouurage de
la Pieté. Vous fçauez qu'elle a deux effects; l'vn, d'encliner le Prince à eftre religieux enuers Dieu; l'autre de le rendre foigneux du bien de fon peuple: L'Arc
a quelques proprietez de l'vn & de l'autre. Sur toute chofe, voyez ce bel enrichiffement de liz, qui orne la frize & les autres moulures : cette fleur m'eft chere, non pas tant pour auoir pris fa naiffance du laict de Iunon, ou pluftoft de
l'Ambrofie que l'Amour fit répandre par mégarde, que parce qu'elle eft dans
les Armes du Prince que i'honore : mais elle exprime tres-bien fa Pieté. Elle a
fa partie d'enhaut ouuerte vers le Ciel, & eft fermée du cofté de la Terre: auffi
la Religion n'a d'intereft, & de veüe, que pour le Ciel ; ce qui eft fur la Terre,
n'a point de force fur elle: Dauantage elle a vn cœur chargé de filets d'or, comme s'il eftoit remply de flammes, pour expliquer l'amour que la Religion allume dans fon ame enuers Dieu. Pour ce qui touche le peuple, cette mefme
fleur eft fymbole de la Paix & de l'Abondance, qui font les deux mammelles
que la Pieté des Princes tient toufiours ouuertes pour l'entretien des peuples
qu'elle nourrit. Le Liz fe prouigne aifément, & ne fe contentant pas de la façon ordinaire que la Nature luy donne pour fe multiplier, il engendre auffi
par fes larmes; c'eft la feule fleur qui pleure; comme entre les Vertus, les
foucis, les empreffemens & les larmes mefme fi vous voulez, ne font bien
feantes, que fur le vifage de la Pieté.

seritur la-
crymâ fuâ.
Plin.l.21.c.5.

I I I. Mais regardez à cofté gauche cefte perfpectiue agreable, dans laquelle la Renommée vole fur la terre & fur la mer? elle a vne grande victoire à publier, & pour ce fubiect, elle tient deux trompettes en fes mains.
Quelqu'vn dira que l'vne iette la frayeur & l'efpouuante dans le cœur des
ennemis du vainqueur; & que l'autre feme la ioye pour les amys & pour les
alliez de fa Couronne ; ou bien qu'elle fe fert de l'vne pour le fiecle prefent, & qu'elle garde l'autre pour la pofterité: quelqu'autre l'entendra des
deux victoires de ce Prince, de celle des rebelles & de celle des eftrangers : ou bien des grands faicts d'armes qu'il a monftré fur la terre & fur
la mer; Mais la Renommée mefme m'aduifa que ces deux trompettes
vouloient dire qu'vn grand Roy qui a dompté fes ennemis, doit aller
auffi defgager fes alliez, & que l'iffuë de ce fecond exploict eftoit fi certaine, qu'elle auoit voulu defia prendre vne trompette pour l'annoncer.

I I I I. Le riche portail du iardin que vous voyez, eft confacré à la
Soubmiffion, ou à l'Amour du Peuple enuers fon Prince. Cefte qualité eft pleine de refpect, & tient vn autre train de fe parer, que ne
font les autres ; elle n'a que les armes de fon Prince, & de ceux qu'elle
honore à caufe de luy : prenant plus de plaifir à fe monftrer nüement &

B ij

fimplement, par l'alegreffe, le concours, & le cry d'vn Peuple affection-
né, que par autres figures, ou hieroglifes. Neantmoins ella a icy femé
quelques rofes, pour faire entendre ; qu'elle n'eut pas manqué d'ornemens fi elle euft voulu s'en feruir. En effect, cefte fleur monftre par l'innocent feu de fes fueilles, combien ce peuple a de paffion pour fon Prince ; l'on la nomme dignement, la parure & l'ornement de la terre, la
beauté des herbes, l'œil des fleurs, la delicateffe des campagnes, & vne
beauté, qui fans foudre & fans flammes, ne laiffe pas neantmoins de tout
abattre & embrazer : mais cela fe dit d'elle en tant qu'elle fignifie l'amour
que le peuple porte au Roy.

γῆς κόζμος,
φυτῶν ἀγλάϊ-
ϲμα, ὀφϑαλ-
μὸς ἀνϑέων,
λέιμώνων ϑρυ-
φή, κάλλος
ἀςραπῖον.
Ach. Tat.

V. L'allée qui fe prefente a l'abord, a vne belle façade : dans laquelle
la Iuftice fe reconcilie auec la Paix, que quelques mefcontentements auoient
alienées : l'vn & l'autre tient à la chaifne, celuy qui les a mifes en diuifion :
La Iuftice eftoit offenfée par la Rebellion, & pour la punir, la Guerre luy
auoit faict offre de fes armes, au grand defauantage de la Paix : Mais depuis, les Dieux les ont faict rentrer en bonne intelligence ; & la Iuftice
fe faififfant de la Rebellion, a abandonné la Guerre à fa fœur : elles vont
à l'autel pour iurer fur les faincts fouyers vne alliance eternelle. Ceft cette
Iuftice qui fe glorifie grandement d'auoir donné vn furnom au plus grand
Roy qui foit foubs le Ciel ; elle fe gardoit pour luy ; & fouuent m'entre-
tient de la vanité de ceux qui ont mieux aymé prendre des noms, du foudre, des efclairs, des terres vaincües, & autres femblables, que de la
plus noble des vertus.

V I. Les Fontaines font les ornemens neceffaires des iardins : elles ont
tant d'vtilitez, outre le contentement qu'on en reçoit, qu'vn iardin fans
Fontaine, eft vn corps fans veine ; & le plus beau qui puiffe eftre, n'eft
toufiours qu'vn beau defert. Sur cette premiere fontaine, la Felicité a faict
eriger vn monument des victoires nauales, & du reftabliffement de la
marine, comme le feul point qui manquoit au bon heur des François.
Auffi vous fçauez qu'vn Royaume, qui n'a point de vaiffeaux, eft obligé de demeurer toufiours chez foy, rouler dans fes neceffitez fans iamais
en fortir, & ne peut gueres afpirer à quelque grand accroiffement de fes
Eftats. Les Dieux mefmes, ayant à diuifer le monde à trois freres, eftimerent que la mer pouuoit eftre mife en partage auec le Ciel. La Felicité fe
plaift fort de ce que les deux mers qui lauent la France verront dorefnauant des flottes qui foient dignes d'elle & du Roy : elle vient tous les
iours fe rafraifchir à cette eau, & quand elle y a pris fon plaifir, elle met
vne Couronne d'Amaranthe fur ces armes encrées qui font au milieu du
berceau, pour l'ayde qu'elle en a receu dans fes deffeins.

V I I. L'on f'eft feruy de l'autre fontaine pour vn pareil ornement de nauires, & de marine. La Prudence me demanda cette place à couurir, & l'en a
voulu reueftir : Car, difoit-elle, il n'y a rien où le iugement paroiffe dauantage, qu'en la conduicte d'vn vaiffeau, & au maniement d'vn Eftat. Le plus

indigne qui fut entre les douze Cefars, eſtant tourmenté des furies qui ne _{Suet. Nero.}
luy donnoient aucun repos, fe figura qu'on luy oſtoit vn nauire des mains; _{nc.}
ce ne fut pas vn ſimple ſonge: car peu apres Galba luy oſta l'Empire; afin
que vous ne doutiez plus du deſſein de la Prudence, & que vous recognoiſ-
ſiez, que placer le Roy dans vn vaiſſeau, c'eſt le mettre dans le Throſne, &
au gouuernement de ſon Eſtat. C'eſt de ce lieu qu'eſclattent les effects de
la Prudence, principalement ſi le Prince trauaille à rendre la paix à ſes ſub-
ſubiects, & à les vnir de volontez à ſon feruice: quand il en vient à bout, il
eſt plus heureux en ſa prudence, que celuy qui conduict les Argonautes,
comme la Toiſon d'or n'a rien de comparable à la Paix & à l'Vnion.

VIII. Regardez cette piece; elle eſt rare: C'eſt la façade d'vn iardin
d'Orangers; ce fruict me plaiſt, & me ſemble porter ſa Royauté ſur tous les autres, en ſa couleur. Mais pour le deſſein de la piece, ſçachez que c'eſt la Majeſté,
qui deffendit iadis les Dieux contre les Geants, & deffend tous les iours les
Roys contre les Rebelles. Quand le Ciel ſe vit inueſty par la temerité de
ces Monſtres, il fallut laſcher tous les foudres, & mettre le monde en feu,
pour renger vne poignée de mutins: Le Roy ne ſeſt ſeruy que d'vne digue,
pour en reduire vingt mil à la raiſon: C'eſt pourquoy la Majeſté blaſmant
tant de fracas & d'orages, ſeſt voulu donner le plaiſir de la mettre entre
les mains des Dieux en cette peinture, & de faire qu'ils la iettaſſent ſur les
Geants: Mais autant que l'on peut iuger par les couleurs, & les poſtures
pleines d'eſtonnement & de crainte, que le peintre a donné aux aſſaillans,
elle euſt mieux reuſſy que les foudres; & les Egyptiens n'euſſent pas inuenté
tant de fables de la fuitte des Dieux. La Majeſté au reſte eſt celle qui main-
tienr l'Vniuers en bon eſtat; qui donne les loix aux Elements; qui diſtin-
gue les degrez & les merites de chacun, qui faict que le deſordre & la confu-
ſion n'ont point d'accés, ſinon aupres de ceux qui ſe veulent auſſi laiſſer en
proye à toute ſorte de deſaſtre, & de malheur.

IX. La Force a entrepris cette ſale, de laquelle elle a faict vn Temple
à la Vaillance des Heros. Elle y a ſa retraicte à la fraiſcheur, pour eſſuyer la
ſueur, & la poudre des combats. Les ſtatuës qui couurent les coſtez, ſont ſeulement des Capitaines Grecs ou Romains, qui ont paru dans les ſieges des
villes maritimes: mais elle n'a rien trouué qui ne fuſt moindre que la palme
qu'a gagné n'agueres voſtre Roy. Et parce que les arbres voiſins rendoient
ce lieu trop obſcur, elle ſeſt ſeruie de l'incommodité de cette rencontre pour
faire eſclatter ſa deſpenſe, & par cette baluſtrade de flambeaux a rendu peu
ſenſible la perte du iour. Les voûtes ſont embellies de figures; & meſme
pour donner la vie & la voix à tant de raretez dont elle a conſtruit ce baſti-
ment, vous y pouuez entendre vne ſi excellente & ſi belle Muſique, que tout
ce qui eſt de diuin en cét Art, y eſt compris.

X. L'Honneur a embelly de ſes deſpoüilles cét autre Arc, auec tant de
recherche & de trauail, qu'il nous a donné ſouuent à parler. Il y a long-temps
qu'il amaſſoit tout ce qu'il auoit inuenté iadis pour recompenſer la Vertu;

C

nous ne comprenions point à quel deſſein il faiſoit tant de preparatifs ; mais il ſe declara dernierement, & dreſſa l'Arc que vous voyez, en faueur du Roy. Les Couronnes, les Eſtentards, les Trophées, les Boucliers, les Chariots, les Colomnes, bref tout ce qui ſe peut dire en ce genre, y a ſon lieu ; & ſe promet bien encore maintenant, quand il entend qu'on bat aux champs, qu'il aura bien toſt vn nouueau butin de Victoires, pour en reueſtir l'autre face du meſme Arc. Il ſe plaiſt icy grandement : ie l'y trouue tous les matins, où, apres auoir repoſé quelque temps dans le Temple prochain que nous venons de laiſſer, il paſſe le plus beau de ſon loiſir à rechercher l'acheuement de ſon Ouurage, & y adiouſte touſiours quelque nouuelle gayeté. C'eſt vne Deïté fort cherie des Grands ; chacun le careſſe, & le pourſuit : les particuliers toutefois n'ont l'honneur que comme le temps, ie veux dire par poincts. C'eſt en mon Palais, & chez les bons Princes où il demeure : Mais il ne ſe nourrit maintenant, & ne prend autre plaiſir que de comparer les proüeſſes de voſtre Inuincible Monarque auec celles de l'Antiquité ; & les trouue ſi aduantageuſes, qu'il dit quelquefois, n'auoir qu'vn ſeul deſplaiſir, ou de ſ'eſtre donné ſi toſt aux autres, ou que le Roy n'eſt pluſtoſt né ; car il n'euſt iamais voulu paroiſtre qu'en ſa faueur.

XI. N'obmettons pas la Magnificence ; Vous ſçauez, en faict de Cour, ce qu'on rend d'honneur à vn digne Sur-intendant : c'eſt elle qui a la direction, & le maniement abſolu de mes Finances. Ie ſçay aſſez ce qu'on dit des grandes deſpenſes de quelques Pyramides, Mauſolées, Temples, & autres ouurages ſemblables ; mais ce n'eſt iamais ſans eſtre honteuſe pour elle ; & m'eſtonne comme on a voulu couurir de ſon nom, ce qu'on deuoit pluſtoſt imputer à Vanité. Mais elle croit n'auoir iamais paru dauantage que ſur la digue ; & triomphe de ce qu'elle a veu les Elements auoir ployé ſous ſa Grandeur. A n'en point mentir, c'eſt beaucoup que d'auoir changé les bornes de la Nature : Iamais aucun Prince n'y toucha ſans repentir : Ils ſont marquez du ſceau de l'Autheur meſme ; Il n'eſt pas permis aux hommes de les rompre, ny de les leuer : Voſtre Roy ſeul les a forcez ; & la Nature a pris tel train qu'il luy a pleu. Auſſi le Createur eſtoit intereſſé dans ſa Victoire, & ſes armes n'eſtoient que pour deffendre ſes Autels, & les Puiſſances qu'il a eſtablies ſur la terre. Quand elle nous monſtre ce trauail qu'elle a voulu abſolument eſtre mis à la frize, comme l'on dit dans les Blaſons, pour enquerre, & pour donner plus à parler ; elle meſpriſe bien les efforts des autres Princes, qui ont voulu mouuoir la terre de ſa place, & ſeicher les mers, & n'y ont trouué que de la honte & de la perte : Il n'appartient qu'au Roy de prendre tel deſſein qu'il luy plaiſt, & puis d'en commettre l'execution à la Magnificence : Elle eſt toute à luy, comme il eſt grand ; & quelquefois confeſſe, qu'elle n'a rien qui égale ſon merite, que le nom de Magnifique entre les Roys.

XII. C'eſt icy la derniere de mes filles ; mais elle eſt plus excellente que les autres, en ce que toutes ſont pour elle, & n'a rien qui la ſurpaſſe en qualité. Nous la nommons la Gloire ; qui s'est voulu loger à l'entrée du Parc, pour dresser vn Arc des plus riches, & des plus gays que nous ayons: Elle se seruit du Temps pour la structure de l'ouurage ; c'estoit luy qui polissoit les marbres, qui cizeloit les chapiteaux, qui rudentoit les colomnes, bref qui mouuoit tous les ouuriers tandis qu'ils trauailloient pour la Gloire. Quand l'on vint aux embellissemens, il rioit, voyant que les Victoires auoient esté arrestées pour remplir les niches : mais beaucoup dauantage, quand il vid sur cette balustrade que la Gloire auoit dompté l'Enuie, la Vertu auoit mis le pied sur la Fortune, la Memoire chassoit l'Oubliance, & que la Recognoissance mettoit dehors l'Ingratitude, pour la seürëté du Triomphe. Il rioit, dis-je, le folastre ; car il ne sçauoit pas le dessein que la France auoit sur sa personne. Elle me le communiqua; & luy voulus seruir aupres des Dieux, pour luy faire obtenir sa demande. L'Eternité fut donc priée de r'acheuer l'ouurage, tandis que nous saisismes le Temps; & ceux qui sont les plus robustes d'entre nous, le lierent, & le donnerent garrotté à la France; afin que la Gloire de son Roy fust eternelle, comme est la nostre, & ne fust plus tributaire du changement. C'est le dessein de cette grande peinture ; où vous me pouuez voir en habit de guerre, & le Temps lié, que les Dieux donnent à la France, que j'auois menée au Ciel quant & moy pour ce sujet.

Apres que BASILEE se fut entretenuë sur les Arcs & sur les façades que les douze qualitez & Perfections Royales auoient esbauché dans son Palais; Vous verrez, nous dit-elle en reprenant son chemin vers la maison, ces mesmes desseins plus finis, en la Ville, où vous va rendre le Bon Euenement auec autant de facilité qu'il vous a mené iusques icy : Et si ces bonnes Dames en ont voulu mettre vne partie dans le Iardin, n'improuuez pas leurs pensées; c'est pour auoir plus en main les Palmes, les Lauriers & les fleurs, dont elles font le principal de leur despense. Toutefois voyez encore en passant ce Rocher; Recognoissez-vous bien Saturne? C'est l'aage d'or, que i'ay faict icy representer: vous l'allez reuoir en France, & iamais les Poëtes n'en ont tant dit, que vostre Victorieux vous en fera sentir sous son Regne. Neantmoins si les campagnes ne se couurent pas d'elles-mesmes de moissons; & s'il faut encore faire quelque façon aux vignes, bastir des villes, & sillonner l'Ocean, ce ne sera que pour oster l'ennuy, que donneroit vn parresseux repos sans l'exercice des Arts. Car pour la hantise des Dieux & la familiarité des vertus, tout sera chez vous en tel estat, qu'au lieu qu'on a creu l'aage d'or n'estre que fable, & trop exceder la verité, il sera tenu pour fabuleux, comme n'en ayant pas assez dict.

Voyez encore cette lice, que iay faict dresser icy bas : elle est sur la forme des Cirques anciens: les chariots sortent d'icy , & courent au tour de ces bornes ; quatres partis ou quatres factions font le combat : l'on court a quatre cheuaux de front ; les sept tours, les vint & quatres courses, les trois bornes qui sont à chaque costé, ce filet d'eau qui entoure la lice , ont de haults sens, mais l'explication en est longue, pour des personnes hastées comme vous estes. Sçachez seulement que c'est la figure de l'année, des quatres saisons, du Soleil, & de vous-mesme: vous pensez n'estre que spectateurs; mais vostre vie s'y roulle, & faictes vne partie de ce Cours. Cét esbat estoit iadis ordinaire aux grandes solemnitez: mais l'inuention me plaist dauantage, parce qu'elle est belle, & a des sens si rares, que l'Antiquité ne me semble auoir iamais folastré plus sagement.

Mais ie vous retiens icy trop long-temps: il me semble voir desia Paris dans son nauire, qui inuite le Roy Victorieux à y entrer: n'entendez-vous pas les trompettes auec moy? c'est trop vous arrester, si ce n'est pour vous dire encore, que comme és sacrifices d'Hercule, l'on ne nomme point d'autre Dieu; aussi dans ce Triomphe l'on ne doit parler que du Roy: Nous sçauons les merites d'vn chacun, & combien ils ont signalé leur valeur dans son seruice; mais la Gloire du Prince n'a rien d'égal; & toute autre lumiere doit disparoistre, quand le Soleil se veut monstrer.

A tant parla BASILEE, pour donner le Sommaire du Triomphe; elle se retira si viste, qu'on ne luy peût faire les complimens que chacun auoit preparé. Le Bon Euenement mesme hasta si fort chacun, qu'on ne peût iamais recognoistre en quelle region & sous quel pole estoit le Palais de la Deesse, ny mesme par quelle commodité l'on y alloit; tellement que qui en voudra sçauoir quelque chose, qu'il aye son recours à Dion.

Orat. 1. cit.

Mais l'on n'a plus que ce mot encor a dire, touchant les planches, car celles qu'on a faict inserer dans ce discours, sont tellement aiustées, les ordres si curieusement gardés, l'architecture obseruée auec tant de perfection, que l'on a iugé fort à propos d'en obmettre les descriptions, comme ce que l'œil intelligent en ces ouurages, ne requiert point, quand il a les desseins mesme presents. L'on traittera premierement, de l'ordre qui se tint en cette entrée, & puis l'on expliquera les desseins, selon les rencontres, & comme le chemin vous conduira.

ORDRE

ORDRE

DE LA
RECEPTION
DV ROY,

Et de son Entrée dans la Ville
de Paris.

E Samedy vingt & troisiesme iour de Decembre de l'an mil six cens vingt-huict ; sa Majesté fit son Entrée à Paris, pour couronner d'vn beau Triomphe la Victoire qu'il auoit remportée sur les Rebelles, & pour resiouyr son peuple par le Retour que la Ville auoit si passionnément desiré.

Toutes les Compagnies de gens de pied se trouuerent à neuf heures du matin dans la Place Royale, & aussi tost commencerent a marcher par Colonnelles, selon qu'elles auoient esté tirées au sort, lors de la Monstre, & vinrent le long de la rüe S. Antoine passer par dedans la Greue, marchant à la teste Monsieur le President de Cheury, Colonnel General pour la conduitte de toutes les Trouppes ; lequel estoit magnifiquement vestu, chargé de force pierreries, ayant à l'entour de luy huict Pages richement vestus : les gregues de velours noir, & le pourpoint de satin blanc passementé d'argent, & le bas de soye blanc : & ledit Sieur monté sur vn braue cheual, couuert de broderie d'or & d'argent.

D

Trois ou quatre pas derriere luy, fuiuoit Monfieur Brioys, Confeiller Secretaire du Roy, & Lieutenant General defdites Trouppes, tres-richement veftu, & ayant fur foy beaucoup de pierreries, monté fur vn cheual blanc, dont le harnois eftoit de velours, brodé d'or & d'argent; Il auoit à l'entour de foy huict Pages veftis de velours & de fatin, chamarrez d'or & d'argent, auec le bas de foye, blanc, & des bottines.

Au premier rang, marchoient quatre Appointez, veftus de toile d'argent, & apres, cent cinquante foldats habillez d'vne mefme liurée, fçauoir eft, le bas & le haut de chauffés d'efcarlatte, le pourpoint de fatin blanc, la bandoulliere auffi de fatin blanc; le tout paffementé d'argent, auec de tres-belles armes, aux defpens dudit Sieur Brioys.

Apres quelques rangs, fuiuoit à cheual le Sieur de la Place, Enfeigne Colonnelle, richement veftu.

Tous les Capitaines, Lieutenans & Enfeignes de chacune des Colonnelles particulieres, eftoient auffi à cheual, fort richement couuerts.

Marchoit au front de toutes lefdites Trouppes, Monfieur Teftu, Maiftre d'Hoftel ordinaire de la Maifon du Roy, Cheualier du Guet de la Ville, faifant la charge de Sergent de bataille, pareillement à cheual, & tres-bien veftu.

Pendant que les Compagnies paffoient pour aller vers fa Majefté, faffemblerent dans la place de Greue les trois cens Archers de la Ville, à cheual, & puis Meffieurs les Confeillers de Ville, Quarteniers, Cinquanteniers, Dizeniers, & Bourgeois mandez, auffi à cheual en houffe, faifant en nombre mil ou douze cens.

Lefdits Sieurs de la Ville, auec quelques Archers, allerent querir Monfieur le Duc de Montbazon, Gouuerneur de Paris, lequel ils amenerent en l'Hoftel de la Ville, pour aller auec le Corps, au deuant de fa Majefté.

Les Compagnies de gens de pied eftant paffées, qui eftoient compofées d'enuiron cinq mil hommes, tirez des feize Colonnelles de la Ville, chacune Compagnie de Colonnelle portant la couleur à eux prefcrite par leur Colonnel:

Les trois Chariots de Triomphe commencerent à marcher.

Et apres, LE CORPS DE LA VILLE, en l'ordre qui fuit.

Premierement les trois Compagnies des Archers de la Ville, à cheual, dont les Chefs eftoient fort bien veftus.

Apres eux, à cheual & en houffe marcherent

L'Imprimeur, le Maiftre d'Hoftel, le Controolleur du bois, & le Maiftre de l'artillerie de ladite Ville, deux à deux:

Les deux Maiftres des Œuures de maçonnerie & charpenterie de la Ville.

Les dix Sergents de la Ville, veſtus de leurs robbes mi-parties, & le Nauire d'orfeurerie ſur l'eſpaule.

Apres marchoit Monſieur le Greffier de la Ville, ſeul, à cheual, veſtu
d'vne robbe de velours mi-partie, de haute couleur de cramoiſy rouge &
tanné, auec les paremens de velours noir, la houſſe & le harnois du cheual,
de velours noir, & vne frange de ſoye noire au bas.

Monſieur le Duc de Montbazon, Gouuerneur de Paris, & Monſieur le
Preuoſt des Marchands enſemblément: Ledit Sieur Gouuerneur richement
veſtu, à cheual, botté & eſperonné, tenant la main droicte: Le Sieur Preuoſt des Marchands, veſtu d'vne robbe de velours, mi-partie de cramoiſy
rouge de haute couleur & tanné, doublée de panne de ſoye toute cramoiſie
rouge: la houſſe de ſon cheual de velours noir, brodée par bandes de ſoye
noire, & vne frange d'or par bas.

Meſſieurs les quatre Eſcheuins, deux à deux, veſtus auſſi de robbes de velours, mi-parties de cramoiſy rouge & tanné, & auec paremens de velours
noir: les houſſes & harnois de leurs cheuaux auſſi de velours noir, & vne
frange de ſoye noire au bas des houſſes.

Meſſieurs le Procureur du Roy & de la Ville, & le Receueur d'icelle, enſemblément, ledit Sieur Procureur du Roy tenant la main droicte, veſtu
d'vne robbe de velours cramoiſy rouge, & ledit Receueur de ſon manteau à manches, de velours tanné cramoiſy: les houſſes & les harnois de leurs
cheuaux, auſſi de velours noir, auec frange de ſoye noire.

Meſſieurs les Conſeillers de Ville, à cheual, en houſſe.

Meſſieurs les Quarteniers, ſuiuis des Cinquanteniers, Dizeniers, & Bourgeois mandez de chaque quartier, tous à cheual en houſſe, & tres-hon-
neſtement veſtus.

Et en cét ordre partirent de l'Hoſtel de Ville, & prirent leur chemin
par la Porte Sainct Marcel.

Approchant du Grand Reſeruoir, qu'on nomme le Chaſteau d'Eau, où
s'eſtoit arreſtée ſa Majeſté; leſdits Sieurs, Gouuerneur, Preuoſt des Marchands, Eſcheuins, Procureur, Greffier & Receueur, mirent pied à terre, &
monterent en la ſalle, qui eſtoit bien parée & tapiſſée; en laquelle ayans
trouué le Roy, accompagné de Monſieur le Duc d'Orleans ſon frere, de
Monſieur le Comte de Soiſſons, & autres Princes & Officiers de la Couronne, & Seigneurs, tres-richement veſtus; Et ſpecialement ſa Majeſté magnifiquement, & royalement veſtuë, eſtant dans ſa chaire; Leſdits Sieurs
de la Ville ſe mirent à genoux, & le Preuoſt des Marchands luy fit ſa Harangue.

A quoy ſadite Majeſté fit reſponſe, auec beaucoup de teſmoignage du
contentement qu'elle auoit. Plus, elle dit qu'elle auroit veu paſſer toutes les
Compagnies, qu'elles eſtoient fort leſtes, & entre autres, celles des Sieurs le
Preſident de Chevry, & Brioys.

Ce faict, sa Majesté monta à cheual, & chacun prit son rang pour entrer selon l'ordre qui suit, par le fauxbourg Sainct Iacques.

Premierement, Toutes les Compagnies de pied estant passées, suiuirent les trois cens Archers de la Ville, leurs Trompettes deuant eux.

Les Sergens de la Ville, Bourgeois mandez, Dizeniers, Cinquanteniers, Quarteniers, & Conseillers de Ville.

Vn grand nombre de Gentilshommes & Seigneurs de la suitte du Roy.

Monsieur le Grand Preuost de l'Hostel du Roy, assisté de six Pages, & suiuy de ses Archers, à cheual.

Les cent Suisses, le tambour battant, conduits par le Sieur de la Brosse, Lieutenant, qui estoit à cheual.

Six Escuyers de sa Majesté, montez sur grands cheuaux.

Messieurs les Procureur du Roy & de la Ville, Greffier, & Receueur ensemblément.

Messieurs les quatre Escheuins, deux à deux.

Monsieur le Gouuerneur, & Monsieur le Preuost des Marchans, ensemblément.

Huict Trompettes du Roy.

Messieurs les Mareschaux de France deux à deux: Monsieur de Chomberg, & Monsieur de Bassompierre; Monsieur de Sainct Geran, & Monsieur de Sainct Luc.

LE ROY, seul, à cheual, vestu d'vne casaque de broderie d'or, & habits de mesme, tout couuert de pierreries: son cheual paré de broderie d'or.

Suiuoient ses deux Escuyers, à pied; quelques-vns de ses Gardes, & de ses Valets de pied qui l'enuironnoient.

Derriere sa Majesté marcherent d'vn mesme rang, Monsieur le Duc de Cheureuse, comme Grand Chambellan de France; Monsieur de S. Simon, premier Escuyer, tenant la place du Grand Escuyer, & Monsieur le Marquis de Brezé, Capitaine des Gardes du Corps.

Aprés, Monseigneur le Duc d'Orleans, frere de sa Majesté, seul: Suiuy de Monsieur le Comte de Brion, son premier Escuyer, & de Monsieur d'Oüailly, Capitaine de ses Gardes.

Puis en rang, Monseigneur le Comte de Soissons, aussi seul.

Monsieur le Duc d'Angoulesme, & Monsieur le Duc de Luxembourg, comme Ducs & Pairs de France.

Fermoient les rangs, Monsieur du Hallier, & Monsieur de Marillac, qui ont serui de Mareschaux de Camp à la Rochelle: Et plusieurs autres Seigneurs, tous tres-richement, & tres-superbement vestus.

Sa Majeſté eſtant entrée dans le fauxbourg, commença à tirer l'artillerie, canons & boüettes qui eſtoient ſur les tranchées, pour donner le ſignal de reſiouyſſance à la Ville.

En cét ordre ſa Majeſté vint juſques à Noſtre Dame, ſ'arreſtant à tous les Portaux, Arcs de Triomphe, & Muſiques, departies en pluſieurs endroicts de la Ville, où elle prit vn ſingulier plaiſir.

Tandis auſſi qu'elle paſſoit, elle fut accompagnée des acclamations de tout le peuple, qui eſt la plus agreable Muſique qu'vn Grand Prince puiſſe ſouhaiter en ſon Entrée, comme celles qui ſont vn teſmoignage aſſeuré de ſes Vertus. Neantmoins la Ville auoit pourueu qu'és endroicts les plus remarquables, qu'on auoit enrichy de peintures, il y euſt auſſi quelque choſe qui arreſtaſt l'oreille, pendant que la veüe prenoit ſon plaiſir à regarder. Ainſi à la Porte Sainct Iacques eſtoient les trompettes & les tambours; A l'Arc de Sainct Benoiſt, les hauts-bois; A celuy de Sainct Seuerin, les muſettes de Poictou: Au petit-Pont, la Muſique douce, de voix & d'inſtruments; Au Marché-neuf, le concert de violons: Et finalement au bout du Pont Noſtre Dame, où eſtoit l'Arc de la Gloire, deux chœurs de Muſique ſe reſpondoient l'vn à l'autre; l'vn de hauts-bois, & l'autre de violons.

La nuict eſtant venüe, furent allumez par ordonnance de la Ville grand nombre de flambeaux, és portes de chacune maiſon, & aux feneſtres pluſieurs lanternes peintes de toutes couleurs, & entre autres y en auoit vne de cryſtal au deſſous de l'Arc de la Gloire, chargée d'vn double Eſcuſſon de France & de Nauarre, au tour les deux Colliers des Ordres du Roy, & au haut, vne Couronne fermée, appointée d'vne eſtoille ſi brillante, qu'elle ſuffiſoit ſeule pour eſclairer tout au tour.

Sa Majeſté eſtant arriuée à Noſtre Dame, Monſeigneur l'Archeueſque veſtu de ſes habits Pontificaux, & Meſſieurs les Chanoines, auec leurs chappes, la receurent, & Monſeigneur l'Archeueſque luy fit ſa harangue, pendant laquelle, Meſſieurs de la Ville ſe rendirent au Chœur, & prirent leurs places aux hautes chaires, au deſſoubs de Meſſieurs de la Cour des Aydes.

La Harangue finie, le Roy paſſant par la nef, prit plaiſir à voir les quarante drappeaux qu'vn an auparauant, preſque à pareil iour, il auoit faict appendre & attacher aux voutes, afin d'orner & decorer de la plus honorable partie de ſon butin, ce Grand Dome conſacré à Dieu, & à ſa ſaincte Mere: puis eſtant touſiours conduit par Monſieur l'Archeueſque, & les Chanoines, il entra dans le Chœur, & ſe mit à genoux deuant l'Autel; Meſſieurs de la Cour de Parlement en robbes rouges eſtoient aux hautes chaires, enſemble

E

Messieurs des Comptes, & Messieurs de la Cour des Aydes, qui tous s'y estoient rendus auparauant.

Aussi-tost se chanta le *Te Deum* en Musique.

Ce faict, sa Majesté estant sortie de l'Eglise, entra dans son carrosse à cause de la nuict, & fut conduitte au Louure par Messieurs de la Ville, qui marchoient deuant son carrosse, en pareil rang & ordre que cy-deuant.

Toutes les Compagnies de gens de pied firent haye des deux costez des ruës de la Ville, depuis la ruë S. Iacques iusques au Louure: mesme la Compagnie particuliere de Monsieur le President de Chevry, & de Monsieur Brioys, s'estoit rengée le long de la ruë des fossez Sainct Germain, iusques à la barriere du Louure.

Sa Majesté estant arriuée à la porte du Louure, Messieurs de la Ville ayant mis pied à terre, l'allerent humblement remercier, & pris congé, se retirerent.

ARC DE TRIOMPHE

POVR LA CLEMENCE
DV ROY.

A l'entrée du fauxbourg S. Iacques,

RENCONTRE PREMIERE.

ES fuccez des affaires font recognoiftre les grands *secundæ res* courages; & vne eminente nature paroift beaucoup *acrioribus* plus dans la profperité, que dans les violences d'vne *ftimulis ani-* mauuaife fortune. L'Aduerfité a befoin de peu de ver- *mum ftimu-* tus, pour fe tenir ferme fur le cube immobile de la rai- *Tacit.1.hift.* fon; mais fi la Profperité ne les trouue toutes chez ce- luy à qui elle fe donne, elle en faict bien toft voir le dé- faut. Comme donc la Victoire eft le plus grand heur qu'vn Prince puiffe fouhaiter; auffi, dit Libanius, *Declamat.* c'eft celle qui defcouure dauantage de quelle trempe eft fon ame, & de quel- *21.* les vertus il eft doüé. Si les goufts qui font en la gloire; fi la douceur de fe voir deliuré d'vn fafcheux ennemy; fi les agreables paffions qui f'éleuent dans l'efprit de celuy qui void fous fes pieds la rage & les crimes abbatus, apres auoir couuert par fa valeur vne infinité de peuples, qui luy tendoient les mains, & luy demandoient le repos, n'alterent point fa conftance, fa mo- deration & fa bonté; c'eft lors qu'il fe rend digne du rang que Dieu luy don- ne entre fes plus grandes merueilles, & qu'il fe monftre autant au deffus de fa Victoire, que font au deffous d'elle les Vaincus. Auffi cette affiette d'efprit & moderation dans les fuccez, que nous nommons autrement, la Clemence, fe trouue rarement entre les hommes: Comme on dit que le fuc de la Palme enyure bien toft ceux qui en gouftent; Auffi fait la Victoire, fi la raifon & *Quidez* χα- la vertu n'eft forte en foulerain degré; C'eft eftre femblable à Dieu que *Xenoph.* d'eftre toufiours égal dans la Felicité. *Anab. α.*

F

Partant on la met la premiere au Triomphe du Roy, & l'on dédie à fa
Clemence Royale le premier fruict de ce Trauail. Quand le Ciel brille
d'eftoilles, c'eft vn Iupiter fauorable, qui nous rauit à foy le premier : de mefme elle a gagné nos cœurs & noftre veüe ; & l'admirons au Roy deuant les
autres, comme nous faifons en Dieu mefme, duquel nous confeffons, dit
Plin. Paneg. vn Ancien, que la premiere qualité eft d'eftre tres-bon. Auffi de leur nature,
les Vertus font tributaires à la Clemence ; elles luy cedent, & laiffent paffer
Caffiod. 11. plufieurs chofes à fon gré, qui heurtent de droict fil leurs interefts : *Benigni*
Variar. *Principis eft ad Clementiæ commodum tranfilire interdum terminos æquitatis ;*
quando fola eft Mifericordia, cui omnes Virtutes cedere honorabiliter non re-
cufant. Elles fe fentent honorées, de luy quitter, en la perfonne des Roys ;
ainfi que les perfections qui font en Dieu, cedent toufiours à fa Bonté ;
dont les Peres Grecs le nomment, ἑαυτ χρείηονα, meilleur que foy-mefme,
c'eft à dire, autant qu'il fe peut dire entre des qualitez infinies, plus grand és
effects de fa Clemence, que de fes autres attributs.

Cét Arc eft d'vn ordre Dorique, comme il fe void par les bazes, les chapiteaux & les moulures. La principale piece eft vn quadre, dans lequel eft le
Triomphe de la Clemence du Roy, fur ce que les Romains en prattiquoient.
Sa Majefté eft dans le chariot mefme, ouuert à la moderne ; le Peintre ayant iugé fagement que nos yeux n'euffent peû fupporter l'orbe, & la clofture dans
laquelle eftoient les Capitaines qui triomphoient à Rome. Il n'eft pas feul affis
en ce fiege d'Honneur ; toutes les Vertus y font auffi, qui dás ce tableau ne veulent point paroiftre fous vn autre vifage que fous le fien. Et encore qu'il y ayt
du combat entre les autres pour les places & les rangs qu'elles veulent auoir,
Lib. 1. ainfi qu'elles font fur le vifage d'Apollon, dans Philoftrate : neantmoins la
εἰκό. Clemence eft en poffeffion des yeux, d'où elle regne, & prend fur fes fœurs
la meilleure part de la Gloire. Le chariot eftoit tiré par quatre cheuaux blancs,
Plut. Camil. l'attelage ordinaire de cette pompe, depuis que Camillus en eut effuyé l'enuie par fon exemple. L'on porte deuant fa Majefté les pieces d'Honneur du
Triomphe, que les Romains nommoient *Fercula*, les Grecs πομπεῖα ; ou
In Libye. comme dit Appian, γραφὰς ϗὴ χήμαϑα τῶ γεχρνόϑων, des reprefentations
& peintures, qui monftroient les principaux exploicts de la guerre ; tels,
qu'eftoient icy dans vn Eftendard, l'Ifle de Ré fi courageufement defgagée
du fiege des Eftrangers ; & dedans l'autre, la Rochelle. Vne Victoire voloit
au deffus du Roy, pour le couronner, & pur l'affeurer enfemble que fon
bon-heur venant de Dieu, duquel les œuures font parfaictes, il ne falloit pas
craindre aucun mauuais retour de la fortune, ny troubler fa ioye par la confi-
deration de la caducité des chofes humaines, puis que fa Majefté prenoit affez
de modeftie au milieu de fes grandeurs, dans la bonté de fa Clemence, & de
fa Royale douceur : Auffi ne voit-on point d'autres captifs, que les vices enchaifnez apres fon chariot ; en quoy le Peintre f'eftoit vne autre fois difpenfé
de la couftume Romaine, pour donner plus de bien-feance à fa peinture. Ils
eftoient reprefentez par les Furies, telles que veritablement font les paffions

desreglées qui trauersent & trauaillent si cruellement les scelerats, & comme les ont experimentées les Rebelles, qui n'auront iamais à se plaindre que des violences de leurs mauuaises volontez. Tels estoient les captifs que Nazarius veut auoir esté iadis veus au Triomphe de Constantin le Grand. *Duci* *Nazar. Pâneg. Const. A.* *sanè omnibus videbantur subacta vitiorum agmina, quæ vrbem grauiter obsederant ; scelus domitum, victa perfidia, diffidens sibi audacia, & importunitas catenata ; furor vinctus & cruenta crudelitas inani terrore frendebant; superbia atque arrogatia debellatæ, luxuries coërcita, & libido constricta nexu ferreo tenebantur.* Vne longue trouppe de vices estoient menez commé au supplice, qui auoient trauaillé la ville si rudement : L'impieté domptée, la perfidie vaincuë, l'audace abbaissée, & pleine de défiance de soy-mesme; l'impudence captiue, la fureur garrottée, & la cruauté toute sanglante, à la chaisne ; l'orgueil & l'arrogance rompuës, la lubricité dans les fers. Nous n'en auons mis que trois : mais le nombre ternaire des furies comprend tout ce qui est de vicieux & de meschant. C'est vn veritable effect de Clemence de ce que le Vainqueur pardonnant aux personnes & aux biens des Rebelles, n'auoit voulu parer son Triomphe, que de l'emprisonnement de leurs vices.

Ce quadre estoit accollé de deux consoles, dans lesquelles se voyoient deux effects de l'Iris, que les anciens prophanes, & beaucoup dauantage les Saincts Peres, ont tousiours estimé le hieroglife de la Clemence : les vns pour ses qualitez naturelles, & les autres pour ce qui est couché dans la Genese. Car nous n'auons pas à disputer auec Pline, que la veüe du monde reprend assez, *Lib.2.c.59.* quand il dit que l'Arc celeste ne signifie rien ; comme si ce n'estoit qu'vne pure illusion de nos yeux, ou vn ieu du Soleil qui se plairoit à tirer dans le poly d'vne nuë, ces demy-cercles bigarrez, & les partir en autant de couleurs, qu'en peut former sa lumiere sur vn suject qu'il regarde inégalement. C'est assez pour nous, qu'il est le premier signe que Dieu ait daigné prendre pour asseurer les hommes de leur pardon : Aussi comme les arcs desbandez parmy les armes, signifient la paix & l'amitié, cettuy-cy n'a point de corde; & s'il auoit quelque traict, de la façon que Dieu nous le presente, ce seroit plustost pour offenser les Cieux mesmes, que les hommes.

On l'a donc employé pour marquer la Clemence du Roy, en touchant deux propietez qu'il a ; La premiere est, qu'il arreste la pluye, ce que nous exprimons par la Deesse Iris, qui lie Iupiter auec trois bandelettes, des trois plus apparentes couleurs qu'on y remarque : Apollonius Rhodius sur nostre suject la nomme dignement, εὐμθμέϲϲην Θϵαί, vne bonne Deesse & fauorable; Nous mettons pour le mot de l'embléme, PLVVIVM LIGAT AERA, tiré du vers de Stace,

Lil.5. Sylu. de Piet. Abascant.

Et picturato pluuium ligat aëra gyro.

Les Naturalistes mettent la seconde, en ce que les herbes qu'il touche, iettent vn'odeur plus agreable; comme si l'Iris les parfumoit de quelque ce- *Plin. l.12. c.24.*

leſte influence qu'elle y verſaſt. *In quocunque fruticè, curuetur arquus cæleſtis,
ſuauitas odoris exiſtit* : Ce qui ſe doit rapporter, dit l'Ariſtote, au bon temperament de la nuë dans laquelle elle ſe forme. Cette ſeconde deüiſe auoit
pour ame, PERFVNDIT ODORE, d'vn vers entier qui exprime ce meſme ſens :

Quocumque incubuit lato perfundit odore.

Or l'vne & l'autre qualité de l'Arc celeſte nous figure quelle eſt la Clemence Royale enuers ſes peuples : car pour les mutins & les rebelles, elle accoiſe les orages, & leur oſte les frayeurs de la guerre, auec l'abolition generale de leurs crimes, pour les obliger à la paix & à ſon amour ; pour ſes autres
*Ariſt. hiſt.
Animal.*
fideles & obeyſſans ſubjects, elle verſe par tout vne douce haleine de bon-
heur & de felicité. Et comme le miel que les abeilles font ſous l'Arc-en-ciel,
eſt plus doux ; elle leur fait trouuer leurs biens plus agréables, & leurs vies plus
cheres ſous la douceur de ſon Regne. Elle n'a donc que de l'amour, quelque
diuerſe diſpoſition qu'elle trouue dans ſes vaſſaux. Et afin que perſonne ne
Apoc. 4.
s'ombrage des plus eſclattantes couleurs, dont les ordinaires Arcs-en-ciel ſont
compoſez, il faut prendre celuy, duquel le Roy des Roys faict entourer ſon
Troſne, qui n'eſtoit que d'vn verd-naiſſant, *viſionis ſmaragdinæ* : car il exprime parfaictement la Clemence, qui n'a rien en ſoy que miſericorde, &
bonté.

Pour ce meſme ſuject, des deux ſuſdites conſoles l'on auoit faict naiſtre
vn Arc celeſte, qui regnoit ſur tout l'ouurage, ſouſtenu par la Clemence, qui
eſtoit dreſſée debout ſur le ſode, les deux mains eſtenduës ; comme celle qui
nous aſſeure, que les autres peuples ayant ioüy de quelque bien par la Clemence de leurs Princes, la France auoit ſuject d'eſperer qu'elle viuroit doreſ-
Lib. 41.
nauant deliurée de tout danger, puis que le Roy par la ſienne auoit remply
l'Arc, & oſté ce qui pouuoit troubler ſes Eſtats. Tite Liue remarque, que
l'Arc-en-ciel, qui parut ſur le Temple de Saturne, *Arquus interdiu ſereno cælo
ſuper ædem Saturni in foro Romano intentus*, promit aux Romains la fin de
la contagion qui deſoloit leur ville par ſon rauage ; Et la Clemence icy nous
annonce que la rebellion ceſſera, qui comme vn mal epidimique gaſtoit le
corps de cét Empire. Dans la baze du ſode eſtoient ces vers Latins :

*Æthera dum triplici mitis Dea ſuſtinet arcu,
Securos aliquâ viuere parte iubet.
Tu medios, LODOICE, arcus feliciter imples,
Et cunctos domito pellis ab Orbe metus.*

Ils ont eſté mis en François.

*Cet heureux Arc-en-ciel que ſouſtient la Clemence,
Semble nous aſſeurer, que ſi l'on doit iamais
Voir de tous nos mal-heurs ceſſer la violence,
Ce doit eſtre à l'aſpect de ce ſigne de paix.*

Mais

Mais cet Arc n'estant point parfaict en sa figure,
D'vn repos accomply ne seroit pas l'augure,
Si ton bon-heur, GRAND ROY, n'acheuoit sa rondeur,
Pour nous faire iuger, que le rond de la terre
Par tes armes conquis, va voir mourir la guerre
      Aux pieds de ta Grandeur.

Sa bande superieure estoit enrichie des trois mots qui contenoient la Conse-
cration de l'Arc de Triomphe à la Clemence de sa Majesté.

    COELESTE PRINCIPIS CLEMENTIAE.
Car auec de tres-iustes raisons l'on appelle cette vertu, Celeste, voire mesme
Diuine, qui a esté reuerée, comme vne Deité, par les Romains dans leur profane Religion, quand ils luy dresserent vn Temple en faueur de Cesar, qui   *Plut. Iulii.*
par cette seule vertu effaça le blasme de l'iniustice de ses armes, & de l'oppres-
sion de son pays; Mais pour en parler auec plus de verité, si le pardon des of-
fenses éleue les particuliers si haut, par cette vertu que Sainct Paulin nomme,   *Epist. 50.*
Humilitatem præcelsam, & l'Isidore des Grecs, ἀνάβασις, ἀλλὰ ἀνενάβασις, que   *Isid. Pelus.*
nous les comparons auec les Roys en grandeur de courage, & de valeur; la   *l. 3. ep. 179.*
Clemence éleuera les Roys iusques à Dieu mesme, comme a dit vn Poëte:

    Æquat superos Clementia nobis.   *Claud.*

& s'acquerant le nom de diuine & de celeste, nous apprendra, que c'est principalement en sa consideration qu'on appelle les Roys Diuins, & les Images
de Dieu. Sur quoy l'on ne peut assez estimer la riche explication que donne
Themistius, quoy que Philosophe payen, à ce beau traict de la Saincte Escri-   *Orat. 9.*
ture, qu'il auoit leu quelque part, & l'attribuoit aux Assyriens; *Cor Regis*
in manu Dei; Le cœur du Roy est en la main de Dieu. Il est dans vne main,
dit-il, qui est la source de l'estre, & la fontaine de la vie; partant il doit
chasser de soy toute pensée de mort & d'inhumanité, de peur ἀ'χρεῶς ἐξο-
λισθαίνειν τῆς χειρὸς τῆς ἀεὶ χορηγούσης ζωὴν, qu'il ne se rende digne d'estre abandonné de l'assistance & de la main de celuy, qui est la Vie, & le Createur de
toute chose. Comme s'il vouloit dire: A bon droict le cœur d'vn Prince,
qui est le premier ressort d'vn Empire, repose dans la main qui a formé l'Vniuers, afin que par son attouchement sacré, le Prince conçoiue les mesmes
inclinations à bien faire à ses subjets, qui ont porté Dieu à la creation
du monde, & le portent encore à sa conseruation; Tant cette qualité est diuine, & rien moins que celeste, comme nous l'auons surnom-
mée.

  La frize de l'Arc estoit reuestuë des moulures ordinaires à la Dorique,
triglifes, gouttes, & metopes; trois de ceux-cy estoient remplis de trois de-
uises qui appartenoient à la Clemence. La premiere, du costé droict, auoit
vn foudre couché sur vne Thense, ou branquart, ainsi que nous le manions
tous les iours dans les medalles d'Auguste, de Trajan, & de Pius. La Nature

ayant peur, ce semble, que le Roy des abeilles, qui sont d'vne complexion
cholerique,

Georg. 4. *Illis irà modum suprà est*

ne profanast par quelque mouuement de vengeance, vne si grande dignité,
ne luy a point donné d'aiguillon ; Mais les Grands Roys que le Ciel a doüé
de la Clemence, ont le foudre dans leurs mains, & le pouuoir d'écraser leurs
ennemis quand il leur plaist, toutefois ils ne s'en seruent point. Cecy est si-
gnifié par ce foudre couché, qui ne nuit iamais, qu'on ayme & qu'on cherit
comme vne chose sacrée. Son mot le porte ; INNOXIVM. La deuise du
costé gauche auoit vn mesme sens, dans laquelle se voyoit vn Autel desia
chargé de sacrifices, comme pour appaiser le courroux que le Ciel monstroit par les nuages, & les esclairs, qui troubloient l'air de toutes parts. Nous
sentons principalement par cette veuë, que Dieu est courroucé contre nous,
Orat. 6. & Sainct Basile de Seleucie nomme les esclairs, ἀνατείνειν φωνάς, des trompettes qui citent les impies au Tribunal de Dieu ; Mais cet Autel arreste le
traict vengeur du courroux celeste, ou pour mieux dire, la Clemence, qui est
dans le cœur de celuy qui le vouloit lacer, en esteint le courroux. D'où la peinture auoit pour mot, PLACABILE, Facile à appaiser. Car c'est chose belle
à remarquer, combien dans la creance des anciens, le foudre qui est si fort
à craindre en ses effects, neantmoins est aisé à appaiser : Pythagore ensei-
Iambl. vita
Pyth. l. 1.
c. 28. gnoit aux siens, ὅταν βροντήσῃ, τῆς γῆς ἅψασθαι, que quand ils entendroient
tonner, ils touchassent seulement la terre, comme si cette humilité les eust
deub garantir. Les autres Grecs & Latins estimoient le pouuoir destourner
Plin. l. 28.
c. 2.
In vespis. par vn son qui se fait des lévres quand on les serre ; *Fulgetras popysmis adorare,
consensus gentium est.* Ce que les Grecs disent ; τοὺς ἐκραγέντας ποππύζειν, selon
le Scholiaste d'Aristophane ; pour instruire les Grands à se laisser facilement appaiser ; & de ne point vser de leur pouuoir, quand ils verroient en
leurs subjects les moindres signes de repentance & de soubmission. Mais pour
la deuise, elle estoit tirée de Seneque, qui enseigne, que selon les anciens
Toscans, plusieurs Deïtez s'entremettant de darder le foudre sur les hommes,
neantmoins celuy-là seul que Iupiter mesme lançoit, pouuoit estre destour-
Nat. qq. l. 2.
c. 43. né par sacrifices & prieres ; *Fulmen à solo Ioue missum, placabile est, ex discipli-
na Hetruscorum* ; où ceux des moindres Deïtez frappoient sans esgard, sans
misericorde, & ne failloient iamais leur coup. C'est l'idée de la Clemence des
Roys, qui rend tousiours leur courroux moins nuisible, que celuy d'vn particulier, les grandes ames estant de leur inclination tres-aisées à gagner, & tres-
promptes à pardonner.

　　Au milieu de la frize estoit vn camayeu, d'vn Monde couronné de bran-
De laud.
stilic. l. 2. che d'Oliuier, hieroglife de la Clemence, auec ce mot ; MAGNI CVSTOS
CLEMENTIA MVNDI. Ce traict est pris de Claudian, qui dit que ce
fut la Clemence qui demesla le grand Chaos, & la confusion en laquelle
estoient les creatures en leur naissance ; & qu'elle mesme depuis a tousiours

conſerué le bel ordre, & le reglement eſtably dans l'Vniuers. Mais le reſte
des vers appartient au Roy, dans l'ame duquel la Clemence a mis ſon Temple, & ſon Autel. La Clemence eſt le ſubiect
plus grand, &c.

Nam prima chaos Clementia ſoluit
Congeriem miſerata rudem, vultúque ſereno
Diſcuſſis tenebris, in lucem ſæcula fudit.
Hæc Dea, pro Templis, pro thure calentibus Aris
Te fruitur, poſuitque ſuas hoc pectore ſedes.

Elle a ſon ſiege dans le cœur de noſtre Monarque, où elle eſt ſeruie des plus
Royales penſées, & des plus ſainctes affections qu'elle ſçauroit ſouhaitter pour
officieres de ſon Temple, qui aſſiduëment luy immolent par les flammes ſacrées de l'amour, la memoire des crimes perpetrez contre ſa Majeſté ; en
quoy conſiſte la profuſion loüable qui ſe doit faire aux ſacrifices de telles
Deïtez, & non pas a ietter à pleines mains dans le foyer les parfums & les
encens de l'Aſie, comme le penſoit Alexandre. *Plut. Ale-*
xandro.

Ce tour d'Oliuier conſerue le monde, & le couronne tout enſemble ; la
couronne ayant pour effect autant la conſeruation de ce qu'elle enſerre, que
l'ornement. Quand Thucydide a faict dire à Cleon, que trois choſes rui- *lib. 3.*
noient les Empires, la Pieté, les Aduis, & la Clemence, τρία ἀξυμφορώτατα
τῇ ἀρχῇ, οἶκτον, καὶ ἡδονὴν λόγων, καὶ ἐπιείκειαν ; il ne pouuoir choiſir vn plus
meſchant homme que luy, pour proferer ce blaſpheme contre ce que nous
auons de plus ſacré, & de plus auguſte en la Police : c'eſtoit le refuter aſſez,
que de le nommer. Au contraire, il n'eſt plus de beſoing d'autres preuues pour
verifier le rang d'honneur, & d'vtilité que tient la Clemence dans les Eſtats,
que la ſenrence de Phocion, par la bouche duquel l'on dit iadis que la Sa-
geſſe auoit parlé ; ὅτι ἐξ ἱερῷ βωμοὶ, ὅτι ἐκ τῆς ἀνθρωπίνης φύσεως ἀφαιρετέον τὸν *Stob. λόγ. ὀ.*
ἔλεον. Vn Prince ſans Clemence, eſt vn Temple ſans Autel, vn corps ſans
ame, vn Ciel ſans lumiere, & vn monde ſans Dieu.

Et parce que l'on auoit reueſtu le tympan de cet Arc, les ſaillies de l'architecture, les cuirs des ouales, & les impoſtes de la voute, de pluſieurs branches d'Oliuier, les vnes droictes, les autres enlacées, & diſpoſées en toute
ſorte de figure ; L'on adiouſte auſſi que c'eſt l'arbre qui porte la miſericorde
en ſon nom parmy les Grecs, qui coule autant de debonnaireté pour nous
l'apprendre, que d'huile ; qui donnant vn ſi doux fruict, garde pour ſoy l'a-
mertume en ſes fueilles, comme ſi la Clemence eſtoit amere & difficile aux
Princes meſmes, pour les grandes violences & contraintes qu'ils reçoiuent
ſouuent en leurs intereſts, afin de faire ſauourer aux autres les fruicts & les
tendreſſes de leur bonté. Si la Nature a voulu que l'Oliuier tournant ſes fueil- *Plin. lib. 2.*
les au ſolſtice d'Eſté, ſe ſentiſt en quelque choſe de ce qui ſe faict au Soleil, *c. 41.*
& euſt pour les bornes de ſa croiſſance, celles que le meſme a de ſa hauteur :
ce n'eſt pas tant pour charitablement nous aduertir du changement de la ſai-
ſon, que pour nous inſtruire, que Dieu & le Prince clement ſe rencontrant

en cette Vertu, sont en vne mesme eleuation, & que les plus releuez sentimens qui sont en l'vn pour les hommes, sont admirablement exprimez au
cœur de l'autre vers ses sujects. La Clemence est le solstice de Dieu, c'est le
plus grand ascendant qu'il ait sur les hommes, que de leur pouuoir pardonner ; il en est de mesme pour vn Roy, qui se rencontrant auec Dieu dans
cette Vertu, semble changer en diuin, ce qu'il a d'humain & de mortel. Μόνο
Orat. 5. καὶ χαὶ βασιλεῖ εἰ ἔξουσια ἐστι ζωὴς ὑποδοῦναι, dit Themistius. L'eminence de Dieu
& d'vn Roy consiste a pouuoir donner la vie, & pardonner aux criminels.

Partant la Ville de Paris, laquelle est comme la mere de celles qui sont sous
la Monarchie Françoise, témoignoit son contentement, & s'esioüyssoit par
ces branches d'oliues auec la Clemence de son Prince, luy allant au deuant, &
le receuant auec ces marques d'honneur, parce qu'il auoit pardonné à celle
qui depuis tant de temps troubloit le repos de l'Estat. Ses premiers tesmoi-
gnages de ioye, sont les branches de douceur & de paix : ce sont celles que
les Princes doiuent le plus aymer en leurs Triomphes. Ceux aussi qui de plus
prés assistent leurs personnes sacrées, & administrent les principaux Offices de
leur Couronne, les doiuent tousiours porter à cette Clemence, iamais n'arracher les Oliuiers qui leur ceignent le front, ny permettre que chose aucune les
flestrisse. Les Atheniens nommoient d'vn nom particulier les Oliuiers, τὰς μο-
Ἐν νεφίλαις. ρίας, come donnans la mort à ceux qui les eussent voulu coupper, ou arracher,
μορου πέκτηςε, dit le Scholiaste d'Aristophane. Aussi Halirrothius, fils de Neptune, qui les voulut coupper, se blessa de la coignée qu'il tenoit, αὐτηέησυχοι,
& en mourut. Sophocle les nomme à mesme raison, φύτευμα αχείρωτον, vn plant
sacré, sur lequel l'on n'osoit porter la main pour le violer ; & adiouste son In-
Oedipo Co-
lon. terprete, que les ennemis estans entrez à main armée dans l'Attique, & ayant
tout saccagé, n'oserent pas neantmoins, par religion & reuerence, toucher
ces arbres, à cause des imprecations fulminées contre ceux qui les attenteroient.
Tel estoit le suiect qui nous auoit porté à decorer l'Arc de cette nature de
branches ; comme aussi pour loüer les principaux Ministres de l'Estat, desquels sa Majesté s'est seruie à la reduction de la Rochelle ; lesquels ayans tousiours secondé sa Clemence en la conduicte d'vne si grande Victoire, ont luy
μεῖζον δὲ ἡ
πάντας ἐασι
ζωσι νίκη.
Declam. 31.
pag. 710. le sang, mesme des ennemis, & en cette façon luy ont conserué l'honneur d'v-
ne Victoire toute entiere ; qui est celle, dit Libanius, qui conserue l'vn & l'au-
tre party ; & en laquelle personne ne se perd que par sa volonté.

Ce grand Arc estoit sousteñu de quatre colomnes, entre lesquelles estoient
six cartouches, trois de chaque costé, pour loüer tousiours dauantage la Clemence & la debonnaireté du Vainqueur, par ses diuers effects.

La premiere du costé droict, est prise sur la Nature, qui monstre en l'Ele-
phant le bien de la Clemence dans vne grande force : Aussi cet animal est
Royal, non seulement parce que la despense est grande à le nourrir, & qui
n'appartient qu'à vn Roy, βασιλικὸν τενόμισα ὃ κτήμα, disoit Strabon à ce suject ; mais aussi parce qu'entre tous les animaux il a ie ne sçay quel sentiment
Lib. 17.
pag. 704. de la Royauté : Il sent les Roys, dit Aristote, & les adore. Or ce grand co-
losse

loſſe de nature, quoy que puiſſant, & fort aſpre aux combats, comme nous
l'apprenons par les guerres d'Afrique & d'Aſie, dans leſquelles il a touſiours
eu les premiers rangs; neantmoins n'a rien de cruel, mais pardonne aiſément les offenſes receües; quand on luy a ſatisfaict. Sa Debonnaireté paroiſt
principalement quand il rencontre vn troupeau de brebis; car de peur de les
bleſer, il les eſcarte de ſa trompe; & quand il eſt en furie, il ſ'addoucit auſſi
toſt qu'il void vn mouton. Le naturel des Grands eſt d'eſtre eſpouuantables
dans les armes, mais d'autre coſté fort aiſez à regagner; comme ceux qui
ſentent leurs forces, & ſont aſſeurez que leur benignité ne preiudiciera point
au reſpect qui leur eſt deub. Mais auec quelle patience, le Roy dans ces derniers mouuemens a-il eſcarté le plus qu'il a peû, les coulpables d'auec les innocents? Combien de Herauts & de Trompettes ont ſommé ceux qui ſe
ſtoient enfermez dans leur ville, qu'ils auoient munie par iuſte iugement de
Dieu, pour eſtre vne plus forte priſon de leurs crimes? Le mot qui accompagnoit cette deuiſe, ſe liſoit en la liſte d'enhaut, MITIS MAIESTAS,
La debonnaire Majeſté.

Les deux autres cartouches du meſme rang eſtoient à meſme fin. L'vne,
auoit la figure du Roy à cheual, tenant en ſa main vne branche de Laurier,
comme il ſe faiſoit à Rome au retour des Princes Victorieux; & nous le
voyons en la medaille de Philippe le Pere: le mot eſtoit l'ordinaire, AD-
VENTVS OPTIMI PRINCIPIS, L'Arriuée du Prince tres-debonnaire.
L'autre eſtoit plus emblematique: Car l'Amour oſtoit l'eſpée à la Iuſtice; &
en ſon lieu, luy donnoit vne branche d'Oliuier; pour monſtrer que la bonté
du Roy a changé le iuſte chaſtiment que les rebelles deuoient craindre de ſa
Iuſtice lezée, en des fruicts ineſperez de ſa Clemence. VINDICTA EX-
ARMATA.

L'autre coſté auſſi auoit ſes trois ornemens, à l'oppoſite de ceux que l'on
vient d'expliquer, auec leſquels ils auoient correſpondance, tant en la ſignification, qu'és figures repreſentées. La premiere eſtoit vne riche deuiſe ſur la
maſſuë d'Hercule, qui eſtant dans l'antiquité, la marque de la force & du
courage, & l'arme inuincible auec laquelle Hercule a dompté tous les mon- *In Corinth.*
ſtres, l'eſt neantmoins auſſi de la Clemence. Quelques-vns, comme Pauſanias, eſcriuent qu'elle eſtoit faicte d'Oliuier ſauuage; & Theocrite l'appelle ἀγριέλαιον. Apollonius Rhodius dit qu'elle eſtoit ſimplement d'Oliuier, *Lib. 4.*
στβαρὸς ὄζος ἐλαίης. Auſſi la couſtume eſtoit iadis de faire de ce bois les ſceptres
des Roys, & les houlettes des paſteurs qui en ont donné l'origine, comme vn *Carol. Paſq.*
Eſcriuain qualifié de noſtre temps a remarqué. Mais tous les Autheurs ſont *de Coron.*
d'accord, que Hercule ayant couché cette maſſuë prés d'vne ſtatuë de Mercure, qui eſtoit à Troezene, elle prit racine auſſi-toſt, & ietta des branches,
dont on prit les couronnes des Vainqueurs. De faict, les Naturaliſtes remarquent, qu'entre tous les arbres, il n'y a que l'Oliuier, lequel eſtant ſec, voire
meſme mis en œuure, & remis en terre, reuerdiſſe, & prenne racine, comme
l'admire Virgile:

H

Quin & caudicibus sectis, mirabile dictu
Truditur è sicco radix oleagina ligno:

pour nous apprendre, comme ie croy, que la Clemence n'est iamais si fort
esteinte pour quelqu'vn, dans le cœur d'vn grand Monarque, qu'à la moindre satisfaction ou soubmission qu'on luy rende, l'on ne la voye incontinent
reuerdir & fleurir. En quoy nous auons beaucoup de suiect d'admirer la douceur de la Nature, qui n'ayant pas donné cette facilité de se reprendre aux autres arbres, comme de moindre consideration aupres d'elle, s'est neantmoins
monstrée si indulgente vers l'oliuier que de luy rendre autant de fois la vie,
qu'on le voudroit replanter: Mais nous deuons incomparablement plus admirer & remercier la bonté diuine, d'auoir tousiours donné aux Roys vne inclination particuliere à la Clemence, de laquelle decoulent plus de biens dans les
Estats, qu'il n'en faict de l'oliuier sur nos corps. Promptitude & facilité, que
sa Majesté monstra a prendre les rebelles à sa mercy, aussi tost qu'ils se presenterent à ses pieds ; encore qu'il y eut vn an entier, que la felonnie les eut arrachez de cœur & d'affection, du sacré terroir de nos Liz. Le mot s'accordoit
à ce sens, PRONA CLEMENTIA.

La seconde peinture estoit tirée de ce que les Romains grauoient en leurs
medailles, pour l'heureux retour de leurs Princes. Ils representoient la fortune en matrone Romaine auec vne corne d'abondance ; & selon que le voyage
s'estoit faict ou par terre ou par eau, ils y adioustoient, ou vne roüe, marque
des grands chemins de terre, ou le timon d'vn nauire, pour vn retour faict
par eau. Ils la nommoient, *Fortunam reducem*, comme elle est en vne infinité de pieces antiques ; Dion la nomme τύχην ὑπαγωγόν. Comme donc nous
receuons sa Majesté d'vn long voyage, qui s'est faict par terre & par eau, nous
auons creu luy deuoir dedier ce dessein, & peindre vne Fortune, habillée grauement, auec la corne d'Amalthée entre ses bras, assise, ayant proche de sa
chaire vne roüe ; & tenant de l'autre main vn timon. FORTVNA REDVX
PRINCIPIS.

La derniere est prise des honneurs qu'on rendit à Iulius Philippus, qui le
premier des Empereurs Romains fit profession de la foy Chrestienne. Car
dans les monnoyes que l'on battit à son aduenement à l'Empire, l'on mit vne
Deesse, qui tenoit des espics d'vne main, & de l'autre le gouuernail d'vn vaisseau, auec ce mot au tour, *Lætitia fundata* ; pour monstrer que par ses Victoires la terre & la mer estoient maintenant en repos ; & que la ioye regnoit
paisiblement par tout. Le mesme honneur fut rendu à Tacitus l'Empereur,
& à son frere Florian, deux Princes tres-recommandez pour leur Clemence,
notamment le premier, qui fut tant chery de tout le monde, que l'on tenoit
pour vn crime, de ne point auoir son image chez soy. Il est vray qu'en celle de
Tacitus, la Deesse tient vne couronne ; & en celle de Florian, vn trophée.
Mais ces trois Princes n'ayant pas duré beaucoup en l'Empire, frustrerent les
souhaits des Romains, & rendirent leur resiouyssance peu durable. La Fran-

ce eſt celle qui ſe promet iuſtement cette ſolidité de repos, & cette aſſeurance de ioye, fondée qu'elle eſt ſur la Clemence, & ſur la Victoire du Roy : par-tant en gardant la meſme figure, l'on y faiſoit lire auec meilleur preſage, LAETITIA FVNDATA.

Tel eſtoit l'ornement de cet Arc, que ſagement on auoit mis le premier en rang, comme eſtant dedié à celle d'entre les Vertus, qui doit eſtre nom-mée la premiere, & la Royale. Meſme le premier qui fuſt iamais au monde, c'eſt à dire, l'Arc-en-ciel, eſtoit dedié à la Clemence de Dieu : L'Amour auſſi qui eſt le premier entre les Dieux des Payens, & partant le plus excellent, comme conclud le ſage Phædrus dans Platon, & à qui les Philoſophes don- *Συμποσίφ.* nent la creation du monde, eſt fils de l'Iris ou de la Clemence ; parce que cette aymable paſſion de pardonner à des coulpables, a deub neceſſairement eſtre mere de celuy que la mythologie payenne faiſoit le Createur des hom-mes, dont les fautes durent auſſi long-temps que la vie. C'eſt ainſi que le docte Interprete d'Homere en parle, le nommant, ἔρωτα ὑὸν Ἴειδὸς ϗ Ζεφύρου : l'A- *Ἰλιάδ. γ.* mour fils de l'Iris & du Zephyre. Plutarque luy dreſſe ainſi ſa genealogie, & *qq. 15.* meſme prend plaiſir à monſtrer les rapports qui ſont entre l'Amour & l'Iris, pour nous obliger à croire, que la Clemence eſt la premiere pierre du baſti- *Ἐρωτικφ:* ment de l'Vniuers, Dieu s'eſtant obligé auſſi-toſt à nous pardonner, qu'il conceut la reſolution de nous produire : Et que dans vn Eſtat Politique, qui eſt formé ſur l'idée du Grand Monde, la premiere qualité d'vn Prince, eſt la meſme Vertu, puis qu'il repreſente Dieu ſur terre, & doit tenir pour premiere obligation de ſa charge, de ſe monſtrer Clement & propice à ſes ſubjects. Themiſtius ſur ce point faict vne belle remarque, qui le rend non ſeulement *Orat. 5:* digne du ſurnom que ſon eloquence luy a acquis, τῦ ἐυφραδοῦ, mais encore de grand & ſage politique : quand il dit que les Princes ſont au monde pour guarantir les peuples de la rigueur des loix, dans laquelle leur infirmité ſou-uent les engage. Διὰ τῦτο γδ ὡς ἔοικε, βασιλείαν ἐκ τῦ οὐρανοῦ κατέπεμ-ψεν Εἰς τλù γλù ὁ Θεὸς, ὅπως ἂν εἴη καταφυγὴ τῷ δυθραπῳ ἀπὸ τῦ νόμου τῦ ἀκινήτου, ἐπὶ τὸν ἔμπνουν ϗ ζῶντα. La Royauté a eſté enuoyée du Ciel aux hommes, par la diuine bonté, afin qu'elle leur ſeruiſt d'azyle, & qu'ils euſſent recours de la loy inflexible & rigide, à celle qui ſeroit douée de vie & de ſentiment. Comme s'il vouloit dire, à noſtre façon de parler : Dieu voyant l'inclination que les hommes ont au mal, & auec quelle paſſion ils s'y portent, meſpriſans la raiſon, à laquelle il auoit donné le gouuernement de leurs mœurs ; pour remedier à ce danger, leur a fait promulguer des loix, mais rigoureuſes & ſe-ueres, eſcrites en des pierres & en des bronzes, qui ne ſe peuuent iamais atten-drir, & ne relaſchent rien des ſupplices qu'elles ordonnent à ceux qui les ont violées : Toutefois s'amolliſſant luy-meſme par l'indicible paſſion d'amour qu'il a pour nous, il nous a donné des Roys, & a placé leur authorité dans le monde, comme vn lieu de franchiſe, auquel les miſerables criminels qui ſe repentiroient de leurs fautes, peuſſent auoir recours, & trouuer aſſeurance de leur vie, & de leur conſcience, contre la iuſtice, & les reproches interieurs de leurs forfaicts paſſez.

    C'eſt pourquoy cet Arc tenoit le premier lieu: & pour l'importance de ſon ſujeƈt Royal & diuin, auoit eſté mis à l'extremité du fauxbourg, comme ſi Paris ſeſtoit accreu de ce coſté-là pour receuoir pluſtoſt ſon Prince, & feſiouyr auec luy de la Vertu, de laquelle vn peuple veut touſiours eſtre aſ-ſeuré, pour voir vn Triomphe auec vn plaiſir accomply. Il eſt vray que qui honoré la Clemence, honore les autres Vertus.

Lib.1.de Vit.
Sophiſt. in
Marco.

    Philoſtrate met en debat vn beau traiƈt qu'il rapporte de l'Iris: ὁ τἰω Ἶριν ἰδὼν, ὡς ἓν χρῶμα, οὐκ εἶδεν ὡς χρὴ θαυμάσαι· ὁ δὲ ὅσα χρώματα, μᾶλλον ἐθαύμασεν. Celuy qui voyant l'Iris, n'a creu voir qu'vne couleur, ne l'a pas veüe com-me il faut pour l'admirer: mais qui a ſceu diſtinguer toutes les couleurs, en prendra le ſentiment que merite la fille de la Merueille. Il adiuge ce traiƈt à Marcus Byzantin; les autres au Stoïcien Alcinoüs. Mais ce qui ſy dit de l'Iris, a bien dauantage de lieu dans la Clemence du Roy; qui ne la croit qu'vne ſeule Vertu, ne la cognoiſt pas aſſez; au moins, il ne ſeroit pas ſi Cle-ment, ſil n'auoit les autres Vertus: D'où vient qu'en ce premier eloge de la Clemence, & par les enrichiſſement de cét Arc; nous penſons auoir faiƈt vne digne Ouuerture du Triomphe du Roy, & de ſes Royales Vertus.

    Il le faut clore auec l'Inſcription qui ſe liſoit dans le grand marbre du mi-lieu; qui dit en noſtre langue, que cet Arc eſt dedié par la Ville de Paris, au ROY TRES-CHRESTIEN, pour auoir deliuré la France des Rebelles, & des Eſtrangers.

LVDOVICO DECIMOTERTIO
FRANCORVM ET NAVARR. REGI CHRISTIANISSIMO
PIO IVSTO FELICI TRIVMPHATORI
QVOD INSTINCTV DIVINITATIS ET MENTIS MAGNITVDINE
TAM DE REBELLIBVS QVAM DE EXTERNIS REGNI HOSTIBVS
VNO TEMPORE IVSTIS GALLIAM VLTVS EST ARMIS
PRÆF. ÆDILL. FACIEND. COIRAVERE EIDEMQ. PROBAVERE.

    La figure de ce premier Arc eſt la ſuiuante.

ARC

ARC DE TRIOMPHE
A LA PIETE
DV ROY.

A la barriere de la Porte S. Iacques,

RENCONTRE SECONDE.

V N des plus grands biens que la France ait iamais receu de la main de Dieu, est d'auoir vn Roy si pieux, si religieux, si digne de la souche sacrée dont il sort, qu'elle auroit peine de s'en imaginer vn plus parfaict. Et generalement parlant pour les autres Estats ; *Quòd præstabilius est, aut pulcrius munus* Plin. Paneg. *Deorum,* dit vn Ancien, *quàm castus, & sanctus, & Dîs simillimus Princeps ?* Il n'est aucun don, que Dieu nous face, qui soit à comparer à vn Prince Pieux. Car outre les biens que les autres Vertus dont il est doüé, comme de grands canaux, font necessairement ruisseler sur son peuple, la Pieté, qui le lie plus estroittement à Dieu, le rend capable de rece-uoir les graces plus abondantes, & d'estre vn plus propre instrument des mer-ueilles qu'il desire operer en ses sujects. L'on dit cecy pour la Victoire que Dieu vient de donner à la France, laquelle chacun sçait deuoir estre si parti-culierement attribuée au Roy, qu'outre la coustume des armes, qui consacre les fruicts au Chef; toute ame bien épurée iuge assez qu'il l'a meritée par ses vertus. Entre lesquelles celle qui tient le premier rang, est celle aussi, à la-quelle nous croyons estre plus obligez, c'est à dire, à la Pieté. Et comme elle embrasse deux choses ; le culte que l'on doit à Dieu, & l'amour que le Prince porte à son peuple ; elle a paru si grande en ces deux sortes d'effects ; que le peuple ne peut estre aymé dauantage de son Roy, & nous cognoissons com-bien Dieu se contente de son seruice, par les prosperitez qu'il luy enuoye.

I ij

C'eſt à cette Pieté , comme à la ſource de la Gloire, & à la Mere des Triomphes de ſa Majeſté que Paris conſacre ce bel Arc ; Elle luy dedie l'entrée de ſes murs , touſiours eſtimée ſaincte chez les profanes meſme, & autant religieuſe que le ſeroit vn Temple : C'eſt à la Pieté, que cette Grande Royne des Villes rend icy les remerciemens que meritent l'expulſion des eſtrangers, & l'aſſoupiſſement entier des guerres inteſtines, par la démolition de la Rochelle. L'on ne vid iamais vne Armée pleine de tant de deuotion : c'eſtoit par la priere que l'on entroit en garde ; les Sacremens eſtoient ſi frequentez par les ſoldats, qu'à bon droict peut-on ſurnommer aujourd'huy la Pieté, *Matrem Caſtrorum*, Là Mere du Camp François ; & luy deferer les honneurs de la Victoire. La Force, la Valeur, le Courage, & les autres Vertus de ſa Majeſté ne le trouueront point mauuais, puis qu'elles-meſmes viuent auec tant de deference & de reſpect auec celle-cy, que celuy qui eſt Roy de tant de peuples par ſes autres qualitez, priſe neantmoins dauantage le bien d'eſtre ſeruiteur de Dieu par ſa Pieté nompareille. C'eſt le ſentiment de ſa Majeſté, qui ne donna qu'à la ſeule Pieté, les premiers mouuemens que la ioye & la victoire pouſſe dans les Vainqueurs, qui ſont les veritables indices de leurs ames , & declarent aſſeurément de qui ils tiennent leur bon-heur. Cette Pieté triompha dans la Rochelle, où apres cent ans de ſa rebellion contre le Ciel auſſi bien que contre ſes Princes, le Roy ſuiuit à pied le Triomphe du Dieu des armées, qui voulut receuoir ce ſeruice de ſa Royale Pieté, & ſe faire porter par les ruës, que le fleau de la famine, & la Victoire de ſa Majeſté auoient purgée, y reſtablir les Autels & ſon culte par les mains innocentes de ce Prince Victorieux : Il ne ſeroit pas ſeant qu'elle euſt eſté plus honorée à la Rochelle, qu'à Paris.

La principale piece de cét Arc , eſtoit le fauorable rencontre de deux de nos Roys en vne meſme Pieté, meſme nom, meſme victoire, le Roy Louïs Huictieſme, & Sa Majeſté. Le premier grandement pieux, comme celuy qui deuoit eſtre le Pere de Sainct Louïs, fit long-temps la guerre contre les Albigeois, & haïſſoit parfaictement toutes les noueautez de Religion : il conquit la Rochelle, encore que les Anglois ſe fuſſent mis en deuoir de la ſecourir. Les meſme choſes ſe trouuent en la perſonne du Roy petit fils de ce Prince : ſes armes ont deſia ſi fort affoibly l'hereſie, quelle eſt reduite au dernier point, & va de iour en autre expirer à ſes pieds : Il a dompté la Rochelle à la veüe de deux flottes Angloiſes : tant c'eſt vne choſe fatale à cette ville de donner des Lauriers à nos Roys qui ſe rendroient ſignalez en Pieté. Nos deux Princes eſtoient oppoſez l'vn à l'autre dans la peinture ; chacun à cheual, en armes, & ſelon l'equipage & l'ornement de ſon temps. L'Ange donne vne Couronne ouuerte à Louïs VIII. ſon Eſcuçon eſt chargé de fleurs de Lys ſans nombre, parce que tel eſtoit l'vſage de ſon temps : François I. fut le premier de nos Roys à ce qu'on tient, qui ferma ſa Couronne par en haut , pour exclurre les vaines pretenſions de l'Empereur Charles quint, & pour luy faire ſçauoir qu'il ne tenoit ſes Eſtats que de Dieu. Auſſi celuy qui reduiſit les armes de France

a trois

a trois fleurs de Lys, fut Charles fixiefme. C'eft pourquoy l'autre Ange qui eft fur le Roy, luy donne vne Couronne fermée, & fon Efcüyer porte les armes à trois fleurs de Lys, outre l'Efcuçon de Nauarre comme eftant vnie au Domaine de la France par Henry le Grand, qui eft toufiours de foy-mefme de tresglorieufe memoire, mais encore plus dans les triomphes du Roy fon Filz. De plus, dans les drappeaux que portent les Soldats qui font au tour de leurs Roys, nous auons gardé leurs differentes deuifes. Car en celle du Roy, font deux fceptres enlacez en faultoir; DVO PROTEGIT VNVS: en celle de Louïs Huictiefme, eft vne main iffante du Ciel, qui tient l'efpée nüe, auec ce mot du Sainct Apoftre, NON SINE CAVSA; Que le Prince ne porte pas l'efpée, que Dieu luy a mife en main, fans caufe: car telle eft la deuife que *Typotius.* les Auteurs luy ont donnée.

La Rochelle eft au milieu, dedans l'efloignement de la peinture, comme le champ de guerre, où ces deux Princes ont cueilly leurs Palmes, ou pluftoft, ainfi qu'vn trophée commun à tous les deux; encore que fans flatter le bonheur de noftre fiecle, il eft affez facile à iuger quelle comparaifon il y a entre la Rochelle de noftre temps, & celle de iadiz, & quel doit eftre auffi l'auantage du Roy fur fes Anceftres. Neantmoins cette rencontre fi fauorable des deux Victoires de nos Roys Tres-pieux, & Tres-chreftiens, de leurs noms, 1224. des années prefque pareilles de leur fiecle, auoit fait placer icy l'Infcription 1628. fuiuante, par laquelle les Parifiens rendent graces à Dieu, & au Roy, de ce que par fon moyen ils voyent reflorir le temps heureux que cette mefme ville fut revnie à la Couronne, & les Eftrangers dechaffez; ce qu'ils croyent deuoir à la Pieté.

DEO OPTIMO MAXIMO
AC HVMANARVM RERVM OPTIMO PRINCIPI

RVP. REC. QVADRING. POST ANN. QVAM LVD. VIII. EAMD. EXPVGNAVERAT

SIBI CONSENTIENTIB. FATIS AC RECVRRENTE BEATITVD. TEMPORVM

COELO TERRAQ. PLAVDENTIB. IN PVBLICA LÆTITIA

PARISINI SE SVAQ. EX VOTO CC. DDQ.

Dans les deux confoles qui eftoient aux coftez du Tableau, l'on auoit mis deux fignes du Zodiaque, en l'honneur des deux Roys. Au cofté droict eftoit la Balance, foubs laquelle efcheut à la France le bon-heur de la naiffance de fa Majefté. Pour mettre l'ame à la deuife, l'on a eu efgard à ce que dit iadis Agefilaus, qui entendant parler du Roy de Perfe, qu'en fa prefence on furnommoit, Βασιλεύς ὁ μέγας, Le Grand Roy; il demanda fil eftoit plus iufte que luy; comme voulant monftrer qu'il ne meritoit point ce tiltre, fil n'eftoit plus iufte que les autres. A quoy adioufte tres-bien le Plutarque, que la Iuftice eft Βασιλικὸν μέτρον, La mefure des Roys, & celle qui les fait paroiftre, & furnommer Grands. Theages veut l'encherir fur luy, quand il dit que *Apud Stob.*

K

les Dieux furpaffent les hommes, en ce qu'ils font plus iuftes & plus reglez;
& Pline l'enuie fur tous les deux, fouftenant que Iupiter n'eft pour autre
raifon le premier dans le Ciel, que par ce qu'il eft plus iufte que les autres:
Mais tous appuyent noftre fens, & laiffent indubitable, que la vraye
mefure des Grands, n'eft pas la longueur de leur lance, comme difoit de
foy Cleomenes : ny les montagnes ou les mers, qui bornent leurs Eftats;
ny mefmes leurs defirs, & leur ambition, qui ne s'arreftent qu'à l'infiny; mais la profeffion & l'amour de la Iuftice. Tellement que ce figne
celefte, eftant le fymbole de l'Equité, pour l'egalité qu'il met entre les
iours, & les nuicts, pendant l'Equinoxe d'Automne, femble auoir donné
le prefage tant de la future grandeur de fa Majefté, que du tres-digne nom
qu'il s'eft acquis. Le mot donc, eftoit celuy de Plutarque, MÉTPON
BACIΛIKON. La Iuftice, eft la mefure des Roys.

A l'oppofite, eftoit vne autre partie du Zodiaque qui portoit le Lyon:
pour reprefenter le fur-nom, qui fut donné à Louis VIII. Car pour fes
proueffes, & pour fa grandeur de courage, il fut nommé, *Lyon*, ou,
Cœur-de-Lyon : C'eft vn tiltre Royal, puifque les Aftronomes dans le denombrement qu'ils font des eftoiles du Lyon, remarquent qu'il en a vne
au cœur, nommée Βασιλίσκος, de laquelle dit Theon efcriuant fur Aratus,
ὁ λέων ἔχει ὅτι τῆς καρδίας ἀστέρα βασιλίσκον καλούμενον, ὃν οἱ χαλδαῖοι νομίζουσιν
ἀρχὴν τῶν οὐρανίων. Le Lyon à le flanc chargé, fur le cœur, d'vne eftoi-
le, qu'on nomme *Bafilifcus*, qui a le domaine abfolu fur tout le corps
celeftes felon la creance des Chaldeens. Nos modernes l'appellent *Regu-
lus*, & adioufte quelqu'vn, qu'il a les influences de Mars & de Iupiter
tout enfemble; *Cor Leonis eft ftella Iouialis & Martia*; pour fignifier les
deux grands aftres des Princes, la Douceur & la Force, ou comme Themiftocle les ioignoit, en les nommant fes compagnes, Πειθώ καὶ βίαν, la
perfuafion par le difcours, & la violence par les armes. Ce fut fur ce
fondement, que Louis VIII. porta le fur-nom de *Cœur-de-Lyon*; Partant
comme il euft les effects de l'vne & l'autre influence, s'eftant fait redouter
par les Albigeois à Auignon, par les Anglois dans la Guienne, & grandement cherir par fes fujects, nous y auons mis l'aftre & le cœur du Lyon.
Le mot eftoit REGIVM SIDVS, L'Aftre Royal.

Entre les deux Colomnes, qui ornoient les deux coftez de la porte,
eftoient deux grandes ftatuës de l'vne & l'autre Pieté. La Premiere du cofté
droict, eftoit celle, qui regarde Dieu, & pour cette caufe eft nommée du
tiltre plus refpectueux de *Religion*. Auffi auoit elle dans fon efcriteau, fur
la baze, RELIGIO OPTIMI PRINCIPIS. C'eft celle qui doit reluire
par deffus les autres vertus en vn grand Roy, dict Dion Chryfoftome; puis
qu'il n'a rien en quoy il puiffe dauantage monftrer le voifinage, qu'il a auec
Dieu, que la Religion, & le feruice qu'il luy rend : Et fur ce que le mefme
s'eftonne, que Timothée grand Muficien, auoit des airs qui pouuoient
pouffer Alexandre le Grand a tel exercice qu'il vouloit, & n'en auoit point

α' δὲ ζυγιαῖος
δίκαιος, διὰ
τὼ ζυγὸν ἰσό-
τητα.
S. Bafilius
Hexaëm.
homil. 5.

Α εχίνυ φαι-
νόμενα.

Merula.
lib. 4. c. 1.

Orat. 2.

cependant qui le portaſt à la deuotioñ , il faut croire que c'eſt par ce que la Religion , eſt vniquement don de Dieu , de laquelle il fauoriſe les grands comme il luy plaiſt , & a proportion des merueilles qu'il veut executer par leurs mains. Or elle eſt exprimée à la façon des Romains, voilée, comme on eſtoit pendant les ſacrifices ; les mains iointes ; & les yeux leuez vers le Ciel : La flamme qu'elle a ſur la teſte ; monſtre l'ardeur de ſa priere ; & cet enfant à ſon coſté , nommé dans les ceremonies, *Camillus*, luy preſente la naſcelle , & le ſymbole ou petit vaſe ; l'vn pour l'encens , & l'autre pour l'effuſion du vin & du laict , pour marque des anciens ſacrifices , & du plus grand culte que les hommes rendoient à la Diuinité, C'eſtoit auſſi pour exprimer les ardentes prieres , auec leſquelles le Roy auoit obtenu de Dieu , les grands ſuccez , que l'on admire

Dion ſe rend digne d'eſtre eſcouté de touts les Princes ; quand il remarque qu'Homere, deſcriuant les Roys faiſans leurs prieres , il leur donne vne particuliere deuotion , & des paroles, qu'il ne donne point aux autres , μηδὲ ὦ χαὶ ὦχεϲθαι τὸν βασιλέα τοῖς ἄλλοις ὁμοίας : C'eſt que les Princes doiuent dauantage eſclatter en pieté que ne font les particuliers, tant pour l'importance des requeſtes qu'ils font à Dieu , que pour la qualité de leurs perſonnes, & les motifs qu'ils ont de le reſpecter & de l'aymer. La France eſt en cecy tres-obligée au Roy , & recognoiſt aſſez combien luy ſert que ſes deſirs ſoient preſentez à Dieu par cette deuotion Royale ; & Pieté nompareille , dont ſon Monarque eſt doüé. Et ſi Achilles a touſiours eſté loüé, d'auoir eu recours à la priere ; encore qu'il fuſt fort preſſé d'aller à la charge : que dirons nous de celuy que nous auons veu au pied de l'autel de la Vierge aux Ardillieres , quand il auoit vn monde d'affaires ſur les bras , & releuoit de maladie, pour aller au Camp? Les vertus ſont ſœurs germaines; la vraye force eſt touſiours conioincte à la pieté; & ceux qu'on nomme vaillans à iuſte tiltre, ſont auſſi touſiours deuotieux. Et comme dit vn grand Prelat , au premier Chreſtien de nos Roys , *veſtra fides*, *noſtra victoria eſt* : la pieté des Roys eſt la victoire des peuples ; & la deuotion de laquelle ils rempliſſent leur cœur ; ne les amollit pas ; mais au contraire , *faciet vt plus valeat rigor armorum* : les rend plus eſpouuentable dans les armes.

L'autre Statuë eſtoit de la Charité ou de l'amour du Prince enuers ſon peuple ; elle auoit vn enfant entre les bras , & vn autre a ſon coſté ; ſelon la façon ordinaire de l'exprimer , & l'amour maternel quelle a pour ſes ſujets: ſon eloge ſe liſoit en la baze. PIETAS PRINCIPIS NOSTRI. La Pieté du Roy enuers ſon peuple.

Sur chacune de ces deux Statuës, l'on auoit mis deux peintures, qui ſe rapportoient à l'vne & l'autre Pieté, à l'imitation de deux magnifiques entrées, qui ſe firent iadis dans Athenes, a deux grands Capitaines, Demetrius, & Pompée. Dans celle, qui eſtoit au deſſus de la Religion , eſtoit Pompée à cheual, preſt a entrer ſoubs vn grand Arc de Triomphe , que deſcrit Plutarque. Il

Ibid.

Ibid.

S. Auitus apud Sirmond. Tom. 1. Concil.

Plutar. Pompeio.

K ij

reuenoit lors de la guerre des Pirates, & passant par Athenes, les Citoyens l'y receurent auec toute sorte de resiouyssance, & notamment auec deux inscriptions, dignes d'estre couchées en ce lieu. Car au dehors de la porte, ce lisoient ces termes Grecs; προσεδοκωμεν, προσεκυνουμεν, ιδομεν, προσεπεμπομεν. Nous vous auons attendu ; nous vous rendons l'honneur que nous pouuions ; nous sommes infiniement contens de vous voir ; nous vous conduisons & accompagnons de nos personnes, mais encore bien plus loing de nos vœux : Qui sont les ueritables sentimens de la ville en la Reception Triomphante de sa Maiesté. L'autre inscription qui touche plus la Religion, & seruoit de mot à la peinture, portoit; εφ' οσον αν ανθρωπος οιδας, επι τοσουτον ει Θεος. D'autant que vous vous recognoissez estre égal aux autres hommes, dans la douceur de vos mœurs, & le seruice que vous rendez à Dieu, d'autant meritez vous estre estimé par dessus les hômes, & plus proche de Dieu mesme. Aussi la Pieté acquiert cet honneur aux Roys, de les releuer d'autant plus, qu'ils s'abbaissent pour cette vertu. Cet auantage se representoit par vne couronne d'estoiles, pour exprimer les solides & veritables plaisirs, que sent l'ame d'vn Prince, qui pourchasse en toute chose le bien & la grandeur de la Religion ; Couronne qui en doit estre plustost tissuë, pour porter le nom de Felicité ; que non pas des plus riches fleurs qui naissent dans les iardins ; comme estoit celle qu'ils nommoient iadis, στεφανον ευδαιμονιας, la Couronne de Felicité, & de bon-heur. Quand le Prince iouyt des delices sacrées que la Pieté faict resentir à ceux qui s'y exercent, il se voit enrichy d'vn diadéme plus heureux que celuy de ses Empires & Seigneuries ; qui n'a point d'espine & de pesanteur, mais au contraire, qui soulage le faiz des affaires de la Terre, & emousse la pointe des souciz quelle produict, και στεφανωθεις ταυτη, ευδαιμων ης, και ουκ εχι εν ετεροις τας ελπιδας της ευδαιμονιας, αλλ' εν εαυτω : Comme il a son repos en Dieu, & son contentement dans soy mesme, aussi est-il veritablement bien-heureux.

Tabula Cebetis.

De l'autre costé, l'on auoit mis dans la Peinture, vn traict de la ioye que monstrerent les Atheniens en receuant Demetrius Poliorcétes, apres qu'il eut chassé Phalereus, qui les tenoit en seruitude pour Cassander Roy de Macedoine. Car ils se monstrerent si excessifs, & si peu supportables en beaucoup d'autres choses, que Demetrius mesme n'y prit pas plaisir. Ce traict luy pleut sur tous les autres, quand il vid vne trouppe de petits enfans, vestus de blanc, venir au deuant de luy : Vous les voyez encore icy dedans, auec les parfums & les fleurs, comme si Paris eust voulu rendre vn pareil tesmoignage d'amour à la Pieté de son Prince. Cela se practiquoit dans l'Orient : & le Roy des Roys le voulut consacrer par son exemple. Nos Annales de France, ont quelque chose aussi qui rapporte à la veuë de cette peinture, quand ils remarquent qu'on fit à Paris vne procession de quatorze mille petits enfans, autant que la Lithurgie des Ethiopiens dit qu'il y eut de Saincts Innocents, pour obtenir lignée à Louys Septiesme, pere de Philippes Auguste : Mais pour ce qui touche le sens auquel elle se prend, & la façon d'enuoyer les enfans par trouppes

en

en habits de ioye & ornemens d'allegreſſe, au deuant des Princes, quand ils
s'approchent des villes, les hiſtoires en font aſſez ſouuent mention, comme de
choſe vſitée parmy les anciens. Tellement que quand Plutarque nomma cet
honneur, le dernier point de flatterie, il entendoit parler des ceremonies ſacrées que les Atheniens y meſlerent. Le mot parloit pour eux, NΥΝ ΧΑΙ-
ΡΕΙΝ ΧΡΕΩΝ, tiré du premier couplet de la chanſon, que l'vn de nos
Doctes a reſtably, eſcriuant ſur Athénée:

Νῦν δὴ μεγίςlω ϗαρμονίαι χαίρειν χρεὼν
νῦν χρεὼν χορδῶν.

Il eſt maintenant temps de ſe reſiouyr, quand nous receuons vn ſi grand Roy
Victorieux.

Outre les deux colomnes erigées aux deux coſtez de la porte, entre leſquelles eſtoient les ſtatuës & les peintures que l'on vient d'expliquer, on auoit
dreſſé vne autre belle ordonnance de chaque coſté, pour embellir & reueſtir
deux autres portes baſſes qui y eſtoient. Ce lieu eſtoit reſerué pour repreſenter
les biens qu'ameine auec ſoy l'œil fauorable d'vn Grand Prince, que ſon peuple reçoit. Du coſté droict, dans vne grande peinture, Apollon verſoit de
deux cornes d'abondance vne pluye d'or ſur la ville, qu'il regardoit d'vn viſage gay & content. Quelqu'vn eſtimera que ce ſoit Rhodes, que le Soleil ayme, & où tous les iours il fait eſclatter ſes rayons, pour obſcur & ſom-
bre qu'il face. Car quand l'Iſle parut la premiere fois ſur la mer, comme diſent les Poëtes, le Soleil verſa deſſus elle vne pluye d'or: encore que Claudian
attribuë ce bienfait à Iupiter à la naiſſance de Minerue:

Auratos Rhodijs imbres naſcente Minerua   3. ſtilic.
Indulſiſſe Iouem perhibent.

Ces fictions vouloient monſtrer quelle eſtoit la fertilité de l'Iſle; deſquelles
ils ſe ſeruoient auſſi à loüer les autres Prouinces, rengeant des vaſes dans le
Ciel, comme celuy que Martian nomme, *Riſum Iouis*, & l'autre, *Iunonis*   De nuptijs
vbera, Le ris de Iupiter, & les mammelles de Iunon. Ils en faiſoient decouler philol. lib.1.
les faueurs & les richeſſes qu'on y voyoit; pour exprimer les influences & vertus occultes, auec leſquelles les corps ſuperieurs perfectionnét les eleméntaires,
& les terreſtres; ſi ce n'eſt comme ont fait les Cyreniens, qui ſans tant de myſteres ont publié que le Ciel eſtoit troüé au deſſus de leur ville: ὅπως αὐτὴ
οὕτως εὐδαίμων, dit vn docte Interprete, ὡς λόγον εἴ), ὅτι ἐντεῦθα ὁ οὐρανὸς τέ-   Euſt. in Dio-
τρηται· La ville & la contrée de Cyrene eſt ſi heureuſe en toute choſe, que le   nyſ.
bruit eſt parmy les habitans, que le Ciel, ſur leur teſte, eſt troüé, pour donner
aſſez large ouuerture aux biens qui en deſcendent.

Mais ces deux cornes d'abondance qu'Apollon tient, nous obligent à dire
qu'il s'agit icy de l'oracle que rendit Apollon à deux Capitaines Grecs, leſ-   Schol. Ariſt.
quels voulant baſtir des villes en pays eſtrange, eurent permiſſion de choiſir   Equitibus.
ce qui leur plairoit dauantage pour la felicité de leurs citoyens: Miſcellus qui
baſtit Crotone en la grand Grece, choiſit pour les ſiens, *la ſanté*, τὴν ὑγίαν,   Crotone ſa-
     lubrior.

L

d'où l'on tient que cette ville est fort salubre : Archias, fondateur de Syracuse, choſit *les richeſſes, τὰ πλοῦτη*, ce qu'elle acquit aiſément, comme eſtant le havre commun des trois parties du monde, & ſituée entre l'Afrique, l'Europe, & l'Aſie. De là vient que les Grecs, pour ſignifier vne felicité aſſortie de tout ce qui ſe peut deſirer, aſſemblent ces deux mots en vn, & la nomment, *πλου-θυγίας, Richeſſe-ſanté*. Ce qu'ils ont eſtendu plus au long dans ce vers, qui comprend l'vn & l'autre ſouhait de ces deux Capitaines :

Πλοῦτον ἔχειν κτεάνων, ϗ πρὸς τούτοισιν ὑγίειαν.

C'eſt pourquoy pour monſtrer le bien que ce Soleil François apportoit à la ville de Paris par ſon retour, on l'a mis comme vn Apollon ſur les nuës, verſant de deux cornes d'abondance vne pluye de biens ſur le peuple, auec le mot en la bande d'enhaut, pour arreſter dauantage l'eſprit des regardans à ce deſſein, ΠΛΟΥΤΟΥΓΙΕΙΑ, Richeſſes, & Santé.

Sur l'autre baſſe porte eſtoit dans la peinture le Nil, premierement en la figure humaine qu'on luy donne, entourée de petits enfans, pour marquer les hauteurs de ſa croiſſance, ſelon leſquelles il fertilize l'Egypte plus ou moins. Et puis par le cours d'vne eau, qui rouloit dans ſon lict à grandes ondées, au trauers des campagnes couuertes de bled, & d'autres fruicts. Car l'on ſçait aſſez que cette contrée n'ayant point de pluye comme ont les autres, la Prouidence diuine a ordonné le dégorgement annuel de ce fleuue, ſur le mois d'Aouſt, quand les grains ſont deſia ſerrez, qui ſert à l'arroſer, & l'en-

Solis licet ſupparū inſurdere, quod in alto omnes habet naues. Sen. ſec. ep. 77.

graiſſer de telle ſorte, que cette Prouince eſtoit autrefois le Grenier du peuple Romain ; les nauires d'Alexandrie rempliſſoient de ioye toute l'Italie, & portoient (à noſtre façon de parler maintenant) leur pauillon touſiours dreſſé pour eſtre veuës de plus loing quand elles arriuoient ; & le Nil meſme eſtoit nommé, le Iupiter d'Egypte, comme ayant en ſoy l'vtilité des pluyes, que les anciens attribuoient à cette profane Deité. Or ſur la fecondité de cette riuiere d'vn coſté, & la facilité d'en puiſer de l'autre, Philoſtrate a vn beau traict de la harangue que Veſpaſian fit en Alexandrie, quand il ſe vid promeu à l'Empire ; Ie veux, dit-il, que vous puiſiez de moy ce que vous deſirerez pour vos neceſſitez, auec la meſme liberté que vous faites l'eau de voſtre Nil, &

Vita Apollon. l. 5. c. 10.

que vous en eſperiez autant de biens : ἀρύσαθαι εἶπεν, ὡς Νείλου, ϗ ἐμοῦ. C'eſt pour declarer l'abondance & le bon-heur qu'apporte à cette Puiſſante Ville le retour du Roy ; & que les Alexandrins ne tirerent iamais tant d'vtilité de leur riuiere, encore que l'on dit qu'elle coulaſt d'or tout pur, χρυσορρόας, ny n'en eſpererent iamais tant de celuy qui leur fit cette magnifique promeſſe, que les Pariſiens en reçoiuent effectiuement de leur Prince. L'on retint auſſi pour l'ame de cette deuiſe, les meſmes termes qu'Apollonius rapporte de Veſpaſian, ΩC ΝΕΙΛΟΥ ΚΑΙ ΕΜΟΥ. Puiſez, & attendez de moy autant de biens que du Nil meſme.

Dans la frize de cette ſeconde ordonnance ſe liſoit vn diſtique, diuiſé en vn vers de chaque coſté, à la loüange du Roy ; qui auoit pour ſens, ſelon ce

In Thalia.

qui eſt dans Herodote, en faict pareil ; qu'il eſtoit plus grand que ſes Anceſtres: mais qu'en vne ſeule choſe, il luy falloit ceder à Henry le Grand ſon Pere; ſçauoir eſt, que iamais ny luy, ny ſa poſterité ne donneroient à la France vn Prince égal à celuy que ſon Pere nous auoit donné.

Maior auis, atauiſque, minor tamen vſquè Parente es;
Dum ſobolem Regno des LODOICE Parem.

Qui eſt vne ſi grande loüange de ſa Majeſté, de dire qu'elle doit ſurpaſſer à iamais la vaillance & le bon-heur des ſucceſſeurs que le Ciel luy donnera, qu'elle va iuſques au bout des ſiecles, & ne s'arreſte que dans l'infiny: le mettant en vn tel rang d'Honneur & de Gloire, que quelques heritiers qu'vn iour il laiſſe de ſes Sceptres, iamais ils ne le pourront égaler.

Mais la frize de la plus grande ordonnance auoit vn enrichiſſement particulier, duquel auſſi ſe ſentoient l'architraue & la corniche, où les moulures le permettoient. C'eſtoit vn tiſſu de fleurs de liz d'or, deſquelles ces parties & membres d'architecture eſtoient ſemez, pour rapporter touſiours au ſens de ce meſme Arc. Car eſtant erigé pour honorer la Pieté du Roy, & cette Vertu paroiſſant tres-dignement en la conduicte des trois Eſtats de ce Royaume, dont l'vn regarde le ſeruice de Dieu; l'autre eſt pour le peuple, & celuy qui eſt metoyen, conſerue par les armes l'vn & l'autre en ſon entier; ce ſens nous eſt ingenieuſement exprimé par les Liz dont ſont enrichies les Armes de nos Roys. Ces Liz n'ont que trois fueilles, ſoit que ceux ſur leſquels ils ſont imitez, n'en ayent naturellement que trois, ſoit que les autres n'ayent que ce meſme nombre, quand ils commencent à s'eclorre, les deux coſtez ſe deſſerrant, & le bouton demeurant vny; auſſi nos Roys en leur Royaume n'ont que trois Eſtats. Cette riche fleur nous donne vne tres-belle Idée de l'Egliſe, de la Nobleſſe, & de la Iuſtice; & leurs eminentes qualitez ſe trouuent ſi bien repreſentées dans le Liz, qu'il merite le nom du Roy des Fleurs, & de la Fleur de nos Roys.

Pour l'Egliſe, l'on trouue que le liz eſt vne fleur ſacrée, & l'vnique des fleurs, dont il ſe faſſe mention en la ſtructure du Temple de Salomon: Les diuers vſages où il eſt employé, nous donnét cinq remarquables proprietez de l'Auguſte Clergé de la France, qui eſt le Parterre ſacré dans lequel l'Eſpoux diuin prend ſon repos: *Qui paſcitur inter Lilia.* La premiere eſt la doctrine qui ſe void Cant. 2. par les Conciles tenus en France en plus grand nombre qu'en pas vn autre Royaume, comme il ſe void par ces rares monumens qu'on a tiré des mains de Concilia antiqua Galliæ l'Antiquité, pour en faire preſent au Public: Et par les Grands Prelats en eminence de ſçauoir, que l'Egliſe Gallicane a touſiours nourry: Loüange qui eſt Sirmandi. tellement deüe au Clergé de maintenant, que l'on peut dire ſans flatterie que iamais on n'y vid vniuerſellement tant de lettres, qu'il s'y en void auiourd'huy. Cette erudition eſt exprimée par les liz, qui faiſoient le chandelier myſtique à ſept branches; *Sphærulæque ac lilia ex ipſo procedentia:* car par le nom- Exod. 25. bre ſeptenaire toute la perfection des ſciences eſt compriſe; & la lumiere qui donne iour au Tabernacle, ne peut eſtre priſe plus à propos, que pour la doctrine dont les Prelats illuſtrent, & releuent les myſtéres obſcurs de la Foy. II. Le ſecond vſage du liz dans le Temple, fut ſur les deux colonnes, que mit Salomon à l'entrée du paruis; l'vne ſe nommoit Iachin, & l'autre Booz: Car leurs chapiteaux eſtoient enrichiz d'vn ouurage tiſſu ſur la reſſemblance des liz, en quoy ſe finiſſoit la perfection deſdites colonnes; comme dans l'ordre Corinthien nous voyons que les Grecs, ont arrangé les fueilles d'Acanthe, ou à raiſon de leur gayeté, où pour l'accident que les Architectes racontent de Callimachus, qui ayant mis vn vaze ſur la ſepulture d'vne ieune Dame, iuſtement ou eſtoit cachée ſoubs terre la racine d'acanthe, de là à quelques iours, le trouua couuert d'vn fueillage tres-beau, dont il moula le chapiteau qui ſert à cet ordre. Les ornemens donc de ces colonnes eſtoient, des fueilles de liz, *ſuper capita columnarum opus in modum lilij poſuit, perfectúmque eſt opus columnarum.* C'eſt pour honorer la conſtance que le Clergé de France a touſiours monſtré à maintenir la foy, en tant d'aſſaults & d'orages que l'Egliſe a ſouffert, conſideré que cette fleur a la fueille la plus eſpaiſſe de celles que nous voyons ordinairement, & naiſt d'vne tige autant renforcée par la Nature qui ſoit point. III. Le vaze dans lequel ſe lauoient les victimes qu'on vouloit preſenter à Dieu auoit ſon bord faict en fueilles de liz, *quaſi folium repandi Lilij*; pour monſtrer par la netteté du Liz, la ſaincteté & la candeur de l'Egliſe Gallicane, qui n'a iamais receu ny approuué aucune erreur, mais a touſiours conſerué ſa pureté, contre les hereſies qui ſe ſont ſoubsleuées en diuers temps. IIII. Les Pontifes Hebrieux ſont comparez au liz; *quaſi lilia quæ ſunt in tranſitu aquæ*; par ce que les liz ſont doüez de ie ne ſçay quelle Maieſté qui les rend remarquables par deſſus les autres fleurs; ils naiſſent en forme de ſceptre, & ont vne bonne grace naturelle, qui les a faict iuger par la Verité meſme plus parez & plus magnifiquement veſtus que le plus ſage des Roys: ils ont auſſi vne odeur tres aggreable, & ſemble que pour eux, la beauté ſoit en perpetuelle diſpute auec la ſenteur; ou bien comme en parle ſainct Gregoire de Nyſſe, ἁπλῶς ἔχη τλω χάριν πὲρ τῆς φύσεως, εὐπνοίας τῇ εὐχροία μεμιγμένης. C'eſt pour monſtrer que l'Egliſe Gallicane a touſiours eu ces deux qualitez, de plaire par ſa bienſeance & beauté, à ceux qui la voyent de prez; & rauir en admiration les plus eſloignez, par la bonne odeur de ſes vertus. V. Finalement, quelques Docteurs eſtiment, qu'entre les inſtrumeuts de Muſique, deſquels l'on ſe ſeruoit dans le Temple, il y en auoit vn qui portoit le nom de liz; & que c'eſt celuy qui s'entend par ce tiltre aſſez frequent dans les Pſeaumes, שׁושַׁנִּים *ſoſannim, Canticum pro lilijs*: vn Cantique à chanter ſur les liz. L'on le doit interpreter de la dignité, & modeſtie incomparable auec laquelle ſe faict le ſeruice diuin dans nos Egliſes Cathedrales, qui faict confeſſer à ceux qui ſy trouent, qu'il n'y a point de lieu ſur terre où Dieu ſoit ſi religieuſement & maieſtueuſement ſeruy. La beauté des ornemens, le grand air de la

Muſique

3. Reg. 7.
Ibid.
Eccleſiaſt. c. 50.
In Cantica.
Pſal. 44. 50. 68. 79.

Mufique, la dignité de ceux qui officient, & le nombre qui remplit fi dignement ces grands chœurs, nous font croire que l'Efpoux diuin prend vn contentement particulier dans cet Augufte Clergé, & qu'en France font les Liz, pour lefquels il eft dit, ποιμαίνων τὰ αὐ .ϑη, qu'il nourrit en fy plaifant, & defquels également il luy plaift prendre fa nourriture, & fon repos. 7º. in Cant. 2.

La Nobleffe Françoife eft auffi veritablement vn Liz; I. Comme eftant l'élite & la fleur de la plus belle Nobleffe qui foit au monde. Dieu a choify pour foy le Liz entre toutes les fleurs, dit le liure d'Efdras : *Ex omnibus floribus orbis elegifti tibi Lilium vnum.* C'eft auffi cette inuincible Nobleffe, Efdr. lib. 4. c. 5. que Dieu de tout temps a daigné employer à l'execution des grands ourages de fa main. C'eft par elle qu'il a voulu que tant de fois le fainct Siege fuft affermy & defendu; c'eft par elle qu'il a iadis affranchy l'Orient & fon Sepulcre de l'oppreffion des Infideles ; c'eft par elle-mefme qu'il a dompté les Sarrazins en Efpagne, & nettoyé l'Occidét des reftes de l'Idolatrie, qui ne f'eft veu iamais abbatuë qu'aux pieds de nos Monarques François. I I. Elle eft vn Liz à raifon de fon courage & de fa valeur : auffi l'on remarque qu'entre toutes les fleurs, il n'y a que le liz qui ait vn cœur ; les autres n'en ont point; & ce cœur fe void aux armes de la ville d'Orleans, à caufe qu'elle eft fituée au cœur de la France : De mefme, il n'y a que noftre Nobleffe qui fente fon bien & fa grandeur ; elle feule a dü cœur; c'eft à dire, de la hardieffe en fes entreprifes & deffeins, de l'adreffe en fa conduicte, du courage en fes exploicts, de la valeur pour tout pardonner, & ne rien craindre; fi ce n'eft, peut-eftre, que le Ciel ne tombe, μόνον τὸν οὐϱανὸν δεδιέναι, μὴ εἴη σφίσιν ὑπτῶν. Ce que les Grecs ont Nicetas Choniates recogneu pouuoir feulement donner quelque crainte aux François ; & pour mieux dire, elle eft toute courage, & toute cœur. I I I. Elle eft candide, fans fallace, fans tromperie, comme le Liz eft blanc, & n'a de fa nature aucune tache. Peut-eftre à ce fujéct noftre Nobleffe, pour garder fa franchife & fa fincerité, comme vn Liz des champs, f'eft voulu retirer des villes, où les vices regnent dauantage ; & viure dans la campagne, où les Poëtes difent que les Vertus & les Dieux fe font retirez, afin de ne point ternir cette naïfueté qui ne luy eft point commune auec le refte des hommes. Sainct Gregoire de Nyffe a remarqué auffi que le Liz f'éleue plus haut qu'aucune autre fleur, afin de f'éloigner dauantage de la terre, & n'en point gafter fa candeur : ὡς ἂν οἶμαι καϑαϱὸ͂ι In Cantica homil. 7. ἐν μετεώϱῳ διαμείνοι ὃ κάλλος τῇ πϱὸς τὴν γῆν ἐπιμιξίᾳ μὴ μολυνόμενον. Conferuant cette beauté celefte le plus loing qu'il peut de tout ce qui la fçauroit endommager. I I I I. La tige du Liz eft couuerte d'efcailles, & reffemble pour ce fujéct fi fort à la Palme, que ce qu'eft la Palme entre les arbres, le Liz l'eft entre les fleurs. C'eft pour exprimer les trauaux que noftre Nobleffe fupporte fi courageufement, quand elle fe trouue en la guerre ; qui ne trouue rien d'impoffible pour aggreffer, rien qui foit capable de l'affaiffer ; qui fe roidit & fe renforce des trauaux mefme : Les Eftrangers croyoient auoir droict de luy ofter le phlegme & la patience, en luy accordant l'effort inuincible d'vn foudre, ou d'vn feu foudain. Mais ils apprendront maintenant ce

M

qu'ils en doiuent iuger apres la conftance d'vn fiege de treize mois, dans les reglemens d'vne milice auffi feuere qu'on en ait iamais veu. Elle a côbattu les ar-
deurs d'vn Efté long & penible, entre des marais falás, & fur vne gréue, qui pouuoit laffer la patience mefme; Elle va maintenant attaquer les neiges & l'Hyuer le plus rigoureux qui foit au monde, & fe monftre également inuincible
en toute forte de faifon. V. Le liz eftant reueftu par le dehors de fa blancheur nuë & naturelle, a neantmoins fes richeffes & fes grains d'or au dedans,
comme celuy qui faict plus de cas de ce qui eft interieur, que du fafte & de
l'apparence. C'eft l'efprit de la Nobleffe Françoife, qui ayant fi peu de vanité, au prix des autres nations, femble refferrer toufiours fes trefors dans foy-
mefme, & ne fe porter pour ce qu'elle eft, que quand elle fe void obligée de le faire, & que les occafions l'y contraignent. Lors elle paroift en fa
grandeur, & faict affez cognoiftre que la naïfueté qu'elle monftroit en fes
deferences, & ciuilitez qui luy font fi particulieres, partoit de la complaifance qu'elle a de la Vertu, & de fon bon naturel, & non pas de l'ignorance de fon merite. Tels font les liz de la Nobleffe, femez fur l'azur de cette
Monarchie; qui eft fur terre, en valeur, en bonne grace, en volonté de bien
faire, ce que les Anges font au Ciel, que les Saincts Peres comparent fou-
uentesfois a des liz.

Macar. ho-
mil. 32.

La Iuftice, le tiers Eftat, & fur tout, cet Augufte Parlement, la Cour
des Pairs, le Temple d'Equité, voire mefme de tous les Dieux enfemble, où
s'entendét les Oracles du Ciel fur la vie & les biens des fujets de cette Couróne,
eft dignement reprefenté par le liz. Premierement cette fleur chez les Grecs,
entre autres noms porte celuy de la Iuftice. Car κείνον, qui vient de difcer-
ner & de iuger, felon Suidas, eft auffi le nom du liz, ἀπὸ τῆς ἐξκρείσεως, dit-il,
à raifon de l'excellence qu'il a fur les autres; ou bien comme difent les autres,
κείνον ἄϑος, le Iuge & l'arbitre des fleurs. C'eft ce qui monftre la Puiffance
& la Majefté de cette Cour fouueraine, qui eft la premiere du monde, & qui
pour fon equité, interpofe tous les iours fes iugemens entre les Roys & les
Princes, voire entre les fubjects particuliers & le Roy. Les Iuges font nommez κριταί, dit Euftathius, parce qu'ils feparent le vray d'auec le faux, le iufte d'auec l'iniufte; quand ils le font, ils meritent d'eftre nommez, la Bouche de Dieu, felon le dire de l'vn des Prophetes. I I. Le liz eft vn fymbole
d'Eloquence & d'erudition; Homere parlant d'vn homme facond & difert,
l'appelle ὄπα λειριόεσσαν, vne voix de liz; Auffi λείριον en Grec, fe prend égalemét

Iliad. γ.

pour le liz & pour l'Iris, qui eft la meffagere des Dieux, & le hieroglyfe d'Eloquence. Quelques anciens parmy les Indiens, à ce fujet, eftimoient qu'il fe falloit lauer de l'eau de liz, pour trouuer de la grace à bien dire. C'eft cette douce
liqueur d'Eloquence, dans laquelle trempent leurs leures ceux qui tous les
iours paroiffent dans le Parlement de Paris, & qui en font decouler les richeffes des difcours, qu'on n'entend point és autres villes. I I I. Le liz a cet aduantage de la Nature, qu'il n'a pas feulement vne fimple odeur, mais plufieurs
enfemble, & bien differentes, felon fes differentes parties. La fleur à la fienne,

les marteaux & les filets d'or ont la leur, la tige, la racine, l'eau qui en coule, en
ont de particulieres: il n'y a partie aucune dans cette plante sacrée, qui n'ait sa
qualité particuliere , & son odeur. Ce grand Corps est composé de plusieurs Chambres: chaque particulier, est orné mesmement de plusieurs bonnes qualitez : mais chaque partie a son lustre , son odeur, sa bonté, & dans
vne si grande multitude d'Officiers, rien n'est inutile. Aussi comme le liz
comprend en soy toutes les odeurs, la Iustice embrasse toutes les Vertus ; de
laquelle cette Compagnie est la garde & la depositaire. I I I I. Le liz fleurit au solstice, comme si la Nature offroit au Soleil , quand il est en sa
grande éleuation, ceste fleur pour present: & comme si c'estoit le plus riche ouurage iusques où cet astre pouuoit pousser la terre, & la faculté quelle a de produire. Nous n'auons rien de si excellent que la Iustice ; nos Roys
en decorent l'vne de leurs mains en leurs sacres , & l'egalent à leurs sceptres: Elle paroist principalement dans cette Grande Cour, où quand nos
Roys tiennent leur lit de Iustice, nous pouuons dire qu'ils sont au lieu le
plus eminent de leur gloire : Les Liz , sont les officiers qui les enuiron-
nent , prenant d'eux leur naissance & leur auctorité. Le Soleil n'arreste
guere en cet exhaucement: Nos Roys y sont tousiours, leur gloire est im-
muable, comme leur Iustice ; c'est où leur Grandeur se repose, & fait paroistre autant de liz que nous voyons de Iuges, car à cet effect ils sont assis sur
les liz, dans vne sale couuerte & lambrissée de ces fleurs, & qui merite d'e-
stre nommée κρινωνιά , le sacré seiour des liz. V. Finalement se distile
vn huile du liz qui est souuerain ; C'est la douceur que le Parlement faict
sentir a ceux qui y ont recours: il ny a que les vices qui y soient mal trait-
tez, comme les serpents n'ont aucune fleur plus ennemie que le liz. Il n'a
point d'espines ; la nature qui a esté punie dans les roses , maintenant he-
rissées de pointes aigues pour tirer le sang, est demeurée tousiours innocente dans les liz, comme nos Iuges dans la grandeur de leur pouüoir, n'ont
principalement pour l'innocence, que de la douceur & de la benignité.

Mais pour ne point fermer ce discours sans couronner sa Majesté de la fleur
que le Ciel luy a donné pour declarer son excellence, on peut encore remarquer quelques autres qualitez du liz , pour la Pieté de ce Royaume Tres-
Chrestien, qui ne conuiennent qu'à nos Roys. I. Comme le liz est nommé
βασιλικὸν ἄνθος, vne fleur royale, par vne notable preeminence que la Nature _{Athen.}
luy a donnée ; aussi dans l'Eglise, le premier Roy, & le premier Royaume est
celuy de France. Sainct Bernard ne faict point de difficulté de luy donner _{Tract. de}
la Royauté sur les fleurs: *Propter candoris munditiam ille flos cæteris est præ-* _{Pass. Domi-}_{ni, c. 18.}
latus. Le liz est à preferer aux autres pour sa blancheur. Aussi Sainct Grego- _{Epist. 6. l. 5.}
re adjuge la preseance au Roy de France, par dessus les autres Roys: *Quantò*
cæteros homines regia dignitas antecellit , tanto cæterarum gentium regna , re-
gni profectò vestri culmen excellit , escriuant à Childebert. Comme si nous
osions dire, que les autres Estats ne sont que des essais, ou des images tirées
sur l'idée de ce florissant Empire ; ainsi que Pline dit que quelques fleurettes _{Lib. 21. c. 5.}

M ij

qui naiſſent parmy les champs, *ſunt rudimenta naturæ lilia facere condiſcen-* *tis* ; ne ſont que des eſſais de la Nature, qui s'eſprouuoit pour faire les liz. II. Le liz eſt la fleur la plus agreable à la veüe, qui ſoit : *Nullus alius flos vel ipſo pro-*

S. Bern. cit. *ſpectu tantum præ ſe fert gratiæ, quantum hic vnus* : La Religion de nos Roys, & la deuotion de ce Royaume eſt ſi belle, qu'elle ne ſe peut aſſez loüer. Auſſi nous ne voyons point de Royaume, qui ait tant de belles loix & d'ordonnan-ces pour le ſeruice de Dieu, & où les Miniſtres de l'Egliſe ayent de ſi beaux droicts, tant d'honneur, & de repos. Nos Roys approchent ſi prés de leur di-gnité, qu'ils ſont oincts d'huile comme eux ; & à ce ſuject, portent tres-digne-ment, en vne ſi longue ſuitte de Princes, qui ont veſcu depuis Clouïs ſans au-cune tache en la foy, la grace de guarir des malades, comme vne preuue indu-bitable de leur legitime authorité, & le ſurnom de Tres-Chreſtien. III. Le liz eſt la fleur qui dure plus long-temps : ce qui prouient de la fermeté de ſes fueilles, de la bonté de ſa racine, & des appuis de ſa tige. Le Royaume de Fran-ce eſt le plus ancien de tous les Royaumes qui ſoient maintenant ſous le Ciel,

Baren. to. 10.
A. X. 987. & doit durer iuſques à la fin du monde ; ainſi que S. Riguier & S. Valery le reuelerent à Huë Capet, apres la Tranſlation de leurs Reliques ; pour la-quelle ils l'aſſeurerent que ſa poſterité *Regnaret in perpetuum*, Tiendroit le Sceptre François tant que le monde dureroit. IIII. Le liz eſt d'vne admi-rable fecondité : *Nihil eſt fæcundius* ; Auſſi le vaſe de la fleur eſt le plus ſpa-

Plin. cit. cieux & le plus large qui ſe voye : c'eſt pour monſtrer la magnificence de nos Roys, comme elle ſe void en tant de fondations d'Egliſes, dedans & dehors l'Europe. Pepin meſme a merité cet Eloge, recogneu pour tres-authentique :

Baren. to. 9.
Annal. *Pipinus Pius, primus amplificandæ Eccleſiæ viam aperuit* ; Il a ouuert le chemin d'enrichir l'Egliſe, ce que ſes enfans & ſes ſucceſſeurs ont ſi dignement ache-ué. V. Finalement nos Roys ont tant de fois defendu le S. Siege, que l'on peut nommer ce Royaume, ſon appuy. Ce qui a faict dire à Pie II. Pape : *Fi-dem ſeruare, & Romanam Eccleſiam honeſtare, Francorum Regum proprium*

Hiſtoire
vniuerſelle
de Charron,
c. 95. *eſt* : C'eſt le propre eloge des Roys de France, de defendre la foy, & d'honorer l'Egliſe Romaine. Auſſi le lis eſt la ſeule fleur que Dieu ait daigné employer au ſeruice du Temple. Si les abeilles ſe plaiſent ſur les liz, & ſi le ſuc qu'on en tire, porte dans quelques Autheurs le nom de miel ; nous ſçauons combien

Plin. lib. 11.
c. 19. cette victoire a touché le Pape, & combien ſes abeilles ont pris de contente-ment de la proſperité de nos liz. Il y eſt obligé, non ſeulement parce que le Roy eſt le fils aiſné de l'Egliſe, mais auſſi le ſien en particulier, comme l'ayant tenu ſur les fonds de Bapteſme au nom de Clement VIII, eſtant ſon Nonce en France ; depuis ce grand office il a eſté fait Cardinal, & finalement Pape : com-me ſi le Ciel euſt abſolument voulu qu'vn premier Prelat de l'Egliſe euſt ren-du ce ſeruice à ſa Majeſté.

Mais c'eſt trop nous arreſter ſur cette fleur ; au moins la longueur de ce diſ-cours teſmoignera dauantage, que ce n'eſt pas à mauuais tiltre que cet Arc conſacré à la Pieté du Roy, eſtoit parſemé de fleurs de liz. Sa figure eſt la ſuiuante.

PORTAIL

PORTAIL

DEDIE' A LA

RENOMMEE

Au pont-leuiz de la Porte S. Iacques,

RENCONTRE TROISIESME.

A première obligation que la grandeur impose aux Princes, est que leurs actions telles qu'elles soient, sont incontinent sceuës & publiées par l'vniuers ; *Habet* *Paneg. Traj.* *hoc primum magna fortuna, quod nihil tectum, nihil occultum esse patitur.* Ce qui se voit de premier abord dans vne eminente fortune, est ceste seruitude ou grandeur, comme on l'a voudra nommer ; de ne pouuoir viure à couuert : Il est aussi difficile a vn Prince de se tenir caché, ou de trouuer quelque lieu secret pour ce qu'il faict, qu'il le seroit au Soleil mesme : & comme dans les Corps celestes tout est descouuert & cognu des hommes, aussi les actions des Roys ont autant de spectateurs & de tesmoins, que de sujects. L'vniuers reçoit leur nom, l'histoire du monde en est chargée, les temps en prennent leurs qualitez & leurs distinctions, pour les consigner a l'Eternité: il leur reste seulement de prendre garde, que ce qu'en dira la Renommée soit honorable pour eux, & que le monde les ayme, & remarque leur temps comme celuy des astres benings, & salutaires à son bon-heur & felicité. *Vt quiss* *Idem.* *que factus est Princeps, fama eius incertum bona, an mala, cæterum æterna*

N

eſt. Auſſi toſt que quelqu'vn naiſt Prince ou eſt faict tel , ſa reputation peut indifferemment eſtre bonne ou mauuaiſe , mais elle eſt aſſeurement eternelle.

Les proueſſes de ſa Majeſté ayant obligé la Renommée a publier ſes louanges par-tout , on s'eſt trouué en peine comme quoy l'on pourroit repreſenter ce ſentiment, & cette troiſieſme qualité que Baſilée auoit faict voir entre les douze qui contribuent tout ce qu'elles peuuent à l'embelliſſement de ce triomphe. Apelles eſtant en pareille peine pour Alexandre , & ne ſçachant comment il fairoit voir l'eſtendüe de ſon nom , apres pluſieurs eſſais, en fin luy mit vn foudre en la main ; car le foudre eſt le Hieroglife de la renommée , qui s'eſtend par tout en vn inſtant, ſelon l'vſage des Egyptiens, qui le nommoient *Vocem aëris*, la voix du Ciel & de l'air. Mais Lyſippus improuua ceſte inuention , tant par ce qu'elle portoit vn excez apparent de flatterie, que par ce qu'elle reſſentoit trop cette folle humeur qu'Alexandre prenoit d'vne Diuinité pretenduë , & de ſon extraction de Iupiter. Partant il ayma mieux luy mettre en main vne lance ; pour ſignifier , que qui liroit les geſtes de ce Roy, ne pourroit croire qu'il euſt ſi peu veſcu ; & qu'autant que la lance excedoit ſon corps, ſa renommée excederoit ſa vie, voire meſme paſſeroit ſans aucun obſtacle iuſques dans les ſiecles à venir, comme ſa lance n'auoit rien trouué d'inuincible. Mais Lyſippus fut auſſi mocqué par Paſiades Byzantin, qui dit aux ſiens , en voyant ce deſſein, qu'il y auoit à craindre qu'Alexandre ne perçaſt le Ciel auec la lance que le Statuaire luy auoit donnée. Ainſi ces deux grands ouuriers ne peurent iamais bien rencontrer pour exprimer la Renommée de leur Prince.

C'eſt ce qui a faict reſoudre la Ville d'y placer la Renommée meſme , ſans autre déguiſement , & à la façon que les Poëtes & les anciens l'ont dépeinte, dans le grand air de ſa force, les aiſles deſployées, rompant les vents , & les ſurpaſſant par la viſteſſe de ſon vol. Ces aiſles monſtrent ſa legereté merueilleuſe, comme celle qui s'eſpand au long & au large, deuant qu'on la croye deſia née. Il n'y a rien qui aggrandiſſe dauantage la gloire d'vn grand Capitaine, que lors que ſes Victoires ſont promptement portées par l'vniuers : C'eſt ce qui fit ambitionner aux anciens d'auoir des courriers ſi legers, qui les peurent ſurnommer ὠκεροφόρους, pour exprimer leur viſteſſe ; & comme en parle Ariſtide, parce que les lettres qu'ils portoient, arriuoient auſſi promptement que s'ils euſſent eu des aiſles : πηδῶσιν ὥσπερ ἀπὸ πτεινῶν Φερόμεναι. Ælius Verus remplit leur nom, & de faict leur donna des aiſles : *Curſoribus ſuis exemplo Cupidinum alas frequenter appoſuit, eóſque ventorum nominibus ſæpe vocitauit ; Boream alium , alium Notum , & item Aquilonem , aut Circium.* Il voulut que ſes valets de pied portaſſent des aiſles, & leur en donna de bigarrées , comme celles qui ſe voyent aux Cupidons, & les ſurnomma du nom des Vents. Voire meſme , ſi nous voulons croire ce qu'en remarquent les Curieux, ils mettoient des aiſles iuſques aux lettres, comme pour monſtrer l'impatience & le deſir qu'ils auoient qu'elles arriuaſſent promptement. Mais

Heſychius.

Paneg. Roma.

Spartianus
Ælio Vero.

celles de la Renommée sont fortes, & autant legeres, que le peut estre la voix, sur laquelle elle vole, & se porte par tout, nommément quand elle est poussée d'vn grand sujet. Elle estoit couronnée de laurier, comme l'e- *Literæ latti-reatæ.*
stoient ceux qui annonçoient la Victoire, & les lettres mesme que les Capitaines Romains en escriuoient au Senat. Les bandelettes qui lient sa couronne, & l'entourent, ne conferent pas seulement à la gentillesse, ou à la ri- *Athen: lib.*
chesse du parement, mais aussi à la fermeté, parce que dans l'estime des Grecs, *15. pag. 670.*
quand la couronne est mal attachée, ou se lasche par quelque accident, c'est *enjuxior τὸ ἐπὶ*
vn presage d'vne victoire mal establie, & non pas encore asseurée. Elle tient *διαρρικεριμος*
deux trompettes, pour monstrer qu'elle n'est que voix, & ne se soustient que par le bruit qu'elle respand: c'est pour donner aussi plus d'espouuante & de terreur aux ennemis qui nous restent. Car si iadis pour mettre à bas les murailles de Hierico, ont suffy les trompettes, qu'on a gardé depuis si religieuse- *Codin. Ori-*
ment dans le Temple de Saincte Sophie, que ne feront celles qu'entonnera *gin. C P.*
la Renommée, & quelle secousse ne donneront-elles aux Alpes, & aux autres fortifications des estrangers? Et afin de les affecter dauantage aux loüanges du Roy, le panonceau de la trompette qu'elle tenoit de la main droicte, estoit de France, & celuy de la main gauche, de Nauarre. Car il est vray que cette Victoire a si heureusement espandu le nom & la reputation des armes de sa Majesté dans les Prouinces estrangeres, que tout l'attend pour l'honnorer, & la preuue qu'il a donné de sa valeur, est si grande, que la Renommée mesme semble auoir besoing de quelque plus grande force que l'ordinaire, pour en soustenir & asseurer la verité. Aussi le Roy en personne, pour l'ayder, & pour iustifier plus authentiquement par l'Vniuers ce qu'elle en publie, est desia remonté à cheual, & s'est remis en campagne dans les froids d'vn hyuer violent, pour aller à vne guerre où sa Iustice le conuie, & la Protection d'vn Prince allié de sa Couronne.

C'est combler sa Renommée, voire mesme la surpasser, que de paroistre en armes, & prest à moissonner de nouuelles Victoires, où le bruit des precedentes est à peine encore arriué, c'est la haster, ou bien la preuenir, pour la rendre plus diligente, comme celuy qui dans vn Poëte pousse sa Renommée de sa lance, & la haste d'aller:

Terga comásque Deæ Scythicâ Pater increpat hastâ; *Stat. 3. The-baid.*

Voire mesme c'est la lasser tout à fait, remplissant le monde d'armées, & se monstrant par tout, deuant qu'en vn seul endroict de la Terre la Renommée en ait dict ce qu'elle deuoit: Tellement que tout ce qu'elle peut faire maintenant qu'elle se void surprise, & deuancée par les armes du Roy, c'est d'espandre sa voix dans vn distique, qu'on auoit recueilly sur la liste inferieure du quadre, afin de ne point encourir le blasme d'estre tout à faict vaincuë, ou de n'auoir pas apporté la volonté qu'elle doit à son seruice, puis que la grandeur & promptitude de ses victoires luy en ostoient les effects.

N ij

Audiat, & timeat fatis Tibi debitus Orbis,
     Victorem terrâ cùm sciet atque mari.

En François:

Que par tout l'vniuers ma voix soit entenduë
     Et qu'aucun des mutins
N'ose plus s'opposer à l'arrest des destins
Qui soubmet à vos loix toute son estenduë.
A genoux Nations, defense de s'armer
     Contre les aduantages
D'vn Monarque qui tient deformais à ses gages
     Et la Terre & la Mer.

C'estoit comme vn cry public, mais plustost vne commination faicte par le heraut du Tout-puissant, ainsi qu'Homere appelle la Renommée, pour aduertir les Royaumes & les Estats qui sont de l'ancien domaine de la France, de venir recognoistre la Victoire d'vn Prince, qui s'estant monstré inuincible sur la Terre & sur la Mer, ne leur laisse autre moyen, pour ne point esprouuer l'effort de ses armes, que d'auoir recours à sa clemence.

A ce mesme sujet l'on auoit posé deux statuës plus grandes que le naturel, qui couuroient les deux costez du pont-leuis: L'vne estoit de Neptune, comme le monstroit son trident, & le cheual marin qu'il auoit à son costé; L'autre estoit de Cibelle ou de la Terre, auec sa couronne crenellée de tourelles, & vn lyon à ses pieds. Dans l'espace du milieu, sur la clef de la porte, se lisoit: VICTORI AC DOMINO. Dedans la baze du Neptune, ET MARIS; & dedans celle de Cibelle, ET TERRAE; pour dire que c'est auec beaucoup de raison que le Roy est appellé par la Renommée en ce Triomphe, Victorieux de la Terre & de la Mer, puis qu'en ce grand faict d'armes il s'est monstré maistre de l'vn & de l'autre element. C'estoit donc iustement que de cette Victoire elle prenoit vn augure asseuré, que tout cederoit aux conquestes de sa Majesté.

Il est remarqué par vn grand Naturaliste, que de la France l'on peut aller dans toutes les Prouinces & parties du monde, ou par terre, ou par mer: comme si la Nature nous appelloit à la conqueste de l'Vniuers, par la facilité des issuës qu'elle nous donne. De faict, les François, à diuers temps, ont faict paroistre leurs armes en tous les coins du monde, & possedé les plus florissans Empires qui soient en ses trois parties; comme de l'Orient, par trois de nos Princes qui ont regné à Constantinoble; de l'Afrique, par les voyages d'Outre-mer; & de l'Europe, de laquelle en diuerses victoires sur l'Espagne, l'Italie, l'Allemagne, l'Angleterre, & les plus belles Isles de la mer Mediterranée, ils ont conquis ce qu'ils ont voulu. *Ex isto sinu quoquò orbis velis exeas; in* Hispanias, & in Italiam, terrâ mariáue: in Africam, mari tantùm. Si

Thracia

Solin. c. 24.

Thracia fit petenda, *&c.* De la France vous pouuez aller en telle part du monde qu'il vous plaira. En Espagne & en Italie, par terre & par mer; en Afrique, par mer seulement. Pour aller en la Thrace, & vers le Leuant, &c. Ne semble-il pas qu'elle ait par la Nature y acquis vn droict de seruitude sur toute la terre habitable? Or cette facilité de pouuoir passer par l'heritage d'autruy, est tant estimée, mesmement dans le droict commun obserué entre les particuliers, que les anciens Iurisconsultes la voulant signifier, ne luy ont attribué autre nom que celuy de seruitude; lequel terme contient en soy d'vne part toute sorte de relief & de superiorité; & de l'autre, toute submission: C'est donc auoir esté declarée souueraine dans l'Vniuers par le grand Legislateur, que d'auoir receu de luy des voyes & des issuës par tous les Empires. Partant l'augure de la Renommée en ce distique, a de grands fondemens sur la Nature mesme, & sur la disposition & situation des Prouinces, establie par celuy qui a tout creé: qu'elle fortifie iustement par cette Victoire, en laquelle le Roy s'estant monstré Victorieux sur la terre & sur la mer, donne vne agreable ouuerture aux Destinées, & nous faict croire que le Bonheur mettra bien tost la France en la possession du Monde, que son assiette luy a promis.

Cependant la Renommée l'emplira des merueilles qu'elle remarquera tous les iours dans ses pas, & dans les heureux progrés de nostre Conquerant. trauaille pour elle, & luy consacre ses sueurs, il la cherit & la prise, comme celle qui instruict le monde de ce qu'il doit esperer de sa valeur. Cassiodore *Lib.1. ep.16.* donne vne belle ambition à tous les Princes, voulant qu'ils trauaillent a amasser les tresors de la Renommée, *Nobiles thesauros famæ*; ce sont ceux-la que les Roys doiuent chaque iour accroistre, tenant toute action pour inutile & perduë, & le temps mal employé, *Cuius vnius honesta auaritia est*, duquel seul, *De breuitate vitæ, c.3.* dit Seneque, les Princes doibuent faire grande espargne, & sont tres-loüablement auaricieux, quand ils n'ont rien acquis pour consigner en ce tresor. Et n'est point a craindre, que leur puissance abuse la credulité des peuples, & y face receuoir des actions qui ne le meritent point: Car, ils se tromperoient eux mesme, & les fauces loüanges, comme dit vn ancien, ainsi que monnoyes de mauuais aloy, n'augmentent iamais vn tresor. La flatterie glisse souuent pour vne veritable publication de vertu, & peut durer quelque temps auec l'appuy que l'esclat & la grandeur d'vn Prince luy donne: le malheur est, *Maxim.Tyr. λόγ. λβ'.* que ce vice estant si nuisible aux grands Seigneurs, ils ne s'en plaignent point neantmoins, d'autant qu'il tient de la nature de ces venins plus dangereux, qui plaisent & chatoüillét la langue en luy donnát la mort. Apollon auoit estably dás le Parnasse, selon les aduis qu'en a publié Trajano Boccalini, vn rigoureux *Ragguagli di Parnasso, num. 58.* Tribunal contre les flatteurs, pour purger le monde de cette engeáce mal-heureuse, si preiudiciable aux Grands; mais personne n'y postuloit iamais, & ne se trouuoit aucun qui par requeste, & par les voyes ordinaires de Iustice, voulust poursuiure ceux, contre lesquels il estoit erigé: tellemét qu'il fut contrainct de l'abolir, & les flatteurs sont demeurez tousiours depuis en regne, & viuent impunément dans leur crime. La Renómée toutefois eſt celle ſeule qui deſtruit leurs artifices , & faict voir la vanité de leurs diſcours ; le cours des ſiecles deſcouure la flatterie, & faict plus reluire les veritables loüanges qu'on donne à la vertu des Princes; ainſi que nous voyons l'or s'affiner d'auantage dans le courant des Riuieres , & ce qui n'eſt que doré s'y effacer finalement. La France ſe promet de la Renommée, cette eternité, pour les loüanges & pour la Gloire de ſon Roy ; & la Ville de Paris s'intereſſant dans l'honneur de celuy, qu'elle benit par cent mille bouches, ſe plaiſt tant à la veüe de cette Deeſſe, qu'elle ſ'imagine croiſtre auiourd'huy, & s'eſpandre auec elle par l'Vniuers pour le loüer.

Il eſt vray neantmoins qu'outre la reputation de ſa Majeſté, à laquelle ce Portail eſt conſacré, la Ville auoit iugé deuoir rendre ce remerciement à la Renommée, pour luy auoir apporté ſi promptement les nouuelles de la Victoire: Car ſans qu'on ſçeuſt autrement de quelle façon les Rebelles auoient eſté receus, le bruit neantmoins eſtoit à Paris tres-aſſeuré que la ville eſtoit renduë. Nous voyons que le meſme arriue touſiours aux grandes victoires, & qu'on les ſçait pluſtoſt que les courriers ne ſoient venus: c'eſt qu'on les deſire; & les deſirs ſouuent ſont les Oracles qui nous deſcouurent les choſes incognuës; ou bien il y a quelque Puiſſance occulte, amye de noſtre bien, qui nous inſtruit du bon-heur que nous attendons. Telle fut la Victoire que Domitian obtint en Allemagne ſur Lucius Antonius , laquelle courut le meſme iour à Rome par le peuple, ſans qu'on en ſceuſt recognoiſtre l'autheur, comme vn Poëte en a dit:

Certus abeſt auctor , ſed vox hoc nunciat omnis ,
Credo tibi , Verum dicere Fama ſoles.

Nous ne ſçauons de qui on le tient, mais c'eſt le bruit de la Ville ; la Victoire eſt noſtre, & ie le croy ; car la Renommée ne faict gueres ainſi courir que ce qui eſt vray. Comme donc elle auoit tant obligé la Ville par les bonnes nouuelles qu'elle auoit apportées, outre le deſſein de Baſilée, & ce qu'elle deuoit à la publication des proüeſſes de ſon Roy, elle l'a voulu repreſenter en ce Portail , que vous verrez en la figure ſuiuante.

PORTAIL

DEDIE'

A L'AMOVR

DV PEVPLE.

Sur la derniere Porte de la Ville.

RENCONTRE QVATRIESME.

ES Sages de l'Egypte ont estimé qu'il y auoit quelque secrette qualité dans la Rose, pour laquelle l'on *Pierinti* s'en deuoit seruir és ornemens de l'Entrée des Roys; & qu'elle promettoit vne heureuse Réception. Il est assez difficile d'expliquer quelle peut estre cette vertu naturelle, si ce n'est que nous aydans de ce qu'on dit que la Rose est consacrée à l'Amour, on entende que cette qualité si importante, & tant à rechercher en leurs Entrées, n'est point autre que l'Amour des peuples; & qu'auec cét ornemét il n'est pas possible qu'ils ne soient receus dignement. La briefueté du temps a empesché que la grandeur du dessein ne peûst rien auoir d'égal en autre chose; la saison de l'hyuer n'a pas permis de faire tout ce qu'on pouuoit projetter sur vn si noble & si ample suject: Neantmoins cet Amour que le peuple a tesmoigné au Roy, a esté si grand, si extraordinaire, & rauissant, qu'absolument parlant, l'Entrée a esté plus que tres-belle, ayant en souuerain degré cet ornement, que les

Roys defirent le plus, & que les Sages aduoüent eftre la principale piece d'vn Triomphe.

Le portail de la Ville, erigé fur ce qui eft à proprement parler fon entrée, a efté confacré à cet Amour, qui eft le plus puiffant Génie des Empires, l'efprit qui donne la vie & la beauté à vn grand Corps d'Eftat, ce qui lie les affections des fubjets, & les rend capables des influences & des bien-faicts de leurs Roys. Il a efté fi general dans le peuple de Paris, pour le Roy, qu'il eft impoffible d'en parler fans l'amoindrir. Comme il fe voyoit mieux dans le vifage d'vn monde infiny de perfonnes de toutes conditions, qui ne bordoit pas feulement, mais tapiffoit des plus hauts eftages iufques en bas la ruë Sainct Iacques, que nous poüuons nommer à ce fujeCt, *Viam Triumphalem*, La Ruë des Triomphes; Ce Portail eftoit moins chargé de peintures que les autres, & par confequent a befoing de moins de difcours, puis que chacun des fpectateurs par fa ioye particuliere a exprimé, & faiCt en partie ce qui s'en pourroit icy propofer. Seulement pour garder cette recommandation de la Rofe, laquelle Philoftrate ne faiCt point difficulté de comparer à l'Amour mefme, d'autant qu'elle a des aifles, des dards, & du feu comme luy:

In epiftol.

τα ῥόδα τὺ ἀκανϑαν διὰ βελῶν ἔχỳ, τὸ πύρρον διὰ ϑαϑων, τοῖς φυλλοις ἐπιϑερω-ται: L'on auoit faiCt pour le Portail vn grand exhauffement d'architeCture, & dans le milieu, vn compartiment de rofaces, dans lefquelles eftoient les Armes de fa Majefté, au lieu le plus eminent; au deffous, celles des Reynes; & à cofté, celles de Monfieur de Montbazon, Gouuerneur, & de la Ville mefme. Les autres parties du Portail eftoient auffi reueftuës & enrichies de plufieurs rofes, pour le mefme fujeCt. A quoy fe peut rapporter cette loüable couftume qui fe garde en l'Hoftel de Ville, tous les ans au Feu de la S. Iean: L'on y prepare fix efcharpes de rofes, la premiere eft de rofes blanches, les autres de rofes incarnates: la blanche eft pour le Roy, s'il y veut mettre le feu, ou pour celuy qui tient fa place en cette ceremonie: les cinq vermeilles font pour le Preuoft des Marchans & les quatre Efcheuins: Car l'amour eft le grand nœud des Eftats, & cette chaifne myftique qui maintient toutes les parties du monde politique en leur debuoir; & la bienueillance, que daigne monftrer vn grand Prince à fon peuple, eft le puiffant attraiCt, des cœurs, & des affeCtions en fon endroiCt; principalement quand le Prince eft doüé de toute forte de perfeCtions Royales; & fi iadis les Dieux s'affemblerent, pour faire naiftre la rofe, par l'effuffion de la plus douce & la plus riche liqueur qu'ils euffent, cóme nous

Anacreon.

en affeure vn Poëte: μακαρων Θεῶν ὁμίλοι ῥόδον ὡς ϑροιτο, νέκταρ ἐπιτέγξαι. Croyons auffi qu'il eft neceffaire que toutes les Vertus ayent coulé leurs graces dans l'ame du Prince qui doit tirer à foy les volontez de fes fubjeCts. L'infcription fuiuante tefmoignoit l'vn & l'autre pour le Roy; car elle difoit en fubftance, que fa Majefté auoit confacré ce iour-là, par fon Retour, la Ville, par fon Entrée Triomphante; & fes fubjeCts, par l'œil fauorable qu'il daignoit leur monftrer. Cela eftoit exprimé par ces paroles efcrites dans le grand marbre du milieu.

LVDOVICO

LVDOVICO XIII. REGI CHRISTIANISSIMO
PACATORI GALLIARVM ASSERTORI PACIS PARENTI PATRIÆ
QVOD QVIETE TERRA MARIQ. PARTA VICTORIIS TRIVMPHISQ. MAGNIFICVS
LVCEM ADVENTV VRBEM INGRESSV MORTALES ADSPECTV SVO CONSECRAVIT
S. P. Q. P.   D D.

Aux deux coſtez du Portail eſtoient deux feintes de maçonnerie, à pointe de diamants, chacune ſouſtenant vne baluſtrade de colonnes, entre leſquelles le peuple eſtoit repreſenté en diuerſes poſtures, pour monſtrer l'ardeur qui eſtoit par tout à voir paſſer le Roy; teſmoignage certain de l'Amour que les ſubjeċts portent à leur Prince. Pline en embellit le Triomphe de celuy, lequel par ſes loüanges il a rendu l'idée parfaiċte d'vn Souuerain : *Videres referta tecta ac laborantia, ac ne eum quidem vacantem locum, qui non niſi ſuſpenſum & inſtabile veſtigium caperet; oppletas vndique vias, anguſtumque tramitem reliċtum tibi, alacrem hinc atque inde populum; vbique par gaudium, paremque clamorem.* Entre les ſpeċtacles de voſtre Entrée, il n'y en a point qui vous ait touché ſi ſenſiblement, que de voir les toiċts des maiſons chargez de monde, & ployer preſque ſous la multitude de ceux qui vous regardoient : les endroiċts les plus hazardeux, l'approche deſquels eſt vn danger euident, n'eſtoient pas moins remplis que les autres; tant ce peuple eſtoit charmé du contentement de vous voir, qu'il ne s'apperceuoit pas du peril où il ſe mettoit.   Toutes les ruës eſtoient pleines, & ces grands Eſpaces dans leſquels auparauant les nations du monde ſe promenoient à l'aiſe, eſtoient deuenus eſtroiċts pour la foule du peuple : à peine vous laiſſoit-on place pour paſſer, tant chacun prenoit plaiſir a vous conſiderer plus long-temps; la ville reſſembloit ce iour-là à vn theatre, au trauers duquel, paſſoit le Triomphe de la Gloire, qui vous tenoit entre ſes bras, & vous monſtroit comme le cher nouriçon du Ciel & des vertus.   La ioye pour ce coup l'emportoit ſur le reſpeċt, & à la faueur du contentement que vous en teſmoigniez, elle eſclattoit en des cris & en des acclamations publiques, pour donner quelque ſoulagement au plaiſir & à l'aiſe incroyable, qui l'eſtouffoit. Ce ſont les cris de ioye qu'on entendit ce meſme iour par la ville, & ce *Viue le Roy*, pouſſé vers le Ciel par la ville de Paris, c'eſt à dire d'vn monde preſque, dans laquelle tant de bouches innocentes apprirent auec le laiċt ce iour-là meſme à honorer le Roy, & à luy ſouhaitter la longue proſperité que la France luy deſire pour l'accompliſſement de ſon bon-heur.

Et parce que l'on a touſiours eſtimé qu'vne partie du Triomphe conſiſtoit à ietter force fleurs ſur le vainqueur; & que cette couſtume ne ſe peut mieux rapporter qu'à la bienueillance du peuple enuers ſon Prince Triomphant, afin de l'entendre plus parfaiċtement, & pour recognoiſtre qu'elle n'a point manqué tout à faiċt en cette Royale Entrée, il eſt bon de remarquer ce qu'en eſcrit doċtement Arſenius Eueſque de Monembaſie, expliquant Eurypide, a peu pres *Hecuba verſ. 573*

P

en ces termes. Les prix & les recompenfes n'eftoient pas encore eftablies ny reglées, chaque fpectateur donnoit au vainqueur ce qu'il vouloit. Partant il eftoit magnifiquement conduit & promené tout à l'entour des affiftans, & receuoit d'eux diuers prefens, tels que portoit la couftume & l'eftime de ces temps-là. Ceux qui eftoient plus proches, luy mettoient des couronnes fur la tefte, les autres plus efloignez, & peut eftre auffi moins pourueus de moyés, fe contentoient de luy ietter des fleurs. Mais depuis que tout fut mieux reglé dans les ieux Olympiques, le peuple ne retint plus que la liberté de luy pouuoir ietter des fleurs: καὶ τέλος ἡ φυλλοβολία κατελήφθη, il ne luy demeura plus que la permiffion d'vfer de cette faueur vers le vainqueur pour tefmoigner le contentement qu'il receuoit de fa vertu. La plus iufte & la plus digne recompenfe, que puiffe attendre fa Majefté pour fes trauaux, & fes proüeffes, eft fa vertu mefme: Neantmoins l'Amour du peuple ne pouuant endurer qu'on luy ofte la liberté de fe produire & faire voir en vne action fi celebre, au lieu de fleurs & de fueilles, que la faifon luy dénie, s'eft voulu feruir de fouhaits, defquels il remplit l'air, & couurit la perfonne facrée de fon Prince, tandis que le cours de fon Triomphe le faifoit efclatter deuant fes yeux; & employa vne profufion de vœux & de loüanges fi grande, que la fomptuofité des Anciens, & la curieufe recherche des plus belles fleurs du Printemps ne merite pas de luy eftre comparée. Si nous pouuions nous figurer que fa Majefté paffaft feparément deuant tous les corps qui font dans la ville de Paris, quelles loüanges ne receuroit-il de chacun en particulier, comme autant de prefens conuenables à la qualité de ceux qui les offriroient, & au merite de fa vertu? Les Chapitres, & les Communautez facrées l'euffent nommé, Defenfeur de la foy, Reftaurateur de la Religion, celuy qui a combatu fi genereufement pour l'Eglife, & la fainĉteté des Autels; Les Compagnies Souueraines, & autres corps de Iuftice euffent publié fon equité, fa fageffe, fa moderation dans les armées, fa vaillance dans la paix, & dans l'vne & l'autre, fa Iuftice; Les diuers Corps qui font parmy le peuple, euffent loüé fa debonnaireté, fa clemence, fes autres ineftimables vertus; & l'euffent remercié, comme celuy par le moyen duquel leurs biens & leurs vies auroient efté affeurées contre les violences des rebelles & des eftrangers. Il n'y a point de communauté, ny mefme de maifon particuliere & de famille dans Paris, laquelle ne fe fuft tenuë pour obligée de rendre les tefmoignages de l'aife & du bien que cette fi grande Victoire a apporté. Mais puis que c'euft efté chofe infinie, & qu'on a voulu regler ce Triomphe, non pas comme vne Entrée, mais comme vne fimple Reception de fa Majefté, laiffons faire au peuple ce que la ioye luy infpire, & permettons à l'amour qu'il porte à fon Prince, puis que les autres moyens luy font oftez, de s'efpandre en dehors, & remplir le Ciel & la Terre de fouhaits pour la profperité de fon Regne.

On gardoit iadis dans les vœux publics, & dans les acclamations du peuple, deux chofes affez confiderables; à fçauoir, de leur donner quelque ton de Mufique, & de les proferer par nombre, que l'on trouue encore marqué non

feulement dans les hiftoires des Princes Romains, mais auffi dans les Actes
des facrez Conciles. Le peuple de Conftantinoble faifoit l'acclamation des
Empereurs dans les Eglifes, & ne l'obmettoit non plus qu'vne partie du feruice diuin; Elle fe nommoit, τὸ πολυχρόνιον; & Codinus nous en donne la forme : πολυχρόνιον ποιήσαι ὁ Θεὸς τἰω κραταιὰν κỳ ἁγίαν βασιλίδαν ὑσῃς Εἰς πολλὰ De offic. c. 6.
ἔτη. Dieu conferue à plufieurs années voftre puiffant & fainct Empire. Nous
n'auons par deçà dans l'excés de nos ioyes, à la veüe de nos Monarques, que ce
beau vœu, V I V E L E R O Y : Toute la Mufique dont on fe fert, eft celle
feule, laquelle, felon que dit Theophrafte, l'Amour apprend ; Et ce mefme
cry fut en cette Entrée fi grand, fi vniuerfel, fi continu, que pour en tenir le
compte, il faudroit marquer ce que peut faire & dire vn nombre innombra-
ble de peuple, pendant tous les moments d'vne iournée.

Pendant que le peuple tefmoignoit fon amour par fes fouhaits, fa Majefté
le fceut bien recompenfer par le plaifir & l'aife qu'il en receut. La debonnaireté qu'il faifoit reluire dans fes yeux, eftoit telle, qu'elle euft arraché des pierres
mefme des cris pour fa profperité. Le liz qui eft vne fleur fi belle, & dans laquelle il femble que la Nature fe foit voulu monftrer en fa majefté, neantmoins a ie fçay quoy de modeftie, qui eft bien-feante au Triomphe d'vn Roy
Victorieux : *Flos lilij tam altus, tam candidus, tam iucundus, femper recli-* s. Bernard.
tract. de Paff.
Dom. c. 29.
natur ad terram. Il panche toufiours vers la terre, & par cette demiffion de
grandeur, fouftient dauantage fa grandeur mefme, & fa majefté. Cette ma-
niere de traicter eft fi particuliere à nos Roys, qu'on les peut diftinguer d'auec
les autres par cette marque, & iuger de leur eminence par cette forte d'abbaiffement. Les corps lumineux luifent fort inégalement : ceux que les hommes
inuentent, font de la peine à la veüe, & viennent à mefpris quand on les void
de prés, & fouuent : Mais quoy que nous voyons le Soleil tous les iours, nous
fommes toutefois bien loing de le mefprifer ; plus on s'approche de luy, ou par
la cognoiffance, ou par le voifinage du lieu, plus on le cherit & on l'admire.
Ainfi, dit Synefius, ὁ βασιλδξ εἰ πεθάρρηκεν ἀγηθινὸς ὢν, ᾧ ὅκ ἐλεξ πσόμλνος, περὶ βασιλείαν.
Le Prince & le Monarque, qui eft doüé des qualitez requifes à fa dignité, eft
d'autant plus admiré, qu'il fe rend accoftable & commun. Le feu que nous
auons icy bas, foible & grandement imparfaict, nous dedaigne neantmoins;
& quelque amorce que nous luy donnions pour l'arrefter, tend toufiours en
haut, & tafche à toute fecouffe de nous quitter : Au contraire celuy qui eft
dans les aftres, ainfi que remarque Theodoret, comme tres-parfaict & diuin,
tend en bas, & fe iette vers nous : πρ' μδ' ουρανῳ τὰ ιώτα, κỳ τῳ ỏ Ʒὰς ἀκτῖνας, περὶ προνοίας
λϐγ. ἁ.
s'abbaiffant pour nous gratifier de fes vertus. Les autres Puiffances qui font fur
terre, à caufe de leur foibleffe & de leur infirmité, mettent leur grandeur à fe
tenir éloignées de leurs vaffaux, & à ne fe laiffer iamais approcher : Nos Roys,
comme veritables lumieres, & accomplis, ne f'eftiment iamais plus hono-
rez, que quand ils fe donnent à leurs peuples, fe voyent dans la foule, & que
tout retentit à l'entour d'eux, de voix, & d'acclamations publiques.

Sous ces deux perfpectiues fe deuoient lire deux fentences, lefquelles neant-

moins ne furent pas mifes en leur lieu ; prifes de deux grands perfonnages d'vn
mefme temps, & qui furent bons feruiteurs de leur Prince : Caffiodore le
Grand eft l'vn, & Ennodius de Pauie eft l'autre. La premiere eftoit, MVNVS
EST VIDERE PRINCIPEM : Le plus agreable bienfaiét que puiffe receuoir vn peuple de fon Prince, c'eft de le voir : en cette veüe fe rencontre tout
ce qui eft defirable, & que l'on doit iuftement preferer aux fpeétacles que les
Empereurs Romains faifoient voir au peuple, comme par forme de largeffe
& de prefent, & pour cét effeét furent nommez *Munera*. L'autre eftoit, pour
l'oppofite, OTIA NOSTRA MAGNI REGIS SOLICITVDO CV-
STODIT : La vaillance & la vigilance du Roy maintient le repos de la France, & fait que le peuple puiffe iouyr affeurément de tous fes biens.

Lib. 10.
Epift. 13.

Ennod. Ti-
cin. Paneg.
ad Theodo-
ric. Regem
Italiæ.

    Tel eftoit le fentiment de la Ville en ce Triomphe. Nazaire parlant des
Romains, quand ils receurent Conftantin le Grand, à bonne grace de les mettre entre l'Amour & l'Eftonnement, ne fçachant auquel des deux s'abandonner : *In ipfum oculis ac mente conuerfi, nihil ab eius contemplatione defle-*
ftunt, incerti mirentur, an diligant; nifi quod neceffe eft vtrumque permixtè
fimul fieri; nam & amor, faftorum commendator eft, vnde nafcitur admira-
tio; & fafta cùm mira funt, amorem inuicem creant. Tandis que le Triomphe paffe, ils ne fçauent fe refoudre, s'il faut aymer d'auantage leur Prince,
ou bien l'admirer : leurs efprits balançent entre ces deux mouuemens, l'vn
defquels eftant confideré à part eftoit capable de rauir a foy les fpeétateurs :
mais eftans contrepezez l'vn contre l'autre, ils les laiffent dans vne agreable
indifference, qui neantmoins eft fubjette également à touts les effeéts de l'admiration & de l'amour. Car ils font forcez de faire l'vn, & l'autre enfemble,
puifque l'amour rehauffe grandement les proüeffes de ceux que l'on ayme,
d'où l'admiration prend fa naiffance : & quand les aétions font grandes
& admirables, elles engendrent neceffairement de l'amour. Cecy fut veu par-
faiétement en cette grande ville, qui fe laiffa lors faifir de toutes les paffions
loüables qu'vn peuple peut experimenter pour fon Prince, auffi toft qu'il
paruft comme vn beau Soleil, apres vn an d'abfence, fur l'horizon de fon enceinte. Quoy qu'elle foit fi grande, qu'a bon droit on peüt dire d'elle, ce
qu'Ariftides difoit iadis de Rome, que de quelque part qu'on iette les yeux,
l'on voit de nouuelles villes ; toutefois veu l'immenfité de fa ioye elle fut iugée
prefque trop petite, & trop eftroiéte en ce Triomphe. C'eft l'affeétion particuliere qu'elle porte à fon Prince, outre les debuoirs qui luy font communs
auec les autres villes : elle reçoit toufiours vn nouueau contentement
de fon retour, comme elle reffent principalement fon abfence,
pour eftre accouftumée à le voyr & ne paroiftre en fon luftre,
que par fa prefence ; puifque ez chofes Diuines & veritablement grandes, l'vfage eft celuy
qui donne plus de pointe au
defir, & plus de defir
à l'Amour.

Panegyrico.

                                                       ARC

ARC DE TRIOMPHE
A LA IVSTICE
DV ROY.

Sur la face de la Porte S. Iacques, dedans la Ville.

RENCONTRE CINQVIESME.

LA Iustice & la Paix sont les deux plus grandes Deesses des Estats, dont le repos s'appuye sur leur conduitte; elles les defendent, & maintiennent contre les approches des maux dont ils sont menaçez: Mais c'est à condition que les subjects seront tels qu'il conuient enuers leur Prince, ; & que se rendant dignes des biens qu'ils en doiuent attendre, ils ne feront rien qui l'oblige à dissoudre la bonne intelligence que ces deux puissantes Vertus ont ensemble. Sa Majesté auoit pris le nom de la Iustice, pour asseurer dauantage ses peuples de l'inclination qu'il auoit à les ayder: Il auoit aussi beaucoup trauaillé pour la Paix, afin de la rendre stable chez soy, & de tenir ses frontieres en seureté contre les estrangers, qui redoutans les forces de cet Empire, ne se iugeoient point autrement estre asseurez, que par les alliances contractées auec nous. Mais la Rebellion, qui est le dernier Monstre que les Enfers vomissent contre vn Estat florissant, troubla tout; & comme cette furie est sans respect des droicts diuin & naturel, elle rompit par le dedans le lien d'obeyssance qu'ont les vassaux auec leur Souuerain, & au dehors, celuy d'affinité que la France auoit auec ses voisins. Toute chose demandoit vengeance à la Iustice du Roy, qui voyant que la Paix ne seruroit plus que pour empirer & endurcir

Q

les Rebelles, apres auoir efprouué toutes les voyes de retirer par douceur plus-
toft que par les armes, ceux qu'vne fureur aueugle auoit defbauchés de leur
deuoir, fe trouua en fin contrainct & neceffité de la fequeftrer pour vn temps.
La Iuftice mefme, dit Athenée, a introduit les guerres contre les hommes in-
folens, lefquels par force & tromperie voulant rompre les ordonnances que
la Nature a mis pour conferuer le monde en repos, chacun fe fentit obligé
d'auoir recours aux armes, pour f'oppofer à leur violence, & maintenir le
droict en fon authorité.

Lib. 11.

La Paix donc feftant lors retirée, la Iuftice parut en armes; la Guerre luy
offrit fes forces, pour chaftier la temerité des ennemis tant regnicoles rebelles,
qu'eftrangers venus à leur fecours, dont les vns ne vouloient point obeyr, & les
autres vouloient commander. L'on a depuis veu quelle iffuë Dieu (protecteur
des Princes) a donné aux armes du Roy; Ils ont tous efté plus feuerement
punis, que le Victorieux ne defiroit: Iamais fa Majefté n'arma contre les vns
des mains fi cruelles & fi barbares, que leur ont efté celles dont ils fe font
défaicts; & ne leur a defiré la rage mal-heureufe qui les a portez à fe nourrir de viandes, qui fentent les Theatres anciens, & ont faict autrefois re-
brouffer le Soleil: Iamais contre les autres elle n'a requis du Ciel les vents
& les tempeftes, qui les ont brizées contre nos coftes: Dieu a voulu qu'il y paruft quelque chofe de fa main, & donnant à la Clemence du Roy ce qui f'eft
fauué, a puny les vns par le naufrage, qui eft vne efpece de mort, tenuë des
plus fafcheufes & violentes; & les autres par la famine, digne chaftiment de
l'impieté contre Dieu, le Prince, & la Patrie.

Genus eft mi-
ferabile lethi.
Ouid. Trift.
1. Eleg. 2.

Mais comme l'on ne diffout iamais la Paix, que pour la rejoindre mieux,
l'affermir, & cimenter; & felon le dire de Platon, l'Ange & le Demon de
l'Academie (ainfi que l'appelle Maximus Tyrius) puifque la Guerre mefme
ne fe doit entreprendre que pour donner plus d'affiette & d'eftabliffement à
la Paix, les torts eftans recognus & reparez, les ennemis vaincus, & les rebelles fubjuguez, les deux fœurs Deeffes ont renoué leur ancienne amitié, à
la pourfuite principalement de la Iuftice; Et leur reconciliation fe publie par
cet Arc, dedié à la Iuftice du Roy, qui retient toufiours fon luftre, autant en
reftabliffant la Paix, qu'en la quittant.

ὁ ἐξ ἀκαδη-
μίας ἄγγελος,
δαίμων.

Le grand tableau du milieu reprefentoit leur rencontre au renouuellement d'alliance, apres le peu de rupture, à laquelle l'extremité des violences
que commettoient les rebelles, auoient obligé la Iuftice: Et parce que ceux
qui interuienent dans les des-vnions que l'on void naiftre entre des perfonnes conioinctes de fang, ou d'amitié, en portent ordinairement la peine; La
Guerre auoit efté abandonnée à la mercy de la Paix, laquelle, quoy que debonnaire enuers les autres, a neantmoins vn feu tres-ardant de courroux contre cette ennemie coniurée de fon repos. Elle l'auoit auoit auffi mife à la
chaifne, & la traifnoit fous la figure d'vn Mars lié & garrotté, pour f'en venger; pendant que de l'autre cofté, la Iuftice tenoit la Rebellion, reprefentée par vne Furie, qui, toute feule, foit pire que les trois enfemble. Du

coſté qu'on traiſnoit la Guerre, l'on voyoit dans l'éloignement de la peinture, vne grande deſolation de pays, des incendies, & des meurtres, qui ſont
les traces qu'elle laiſſe apres ſoy: Et du coſté de la Rebellion, on deſcouuroit vne ville démantelée, & quelques vaiſſeaux, dont elle auoit pretendu
ſe preualoir, que la mer & les vents traictoient rudement. Au milieu du
quadre eſtoit vn Autel, & le feu ſacré deſſus, comme pour eſtre teſmoing
du iurement ſolennel que les deux Deeſſes alloient faire en leur reconciliation eternelle, pour le bon-heur & la felicité de la France, & deſia ſembloient-
elles ſ'entr'embraſſer, pour exprimer ce mot ſacré de l'Eſcriture, *Iuſtitia &* *Pſal.* 44.
Pax oſculata ſunt: La Iuſtice & la Paix ont renoüé leur amitié par le lien
d'vn chaſte baiſer, qui n'eſt autre, dit vn Sainct Pere, que le Sainct Eſprit *S. Bern. in*
meſme, qui lie les vertus, & nous auec elles, & Dieu auec nous, & les Perſon- *Cant.*
nes Diuines enſemble, deſquelles il eſt le lien, & le baiſer eternel. *S. Auguſt.*
in medit.

  C'eſtoit à quoy ſe rapportoit l'inſcription qu'on liſoit au deſſous, par laquelle, la Ville de Paris profeſſoit auoir erigé cét Arc à la Iuſtice du Roy, au
iour ſolennel de ſon Triomphe, qui renoüoit l'amitié entre la Iuſtice & la
Paix.

REGI IVSTO REGI PACIFERŌ

QVOD IVSTITIĀ REBELLES PACE BELLVM OPPRESSIT

VTRIVSQ. INVICEM ABS EO RECONCILIATI NVMINIS

TESTES SVPLICESQ. CIV. PARIS. DD.

Ce quadre eſtoit accompagné de deux conſoles, dans leſquelles l'on auoit
mis deux deuiſes, conformément au deſſein que l'on vient d'expliquer. Dans
celle de la Iuſtice au coſté droict, eſtoit vn Taureau attaché à vn figuier. Car
l'experience enſeigne que cet animal eſtant en furie, auſſi toſt qu'il eſt attaché
au figuier, deuient doux & traictable, ſoit que la douceur qui eſt naturelle à
cet arbre, ainſi qu'il ſe void par ſon fruict, mitige & deſtrempe l'ardeur
boüillante de ce violent animal, ſoit qu'au contraire le ſuc amer enclos dans
l'eſcorce de ſon bois, corrige, & diſſipe l'humeur bilieuſe qui le mettoit en
fougue. Le mot eſtoit, MITESCET, Il ſ'appriuoiſera: pour l'eſperance
que nous auons de l'amendement des rebelles, & de la douce obeyſſance
qu'ils rendront aux volontez de leur Prince & de leur Vainqueur, principalement depuis qu'ils ont ſenty l'aigre-doux de ſa Iuſtice. Pour la Paix, à l'oppoſite, eſtoit vn faulcon, lequel ayant rompu ſes longes, & quitté ſon chaperon,
pour ſ'eſchapper de la ſubjection de ſon maiſtre, reuenoit enfin ſur ſon poing,
lequel paroiſſoit d'vn coſté de la peinture, & ſon bras eſtoit couuert de France. Pour ſignifier, que les rebelles ayant depuis quelque temps rompu les
loix, & les liens de reſpect qui les deuoient tenir dans l'obeyſſance du Roy,
apres auoir pris l'eſſor ſi long-temps, conuaincus par leurs miſeres, & forcez par les extremitez ſouffertes durant le ſiege, auoient pris enfin reſolu-

tion de fe rendre au doux feruice de leur Prince naturel, qui leur eſtoit beaucoup à preferer aux cercles & republiques qu'ils ſeſtoient imprudemment imaginez. Auſſi le mot eſtoit, PRAESTAT MALAE LIBERTATI: Vne bonne feruitude, comme eſt celle que les vaſſaux obeyſſans eſprouuent ſous vn bon Seigneur, eſt infiniment preferable à la liberté des rebellions. L'on ſurnommoit cette liberté mauuaiſe, comme d'autre part, la ſubjection que l'on rend aux Puiſſances eſtablies de Dieu, eſt toute diuine, & eſtimée par Sainct Ambroiſe, pour vne tres-grande benediction en la perſonne d'Eſaü, que Dieu ſoübmit à Iacob, plus ſage que luy. Sainct Baſile luy auoit peut-eſtre appris cette verité, comme il en a fait beaucoup d'autres; car

Lib. de Spiritu Sancto, c. 20.

parlant de ce qu'Iſaac beniſſant Eſaü, l'aſſubjettit à ſon frere: Οὐϰὶ ϰατα δίϰη, dit-il, ἀλλ' εὐεργεσία, ce ne fut pas vn chaſtiment, mais vn bien-faict, parce que c'eſtoit luy donner vn meilleur conducteur qu'il ne pouuoit eſtre à ſoymeſme; comme obeyr à ſon Prince, c'eſt eſtre regy de Dieu, en comparaiſon de cette pernicieuſe liberté, par laquelle les ſubjets reuoltez tombent en la ſeruitude miſerable de leurs vices, & de leur rebellion.

Entre les deux colonnes qui ſouſtenoient l'arcade de chaque coſté, l'on auoit mis deux autres peintures, dont l'vne ſe rapportoit à la Iuſtice, & l'autre à la Paix. Pour entendre la premiere, Pauſanias rapporte, que les Perſes eſtans

In Atticis.

en armes dans la Grece, apres l'exploict des Thermopyles, qui leur fut plus honteux qu'honorable, erigerent vn grand trophée de marbre blanc, qu'ils auoient apporté, comme s'ils euſſent eſté deſia vainqueurs, & paiſibles poſſeſſeurs de l'Europe. Cette vanité ſembla digne de chaſtiment aux Grecs, leſquels les ayant ſurmonté tant par mer que par terre, dreſſerent par les mains de Phidias, de ce meſme marbre, vne ſtatuë à la Deeſſe Nemeſis, ou Iuſtice, pour ſeruir de monument eternel de leur Victoire, & de blaſme aux vaincus. D'autant que cette Nemeſis ou Adraſtée, eſtoit tenuë par les Anciens pour la vengereſſe des outrecuidez & temeraires; c'eſtoit elle, dans leur creance, qui puniſſoit les orgueilleux, & rompoit les deſſeins que l'inſolence produiſoit, comme ayant vne indignation particuliere contre la vanité des paroles, & contre la temerité. Ils adjouſterent à cette ſtatuë ce vers, auec lequel elle menaſſoit le Perſan, ou tout autre qui voudroit entreprendre vne pareille temerité:

Καὶ τ' ἄλλῳ νεμεσῶ ὅςις τοιαῦτα ἢ ῥέζῃ.

I'en denonce autant, & ſuis également preſte à me venger de celuy qui voudra tomber en la meſme faute. L'on auoit retenu le demy vers pour ſeruir de quelque indice au ſpectateur: ΚΑΙ ΤΑΛΛΩ ΝΕΜΕϹΩ, outre les meſmes hieroglyfes que Phidias luy auoit donné; ſçauoir vne branche de pommier en vne main, & vne phiole en l'autre, comme l'a deſcrite plus au long Pauſanias.

Or encore que les ſecrets de la Iuſtice des Grands ne doiuent pas eſtre recherchez, & que, ſelon la remarque des Aſtronomes, l'Aſtrée qui eſt au Zodiaque, ait la teſte cachée dans le Ciel, faiſant moins paroiſtre cette partie de

son

son corps, que les autres; pour nous instruire d'vne part, qu'il n'appartient pas aux subjects de s'informer curieusement des chastimens que les Princes prennent tres-iustement des rebelles, & de ceux qui troublent leurs Estats; puisque Dieu mesme punit celle qui voulut trop indiscrettement voir l'incendie duquel il chastioit ces fameux criminels, la changeant en statuë de sel; pour corriger l'imprudence des curieux; Et que d'autre part aussi personne ne doute; que ceux qui se sont volontairement condamnez à si horribles miseres; pour ne point obeyr à leur Prince, n'ayent iustement merité toute sorte de supplice imaginable : Ce neantmoins, s'il est permis d'en dire ce que cette peinture nous suggere, il est à croire, que la demolition de leurs murs, en premier lieu, est vn tres-iuste supplice de leur audace; & que le razement parfaict de leurs forts, a esté la digne punition des brauades insupportables, & des insolentes paroles, qui les ont presque rendus plus criminels, que les volées de leurs canons. Adrastée punit tousiours rigoureusement ceux qui s'oublient si fort en leurs paroles, & excedent en vaine outrecuidance, qui n'a pour effect que du bruit & du crime : Leurs murailles sont maintenant si basses, & tout est razé de si prés, que ces cigales monstrueuses seront contraintes de chanter à terre, par faute de halliers & d'espines, comme menaçoit iadis vn Capitaine Grec de faire à des ennemis insolens. Mais en second lieu, & qui est peut-estre le principal sujet de cette demolition, c'est pour donner exemple aux autres villes, qui chancellent encore en leur deuoir; la destruction totale de la plus forte place qui fust au monde, leur denonce, que rien ne resiste à la Iustice de sa Majesté, & que pareils supplices sont decretez au Ciel contre ceux qui se voudront precipiter en pareils crimes.

La Paix auoit pareillement sa peinture, pour asseurer dauantage la France de la felicité que les armes du Roy luy ont acquise. Themistius auoit grand Orat. 9. sujet de reprendre les Panegyristes de son temps, de ce qu'ils ne tenoient estat d'autre chose, és Eloges des Grands, que du nombre des batailles, des assauts, des incendies, & d'autres tels accidens funestes de la guerre; & iusques à son temps personne n'auoit encore aduancé pour la loüange d'vn Capitaine victorieux, qu'il eust doné la paix à ses ennemis vaincus: ce qui est neantmoins preferable à tous les eloges & à tous les trophées qu'on leur eust peû dresser. Ce n'est pas faire la guerre comme il faut, que de ne sçauoir pas donner la paix aux vaincus, quand il est temps; vn Prince n'est pas accomply dans les qualitez qu'il doit auoir, ainsi que le mesme Themistius cite de Platon, si outre le maniement de la guerre, il ne sçait aussi les moyens de redresser le repos & la paix quand il luy plaira : κολοϐές, ᾳ βασιλᾶς ὁ νομοθέτης, ὃς πολεμεῖν μὲν ἰχϑυὸς, εἰρ̃Ϟlω σ͗ ἄϞν οὐχ οἷός τε. Ce n'est pas vaincre que de combattre tousiours, ou pour le moins ne cesser de combattre, sinon quand l'ennemy vient à defaillir : c'est perdre le fruict du combat, que de n'auoir personne à qui l'on puisse pardonner; & la vraye victoire est celle, qui mesprise de finir si parfaictement sa victoire, ou bien comme il dit : τῦ νικῆσαι πολλάκις τὸ τlω νικlω ⳁϞζειδⲋν ϭτημότεροι, mespriser de poursuiure les restes d'vne victoire;

& donner le premier la paix & la vie à ses ennemis, est plus honorable, que de les auoir totalement exterminez & vaincus. On a veu cette gloire dans la Victoire du Roy, lequel receut à mercy les rebelles, & leur donna la vie en vn temps, auquel la moindre feinte d'assault les eust generalement ruinez. Partant pour orner le quadre de la Paix, l'on auoit imité le reuers d'vne medaille de Vespasian, assez cognuë aux Antiquaires; dans lequel elle tient de la main gauche son caducée, & de la droicte, allume vn flambeau dessus vn Autel, pour mettre le feu à vn faisceau d'armes qu'elle auoit à ses pieds : Pour monstrer que non seulement les vaincus iouyssent maintenāt d'vne paix asseurée, puisque le Vainqueur abolit & l'vsage & la memoire mesme des armes: mais beaucoup dauantage, qu'il auoit des armes de reste pour les ruiner, si la bonté de son naturel ne luy eust plustost fait prédre les resolutions d'vn pardon, bienseantes à sa Royale Victoire, que celles de leur perte, comme leurs crimes meritoient. L'on garda toutefois la mesme inscription de la medaille, comme celle qui conuenoit aussi bien au second sens, qu'au premier ; Partant se lisoit en la liste d'enhaut, P A X S E C V R A, Paix asseurée. D'où l'on void combien la France est obligée à loüer cette Victoire, se voyant chargée de lauriers, sans auoir faict aucune perte (encore que ce fust dans le milieu de ses entrailles que la Rebellion eust allumé la guerre) & d'auoir profité de la gloire du Vainqueur, & du butin entier des vaincus. Toute chose est heureusement restablie, les frayeurs des années precedentes sont effacées ; ὃ δακρύψν ἡμῖν, ὄνομα λοιπὸν ἰω, πολέπα δ'φημα, πολέπα ἐν κόσμῳ. Nous n'auons plus rien de nos miseres, que la souuenance ; il ne nous est demeuré de nos larmes, que le nom : les desastres & les mal-heurs sont de simples termes parmy nous, l'estre & la verité n'y est plus ; tout a repris l'ordre, la bienseance, & la felicité, desquelles cette Monarchie iouyssoit deuant ces derniers mouuemens. Mais c'est sous la protection de la Paix & de la Iustice, qui se reconcilient maintenant pour la rendre heureuse en toutes façons. Sainct Gregoire de Nazianze, entre autres eloges de la Paix, dit qu'aussi-tost que le monde la perd, il perd pareillement le nom de monde : ὁμοῦ τῷ εἰρωθῦ πέπαυται ᾗ τῷ εἶ) κόσμος. Tertullien aussi dit grauement en faueur de la Iustice, que c'est par son moyen que Dieu gouuerne l'Vniuers : *Bonitas eius operata est mundum ; Iustitia modulata est :* Que sera-ce donc desormais de la France, laquelle par cette reconcilation se void assortie des deux principales facultez que Dieu faict paroistre dans le Monde, dont l'vne luy donne le nom, & l'autre, la beauté ?

Synesius de
Prouid. sect.
i.

Orat. 12.

Lib. 2. cont.
Marc.

ARC DE TRIOMPHE
SVR
LA FELICITE,
ET
LES BATAILLES
NAVALES
DV ROY.

A la Fontaine de Sainct Benoist,

RENCONTRE SIXIESME.

LEs Princes tirent leur gloire de deux principales qualitez, qui sont la Vertu, & la Felicité: *Duo sunt* Pac.st. *quæ claros duces faciunt, summa virtus summaque* Theod. Æ. *felicitas:* Ce sont celles qui les aduancent dans l'Honneur, qui les produisent sur le theatre du monde, pour estre recognus & prisez, qui d'elles-mesmes leur façonnent des couronnes, & poussent les peuples à leur enpresenter sans fin: Or ces deux Dames doiuent tousiours s'accompagner, & marcher ensemble; car la vertu, sans la felicité, est miserable, & telle que l'esprouuoit Brutus en mourant, Ὦ τλῆμον ἀρετὴ λόγος ἄρ ἦσθα; Vous n'estes que de la philosophie, & du discours; La felicité aussi sans la vertu, ou est vne chose impossible, selon Aristote, ou n'est pas souhaitable à vn homme de bien; Mais c'est tousiours auec cet ordre, que la vertu marche la premiere, comme le merite va deuant la recompense, & que la felicité ne soit que la seconde, afin qu'elle paroisse solide, & de plus longue durée. Car encore que parmy les Philosophes la vertu soit vn adjoint necessaire de la felicité, neantmoins en parlant des choses humaines, nous les distinguons grandement, & principalement en la guerre, où nous voyons que l'heur suit quelquefois le plus vicieux, & que la vertu est abandonnée de la felicité. C'est ce qui nous faict priser dauantage les Victoires Nauales de sa Majesté; dans lesquelles nous voyons cet accouplement si parfaict des deux eminentes parties qu'on desire aux grands Capitaines. Car iamais la vertu ne fut si heureuse, & iamais la felicité si bien fondée, que quand l'vne & l'autre se mirent à ses costez, pour fauoriser ses combats.

Ce n'est pas vn grand honneur, à mon aduis, ce qu'vn Orateur dit à son Prince, que les Vertus estoient en debat auec sa fortune & sa felicité, laquelle d'entre elles auoit plus contribué à les victoires; & donnant la parole à chacune, il faisoit dire à la Constance: *Bellum atrox periculosúmque suscepi*; C'est moy à qui se doit l'entreprise d'vne guerre si dangereuse; A la Patience, *Immensum iter, tempus anni graue, semper armata, semper ieiuna toleraui*: Quant à moy, i'ay passé vne année entiere dans les tranchées, auec les incommoditez de la terre & de mer; A la Prudence, *Partita sum militem, & multiplicaui arte terrorem*: I'ay departy les regiments, & ay donné plus de frayeur aux ennemis par des stratagemes, que par les armes: A la Force, *Bis conflixi cum hoste, bis vici*; I'ay rompu deux flottes estrangeres, qui venoient au secours des rebelles; & puis il faict vn gros de toutes ensemble, qui disent: *Quid tibi debemus, Fortuna, quam fecimus*? Que deuons-tant à la felicité; puisque c'est nous qui l'auons faicte & bastie par nos trauaux? La felicité leur respond, & se defend brauement, cottant les particularitez remarquables, où clairement il apparoist que c'est elle qui y a mis la main.

Mais comme l'on a dict, ce debat ne semble pas estre beaucoup aduantageux pour l'Empereur Theodose: Car encore qu'elles appartiennent toutes à vn Prince, & que leur victoire soit à celuy, au seruice duquel elles sont; neantmoins il importe beaucoup à l'honneur d'vn Victorieux, qu'on sçache de quelles armes il s'est principalement seruy; & s'il doit ses trophées à la vertu, qui est sienne & propre nommément, ou à la seule felicité, qui se donne à qui bon luy semble: ou plustost à l'vne & à l'autre conioinctement, qui est le bien le plus souhaitable, & le plus grand honneur qui luy puisse arriuer. Quand ces deux grandes parties se rencontrent ensemble, & que chacune est également employée à fauoriser les desseins d'vn Capitaine, c'est ce qu'il doit desirer entre les hommes, & ce qu'il peut attendre de Dieu. C'est aussi ce qui nous oblige à honorer les Victoires de nostre Inuincible Monarque, que nous voyons estre acquises par le merite des vertus, & par le fauorable secours de la felicité; ces qualitez qui se trouuent si rarement conioinctes en d'autres suiects, n'ont maintenant, à vray dire, aucune passion plus forte

que

que de poüffer fa gloire iufques où le merita fa vaillance ; & femblent auoir
iuré vn accord folennel, afin d'eftendre en toutes les occafions poffibles la
grandeur de fon nom par l'Vniuers.

La vertu ne paroift-elle pas en luy prodigieufe , en ce qu'il a toufiours
voulu eftre de la meflée ? Toufiours fur fa digue, toufiours fur fes vaiffeaux;
les tranchées, les redoutes, les autres fortifications l'ont veu auffi fouuent, que
les moindres foldats ; *Dux confilio , miles exemplo* : βασιλεύς τ' ἀγαθὸς, κρα- Iniade. β.
τερός τ' αἰχμήτης. Chef & fouuerain pour le commandement, mais comme
l'vn des volontaires, pour l'employ. L'on void plufieurs Princes, qui font la
guerre de leur cabinet , qui ne fe trouuent iamais moins en aucun endroit
que là où leurs fujects meurent pour eux : les foldats ne les cognoiffent que
par les monnoyes de leur monftre ; ou comme en parle Synefius, ayant égard
aux drappeaux des Romains , dans lefquels eftoient les pourtraicts des Princes : οὓς δεῖ τοῖς ζωγράφοις ἐπιγινώσκειν οἱ προπολεμοῦντες ; On ne les cognoift Πιει βασιλει-
dans les armées, que par les peintures : Ceux-là peuuent bien acquerir par la ας
profperité de leurs gens , le furnom d'heureux , mais non pas celuy de vertueux. La vertu faict preuue de foy dans l'exercice & le labeur ; Les plus
naïfues marques qui la font recognoiftre, font les trauaux : Quiconque fe la
figure autrement , ἀκρωτηριάζει τὴν ἀρετὴν , la faict mutilée & imparfaicte; *Maximus*
l'action eft fa vie; & apres qu'elle a fagement confulté fur fes entreprifes, nous *Tyrius dif-*
deuons croire qu'elle ne demande que l'exercice, & qu'elle a toufiours vn pied *fert. 35.*
en l'air pour agir, tandis que l'autre luy faict reprendre haleine , & luy donne
le temps pour ordonner. Partant elle declare affez par les factions militaires,
& par les trauaux indicibles que le monde a veu porter à fa Majefté pendant
ce fiege, quel rang elle doit tenir dans la Victoire. L'Orateur Fronton donnant à l'Empereur Antonin la loüange de la victoire d'Angleterre , que fes
Lieutenans auoient obtenuë, encore qu'il ne fuft point forty de Rome, & de
fon Palais ; pour appuyer fon Eloge, fe feruit de la comparaifon d'vn pilote,
à qui l'on attribuë le bon-heur d'vn voyage , encore qu'il ne foit point forty
de la pouppe ; *Veluti longa nauis gubernaculis præfidentem, totius velificationis Eumen.*
& curfus gloriam meruiffe: Mais fi ces deuanciers n'euffent pas de plus prés Conft. A.
abordé l'Angleterre, & s'ils fe fuffent contentez d'y combattre par leurs Lieutenans, iamais les Aigles Romaines n'euffent paffé la mer, & les bornes de
leur Empire n'euffent pas rencontré celles du iour & du monde. Pour vne
victoire veritable, & vne gloire parfaicte, ce n'eft pas affez que d'enuoyer
à la charge les autres , donner les ordres, faire fonner, & puis fe retirer, ou mefme ne paroiftre point que par commiffions & par mandemens ; il faut que
l'on ait auffi veu le Capitaine fur le tillac, fur le pont, aux prifes & aux accro-
ches ; c'eft ce que demande de luy la vertu.

Car pour opiner fainement de la Felicité, quand elle a veu que la vertu de
fa Majefté eftoit en vn degré fi eminent, elle a tenu à faueur de trouuer lieu
dans fes combats : Celle que tant d'autres vertueux ont fi fouuent accufée
d'auoir manqué lafchement à prefter affiftance à leurs deffeins, a defployé

S

fes forces pour l'affifter & feruir, par des voyes, qui ne fe peuuent cognoiftre, fans fçauoir ce que cette grande Deeffe a d'artifices & de fecrets dans fes trefors. Cecy prouient de ce que, comme les vertus ordinaires doiuent attendre le vent, & implorer le fecours de la Felicité, & fouuent fe rendre fuppliantes deuant les Autels de la Fortune, pour ne pas perdre leur credit parmy les hommes; les eminentes & les parfaictes l'ont indubitablement à leur fuite, & fans la rechercher, l'ont toufiours attachée à leur feruice : Elle tiendroit à deshonneur de ne les pas feconder; ὥσπερ ἀηδιζομένης τῆς Τύχης ὁρετῶς ὁπιδείλοις μὴ μϐτυρῆσαι, comme fi elle eftoit honteufe de ne paroiftre pas en la compagnie des vertus extraordinairement efclattantes. C'eft elle auffi qui pour ces raifons a tellement faict profperer fes deffeins, elle luy a rendu les vents fi fauorables, la mer fi portée aux interefts de fa gloire, qu'il nous a fallu éleuer icy cet Arc à fon Nom, puifque la Vertu auoit les autres pour s'y faire fuffifamment honorer.

Le deffein donc de la grande peinture du milieu fe prend de cette Felicité; Vous voyez comme Neptune ayant ramaffé les Tritons, donne la chaffe aux monftres marins : la mer eft couuerte de corps morts, & n'a plus d'autre couleur que de fang : les vents fe font entierement rangez de fon cofté; ils fouleuent tant d'orages & de tempeftes contre les ennemis de leur Prince, qu'ils ne fçauent pas mefme de quel cofté ils s'enfuyront; & pour dernier mal-heur, l'imprudence de ceux qui s'eftoient fauuez de la meflée, les ayant portez contre des efcueils, ils s'y froiffent, & font plus rudement chaftiez par leur temerité, que le Vainqueur n'euft defiré. C'eft ce que nous auons veu arriuer aux flottes eftrangeres, qui ont voulu affifter vne ville rebelle contre les armes du Roy : la Felicité a efté celle qui a ramaffé nos vaiffeaux, qui les a rengez tant de fois en bataille, qui a donné la chaffe aux ennemis; c'eft elle-mefme qui a rendu les vents fi partizans de la France, & les marées fi fauorables aux armes du Roy, qu'encore que les ennemis ayent autant euité le combat qu'ils ont peû, neantmoins ils n'ont pas laiffé d'eftre vaincus. Nous auons veu nos coftes couuertes du débris de leurs vaiffeaux; les ports en ont veu de grandes trouppes à la chaifne, que les vents & les tempeftes auoient iettez dans nos mains; comme fi la Felicité nous euft voulu donner apres l'honneur de la Victoire, le profit mefme du butin, & fe fuft chargée de pourfuiure la vengeance des fauteurs de la rebellion, plus loing que la Clemence du Roy ne vouloit. Apres donc que la vertu du Victorieux a pris le premier lieu dans fes honneurs, la Felicité l'a fecondée; & par le decez tragique de leur General, les naufrages, les bris, les autres incommoditez qu'ils ont paty, elle a voulu en nettoyer le monde, & les punir en la mer mefme, laquelle ils auoient offenfée par leurs courfes.

Toutefois, comme en ces victoires nauales, nous auons vn autre grand fujeçt de loüange pour fa Majefté, ce nous eft vn grand auantage d'auoir trouué la Vertu & la Felicité conioinctes; car fans l'vne ou l'autre comme il ne fuft iamais venu à chef de fon entreprife, auffi n'en pourroit-on parler affez

Synef. de
Regno.

dignement. Car il fe peut dire maintenant à l'honneur du Roy, & de la fagé conduitte de celuy qu'il a eftably fur la marine, qu'elle eft reftablie en France, & que cet element, que nos anceftres auoient tant honoré de leurs flottes en Orient, depuis delaiffé ou mefprifé par ceux qui les ont fuiuiz, eft maintenant reüny a cette Couronne, & que le Roy a eftendu fon Domaine fur autant de mer, que le Ciel en couure. Eumenius donne vne grande loüange à Conftance Cæfar, quand il eut vaincu les flottes Angloifes, qui trauerfoient l'Empire Romain; *Gloriare tu verò, Cæfar inuiſte, alium te orbem reperiffe, qui Romanæ potentiæ gloriam reftituendo naualem, addidifti Imperio terris maius omnibus elementum.* Refiouyffez vous, grand Prince, de ce que vous auez defcouuert & affujetty vn monde nouueau; car reftabliffant la gloire des vaiffeaux, & rendant l'vfage de la marine aux forces Romaines, vous n'auez faict rien de moins, qu'adioufter à l'Empire vn plus fpatieux & plus vafte element que n'eft toute la terre habitable. Mais pour en parler fans paffion la marine n'eftoit pas lors encore fi delaiffée, que les Romains n'euffent de grandes flottes en Orient. C'eft au Roy a qui cette gloire appartient, d'auoir augmenté fon Royaume, de toute l'eftenduë de la mer; d'auoir accreu cet Empire d'vne autre plus grande moitié, de luy auoir rendu l'autre bras duquel les fiecles paffez ne s'eftoient feruy que pour la marchandife, fans l'employer pour la feureté & pour la gloire de l'Eftat. Auffi nous fçauons ce qu'a coufté à la France, pendant les guerres d'Italie, de n'auoir eu des vaiffeaux que par emprunt; & comme les Dories fe retirans auec leurs Galeres, du feruice de cette Couronne, ruinerent fans refource l'armée des François deuant Naples, qui capituloit defia pour fe rendre. Nous auons experimenté quelque chofe de femblable les années paffées, ou les Ports du cofté de l'Ocean, ont efté rauagez a difcretion, & les marchands deftrouffez par ceux qui prenoient auantage de noftre foibleffe pour ce point. Mais maintenant nous auons nos flottes, nous nous defendons de nos propres, nous ne fommes plus à l'attente, des fecours eftrangers; Voire mefme nous fommes capables de porter la guerre dans le pays de ceux, qui fe croyant inuincibles fur la mer, auoient impunémét couru tout l'Ocean.

Les Empires que nous fçauons auoir dauantage fleury dans la reputation des fiecles precedens, ou efté ceux qui outre les forces de la terre, ont auffi peu ioindre à leur vaillance celles de la mer: les Monarchies qui ont duré le plus long-temps, font celles qui ont eu plus d'exercice de marine, & qui auec plus de flottes ont fceu deffendre leurs conqueftes & les accroiftre de nouueau: les Republiques Grecques ont eu autant de vogue & de grandeur, qu'elles ont eu de vaiffeaux: Les Romains, le plus belliqueux peuple du monde, dans les cent ans qui precederent l'oppreffion de leur liberté, ont plus eftendu leur Domaine qu'ils ne firent aux autres fix cens ans d'auparauant, comme n'ayant que lors monté fur la mer, & appris à fe feruir de nauires, pour combattre leurs ennemys: auffi toft qu'ils mirent le pied dans les vaiffeaux, l'on peut dire qu'ils entrerent comme dans vne lice de victoire, & n'acquirent point le droict de conquefter l'vniuers, que quand ils parurent fur mer; comme auffi qui mettra le defchet de la marine, entre les principales caufes de leur decadence trouuera dans l'hiftoire de quoy former & fouftenir ce iugemēt. Partant le dire du Iurif-confulte Vlpian ne regarde pas feulement la marchandife & le traffic, *Ad fummam reip. vtilitatem nauium exercitium pertinet*. Le fouuerain intereft de la chofe publique, gift en l'vfage des vaiffeaux, & n'eft pas poffible qu'vn grand Empire fubfifte fans la nauigation. Libanius donc a tort quand il dit que la mer ne porte rien de bon, s'il pretend deftourner les hommes de la nauigation; car cet element ne doit pas eftre tenu pour infructueux & inutile, s'il ne porte pas les moiffons & les vignobles, que nous voyons eftre fur la terre; & fi les fillons que laiffent apres eux les vaiffeaux, ne font pas naiftre la verdure dont le printemps tapiffe nos campagnes ; c'eft affez qu'il porte les palmes & les conqueftes des Royaumes ; & que ceux qui s'y rendent puiffans, ont droict de fouueraineté fur les biens & fur les trauaux des autres qui demeurent fur la terre & y mettent leur vie & leur trauail. Oppofons luy vn autre fophifte, auffi fort en bouche que luy, encore qu'il l'ait plus riche & plus dorée ; car Dion Chryfoftome parlant des Byzantins, qui quitterent l'Agriculture, pour s'addonner à la marine, nomme grauement la mer plus fertile que la terre, θάλασσαν δικαρπτατίω, ce qui feroit aifé à recognoiftre, par les remarques & confiderations que font les plus intelligens politiques, qui ont mis la main à l'hiftoire, & par l'experience qui f'en faict affez tous les iours. Au moins ce ne peut pas eftre fans grande raifon, & fans vn notable prejugé, que les Anciens ont feint que toutes les Deïtez eftoient nées de l'Ocean ; & que leurs plus fomptueux & magnifiques banquets eftoient toufiours chez ce grand Pere des Dieux & des hommes. Nous fçauons auffi par nos memoires, plus anciens (fans comparaifon) & plus facrez, que leurs fables, que les Cieux mefme doiuent leur naiffance à la mer ; & qu'elle feule fournit prefque tous les trois autres elements de nourriture & de fouftien ; comme fi l'on deuoit conclure de là, qu'il eft auffi peu poffible qu'vn grand Eftat efclatte, & viue dans la gloire fans la nauigation, & fans les forces de mer, que le monde mefme viue, & fe fouftienne fans l'affiftance de l'eau. Mais pour ne point entrer dans les differents, qui iettent Maximus Tyrius & les autres dans de longs difcours, pour decider laquelle des deux eft plus profitable aux hommes, ou l'agriculture, ou la marine, l'on fe contentera d'aduancer pour vne indubitable verité, qu'vn Royaume qui fe priue volontairement de l'vne ou de l'autre, quand il les peut exercer & manier toutes deux, fe priue de la moitié de la vie & du monde, & comme fi fes fubjects eftoient autant de releguez & de bannis, il leur veut retrancher les fecours & les vtilitez qui naiffent és pays circonuoifins.

Les François maintenant, comme iadis les Atheniens, mais plus heureufement qu'eux, & fans perdre la terre, montent fur mer, font employez fur les vaiffeaux par ce Themiftocle François, qui merite de porter les ancres & les chevrons en fes armes, comme celuy qui ayant fouftenu la gloire & la paix de cet Empire, par terre, veut encore pourfuiure ce qui luy manque de felicité

par

Li. 14. D. de exercit. act. l. 1. §. Licet.

Declamat. 39.

Orat. 35.

par la mer. Partant pour faire eſtat plus particulier du bon-heür, dans lequel la France ſe void entrer par vn reglement ſi vtile, & de l'accroiſſement de ſon domaine par la repriſe de la mer, l'on auoit adiouſté deux peintures, moindres à la verité que la precedente, mais qui regardoient vn meſme ſens, & enrichiſſoient notablement les deux pilaſtres qui ſouſtenoient de chaque coſté l'architraue de cet Arc.

Celle du coſté droict repreſentoit Auguſte enuironné de ſes Capitaines, preſt à conqueſter la Sicile, ſur le pied duquel, comme il eſtoit proche de l'eau, vn poiſſon eſtant ſaulté, le Deuin reſpondit que c'eſtoit vn augure infallible qu'il ſeroit vainqueur en cette guerre nauale, & que doreſnauant la mer luy ſeroit ſi fauorable, qu'il l'a pourroit eſtimer comme aſſujettie à ſon Empire. C'eſt auſſi ce que l'Eſcriteau de la tente d'enhaut ſignifie, T I B I SER-VIET AE QVO R; Là mer doreſnauant vous obeyra. Sémus dans les Hiſtoires Deliaques dit quelque choſe de ſemblable des Atheniens, auſquels comme ils ſe preparoient pour faire leurs ſacrifices en l'Iſle de Delos, vn enfant ayant verſé de l'eau pour lauer les mains, τῇ φιάλῃ μῆ τῇ ὕδατος ἰχθῦς κατέχεεν, *Athen. l. 8.* on ſ'apperceut qu'il auoit auſſi verſé quelques petits poiſſons auec l'eau; d'où l'Oracle les aſſeura, ὡς κυειδ᾽σουσι τῆς θαλάσσης, qu'ils auroient le commandement de la marine. Cette peinture donc donnoit vn heureux preſage que le reſtabliſſement des flottes nauales en France, ſous les victoires de ſa Majeſté, luy preparoient autant de triomphes, comme nos Anceſtres y en auoient recueilly; & que cultiuant la marine ſous les auſpices de celuy qui porta le nom de Dauphin dés ſa naiſſance, l'on recouureroit les anciennes Prouinces maritimes qui ont eſté demembrées de cet Eſtat. A cela meſme ſe rapportoit l'autre peinture, dans laquelle eſtoit Themiſtocle, perſuadant aux Atheniens de ſ'addonner à la marine, & de changer leurs charruës en auirons; & deſia ſe voyoit dans le port de Pirée vne grande flotte en bon eſtat, laquelle monſtroit aſſez par le courage des ſoldats, & par le bel ornement de ſon équipage, quelle ſeroit l'iſſuë de ce grand deſſein, & qu'elle moiſſonneroit bien toſt les riches palmes de Salamine, de l'Aſie, de la Thrace, & les autres victoires que les Atheniens ont depuis remportées ſur la mer. Car cela meſme regardoit la France, dont la valeur ſ'accroiſſant du ſeruice d'vne moitié du monde, ne deuoit doreſnauant eſtimer rien difficile à ſes armes. L'Eſcriteau eſtoit du Roy, tiré d'vn Poëte, ADDIDIT OCEANVM SCEPTRIS: Il a adjouſté l'Ocean à ſes Sceptres. Le paſſage entier faict au ſujet;

Laudes tranſgreſſus auitas
Subdidit Oceanum ſceptris.

Claud. Pa-
neg. in 4. Coſ.
Hon.

Tel eſtoit l'Arc de la Felicité que Paris auoit erigé pour les Victoires nauales, & pour le reſtabliſſement de la marine en France, Felicité qui luy fait vne couronne de ſes mains propres, tiſſuë des ſolides contentemens qu'il reçoit d'auoir tant obligé ſes ſujects; & principalement des quatre biens principaux, que les

T

Anciens estimoient estre les parties de cette Couronne; la liberté, nous de-
liurant des ennemis; les richesses; nettoyant nos havres de corsaires; la renommée, restituant à la France l'ancienne reputation de ses armes; & le repos, duquel nous iouyssons maintenant par son trauail: ζῶτα γὰ πολοτα πῇ ϛι-
φλίῳ ζούτω σμωδραπέπλεκται· car telles sont les pieces qui composent la couronne de la Felicité.

Lucian. in Gymn.

L'Inscription de cet Arc regarde la gloire & la Felicité du Roy, d'auoir
consacré par ses victoires le restablissement des flottes, & de la marine en
France; & de l'auoir deliurée des ennemis qui auoient dessein sur ses costes,
& sur le repos de ses subjects.   La voicy.

LVDOVICO NEPTVNO FRANCICO

QVOD COLLAPSAM MARITIMAM GENTIS FRANCORVM GLORIAM

AVCTORITATE RESTITVIT VICTORIIS CONSECRAVIT

HOSTES A REGNI FINIBVS PROHIBVIT,

FRANCIA EX VOTO.

ARC DE TRIOMPHE
DEDIE'
A LA PRVDENCE
DV ROY.

A la Fontaine de Sainct Seuerin,

RENCONTRE SEPTIESME.

E premier autheur des vaiffeaux, merite vne double
loüange : l'vne, pour auoir ouuert vn chemin aux
hommes, que la nature leur fembloit auoir fermé;
l'autre pour nous auoir donné dans la conduitte d'vn
vaiffeau l'Image d'vn tres-parfaict gouuernement.
C'eft pourquoy les anciens ont creu que Ianus qui
fonda la Royauté dans l'Occident, eftoit auffi l'inuenteur des vaiffeaux; pour eftre le gouuernement
d'vn Empire fort femblable à celuy des nauires. Car *Athen.l.15.*
fi les vaiffeaux font expofez à la tempefte, les Eftats ont leurs orages à fouftenir; les vns & les autres font toufiours agitez, les Eftats, des accidents humains; les nauires, de l'inconftance des vents: ils n'ont rien d'affeuré & de
certain, que l'incertitude mefme; & comme à toute rencontre, ils fe bri-
fent & s'efchoüent dans les grandes profperitez, auffi furgiffent ils heureufement & viennent au port defiré dans l'apprehenfion des naufrages & des
efcueils: Il ne faut iamais rien negliger en l'vn ny en l'autre, & le mefpris
de la moindre ouuerture qui fe face, eft toufiours fuiuy d'vn malheur affeuré: Qui n'eft bien entendu en la marine, s'eftonneroit de la grande multitude des parties, & des offices qui font dans vn vaiffeau; qui n'entend
auffi la practique & le fecret des Eftats, a fubiect de s'eftonner d'y voir

T ij

tant d'officiers, de loix, de reglemens; qui tous neantmoins sont necessaires à la conduicte d'vn Empire, & monstrent assez aux occasions qu'elle est leur vtilité. Les Magistrats des Milesiens tenoient tousiours leur conseil dans vn vaisseau, qu'ils faisoient monter en haute Mer, non pas tant pour la seurté de leur personnes, ou pour estre plus en repos, ce qui ne leur pouuoit manquer dans la ville : mais, comme il est à croire, pour prendre les reglemens de leur Estat sur ce qu'ils voyoient dans la marine, & luy donner les mesmes loix, qu'on practiquoit dans les vaisseaux, & pour ce suiect estoient nommez ἀφραῦται, Qui frequentent & gouuernent tousiours les nauires; afin de nous apprendre, que les Roys & les Princes sont des Pilotes perpetuels, & que le gouuernement d'vn Royaume ne se peut mieux representer, que par le maniement d'vn vaisseau. Bref si l'on osoit parler aussi franchement en cecy, que font les Poetes, & les Sophistes parmy les Grecs, on diroit, que le vaisseau, est vne Ville mouuante, & vn Estat qui vogue sur la mer au gré des vents; & qu'vn Estat ou vne Ville, est vn nauire sur terre, qui pretend par les routes d'vne sage conduicte, surgir au port de la felicité ciuile.

Plut. Problematicat.

Mais rien ne paroist entre eux de si semblable, que la Prudence du Chef, & l'obeissance des subiects : le Pilote est la meilleure voile du vaisseau; le Prince, est la plus importante partie de l'Empire : La Prudence regle l'vn & l'autre, & tient le gouuernail aussi bien des Estats que des Nauires, pendant que la subiection des passagers & des peuples obeït aux loix, & suit le mouuement des conducteurs; comme ceux qui sçauent que leur prosperité est attachée à la sagesse de leurs Chefs. Minerue, qui parmy les anciens est le symbole de la Prudence, preside également aux villes & aux vaisseaux : elle porte tantost le nom de Ναυκρατης, pour les nauires, & tantost celuy de Πολιας, ou de Πολιουχος pour les villes : La Prudence mesme, dans les Medailles Romaines à tousiours vn gouuernail à la main, pour nous apprendre par cette partie principale en la marine, quelle doit auoir aussi la conduitte des villes & des Empires pour les faire florir heureusement.

C'est d'où l'on auoit pris le dessein de cet arc de Triomphe dedié à la Prudence Royale, & pourquoy ses principaux ornemens estoient de diuers nauires, les plus fameux de l'antiquité; pour exprimer comme nostre Pilote François auoit gouuerné prudemment le grand vaisseau de cette Monarchie, domptant des orages si furieux, & surmontant vne Rochelle, qui estoit aux desseins des Roys ses Predecesseurs comme vn Cap de Malée, nommé pour ce suiect vulgairement, ainsi que dit le Pachymere, ξυλοφαγος, le gouffre & l'abysme des vaisseaux : ou bien ainsi qu'est vers le Sud, le cap de Sierre Lyonne tousiours chargé de foudres, d'esclairs grondans, & menaçans ceux qui passent au long de ses riuages.

Lib. 5.

Auguste voulant honorer la constellation soubs laquelle il estoit né, prit pour sa Deuise le Capricorne, portant vne boule qui representoit le monde, & vn timon pour en exprimer le gouuernement. Paris donne au Roy

vn

vn vaiſſeau entier, pour monſtrer que ſa Majeſté ayant acquis cét Eſtat par ſa naiſſance, (*Naſcendo Imperium meruiſti*, diſoit à Conſtantin le Grand le docte Eumenius,) le gouuerne, & le maintient par ſa prudence. Si cette vertu dans les familles particulieres, & dans la conduite d'vn chacun, eſt vn rayon de la diuinité, *Sua cuique prudentia Deus eſt*; elle ne ſera pas ſeulement vn aſtre, ou vne conſtellation toute ſimple dans vn Eſtat, mais vn Soleil en ſon midy; elle donne le mouuement & la vie à tant de mortels qui viuent ſoubs la protection d'vn grand Sceptre, qui ne ſe peuuent pas croire eſtre éloignez de l'aſſiſtance de la Diuinité, tandis qu'vn ſage Prince les gouuerne. Il y a touſiours quelque Deïté particuliere, qui aſſiſte les Princes, dans Homere, comme remarque Euſtathius, pour nous apprendre, qu'encore que chez les particuliers il n'y a point de vie vertueuſe ſans la Prudence, & qu'en toute ſorte d'affaires, elle eſt (comme l'on dict) la pouppe & la prouë, cette puiſſante Vertu neantmoins doit vne ſpeciale aſſiſtance aupres des Roys, ſans laquelle la nauigation politique ſeroit ſans chef & gouuernail, & en vn perpetuel hazard de bris.

La principale piece de cet Arc eſtoit vne grande peinture, repreſentant le plus fameux vaiſſeau qui fut iamais, tant en luy-meſme & en ſa ſtructure, comme en ſon Capitaine, & en ceux qu'il portoit. C'eſt le nauire Argo, mis au nombre des Aſtres par les Poëtes, pour en conſeruer la memoire auſſi longtemps que le Ciel & les Eſtoiles dureront, deſquelles ils luy ont baſty cette figure, bien plus durable que celle qu'on luy fit de l'abbatis des cheſnes Peliens. Iaſon y commandoit, pour conquerir la toiſon d'or; Il portoit les Argonautes, c'eſt à dire, les Preux & les Heros de l'Antiquité. Pindare les appelle ναυτᾶν ἄωτον, la fleur & l'elite des Nautonniers; Seneque ſemble auoir mis en deux vers ce qui ſe pouuoit dire à leur honneur:

Decus illud ingens, Græcia florem inclytum
Præſidia Achiua gentis, & prolem Deûm,

Si ce n'eſt qu'ils doiuent eſtre eſtimez autant de Dieux, comme le veut Manile, diſant que ce nauire auoit eſté porté au Ciel, & merité les honneurs diuins, pour auoir conſerué tant de Deïtez: *Seruando Dea facta Deos.*

Ce meſme nauire eſt la France, dont les peuples ſont les plus belliqueux qui viuent auiourd'huy ſoubs le Ciel: ſes Capitaines & ſes ſoldats ſont autant de Heros & d'Argonautes: Mais le Roy eſt ſon Iaſon, lequel par ſa valeur & par ſa prudence, comme par vne autre Minerue, conduit cette grande Monarchie au bon-heur de la paix, & à la toiſon fatale, qui eſt l'amour des peuples, & l'vnion de ſes ſubjects. Ce vaiſſeau iadis alloit à voiles & à rames; & ce fut, peut-eſtre, le premier, ſur qui l'on vid la legereté des auirons diſputer auec les voiles & la rapidité des vents, à qui porteroit ſa charge plus legerement; Auſſi à raiſon de ſa viſteſſe il eſt nommé Argo, par les Grecs: De meſme il n'y euſt iamais de Monarchie qui allaſt ſi viſte dans ſon eſta-

V

bliſſement, que la Françoiſe, comme s'eſtant veüe ſous les premiers de ſes Roys, auſſi parfaicte en forces, & en eſtendüe de domaine, qu'elle eſt main-tenant; & la promptitude qui ſe void en elle pour l'execution de ſes deſſeins, ſurpaſſe la viſteſſe des voiles, & ſe compare meſme à la legereté du foudre; à cauſe dequoy ſe peut dire de ſes armes, ce qu'on diſoit iadis des plus belli-queuſes nations d'entre les Grecs; προ τῶ βαδίου, ἔφθασαν, elles arriuent, & paroiſſent deſia dans l'execution de leurs entrepriſes, qu'on ne les croiroit pas encore eſtre parties, & s'eſtre miſes en chemin.

L'on adiouſte que dans Argo les auirons alloient à la cadence, chacun y gardoit la meſure que donnoit le luth d'Orphée pour ramer: ce qui a faict dire à vn Poëte,

Valer. Flacc. lib. 1. v. 471.

> *Nec verò Othryſius tranſtris impenditur Orpheus*
> *Aut pontum remo ſubigit, ſed carmine tonſas*
> *Ire docet, ſummo paſſim ne gurgite pugnent.*

Les autres Grecs ont depuis imité cette couſtume, tels qu'eſtoient ceux que Arrian nomme, κελεύςας, qui par quelque action de muſique donnoient le ton & le branſle aux rameurs; ou comme il parle, τὰς ἀρχὰς ῶ τὰς ἀναπαυλὰς, les commencemens & la fin: Les Romains auoient auſſi ceux qu'ils nom-moient *Hortatores*, & *Pauſarios*; qui donnoient courage à la chorme, & luy faiſoient ramener les auirons; encore que, peut-eſtre, cette muſi-que és autres vaiſſeaux, ne fuſt pas continüe, mais ſeulement au commence-ment & à la fin de la nauigation, ou bien de chaque iournée; là où dans le nauire d'Argo, tout le voyage, & le cours entier ne ſe fit qu'au ſon de la lyre, & les auirons ne moüillerent iamais qu'à la cadence que le luth d'Orphée leur donna. C'eſt pour exprimer la douceur & la facilité qui ſ'eſt veüe de tout temps en la conduicte de l'Eſtat François, le mieux policé d'vn coſté qui fut iamais, & de l'autre neantmoins, ſi doux & ſi temperé, que ſes reglemens ſemblent pluſtoſt eſtre des accords de muſique, que des loix ordonnées con-tre le deſordre. On dict que les premiers peuples qui habiterent l'Arcadie,

οἷς τὴν πολιτεί-αν τῆς μουσι-κῆς παρέλαβον. *Athen. l. 14. p. 626.*

eſtablirent leur police ſur l'harmonie, & ſur les proportions qui ſont en la mu-ſique; monſtrant que la douceur qui s'apporte à gouuerner les eſprits, & le temperament des loix dreſſées par la benignité & la bonté, tiennent les hom-mes dans vne ſubiection ſi durable, que tout ce qu'ils craignent, eſt d'en eſtre affranchis. Cette façon de commander eſt la plus noble, & qui conſerue plus

εἰ τοχθῶσα τῆς θεῖς ἁρμονία. *Athen. l. 10. p. 425.*

long-temps les Eſtats en leur grandeur; Les Dieux, au dire des Philoſophes, la gardent pour leur perſonne meſme, & pour l'adminiſtration generale du Monde: Car l'Harmonie eſt celle, comme ils diſent, qui les ſert à table, &

Baſil. homil. 4. Hexam. συνζεῖ, συμφω-νεῖ ἀλληλουχία. *Dionyſ. c. 4. Diuin. Nom.*

leur verſe la diuine boiſſon dont ils tirent l'immortalité; & chaque Ciel a pour ſa conduicte vne Sirene, ſelon l'aduis de Platon: les elemens auſſi ſont temperez par accords; leur nom le porte, & le rapport qu'ils ont enſemble, ne s'explique pas autrement par le grand Areopagite, que par termes de con-ſonance, & de muſique; pour nous apprendre que les Empires qui ſont ad-

miniſtrez par la douceur, & dans leſquels chaque choſe prend ſon reglement
de la clemence & de la debonnaireté, ne ſont rien moins que celeſtes, diuins & eternels. Que ſi quelque Eſtat ſe peut vanter d'auoir ce temperament d'amour, & ces accords de douceur en ſes loix & en ſes ordonnances,
qui doutera que ce ne ſoit celuy de la France, laquelle pour ſon Charondas &
ſon Lycurgue n'a iamais eü que la bonté? C'eſt pourquoy nous emprunte-
rons de noſtre Orphée François ce que ce Poëte Latin auoit dict de l'Orphée
fabuleux: En quoy s'il donne du ſentiment & de la raiſon au nauire, il n'a rien
faict que ce que la licence des fables luy permettoit, & a pour garant de ſon
dire toute l'Antiquité, qui nous aſſeure, que le nauire d'Argo eſtoit doüé de
ſens, de prudence, & de diſcours; de la meſme façon que Syneſius dict des
vaiſſeaux des Phœaciens, διάνοια κεχϱῆαϑαι, qu'ils auoient vie & raiſon: *Syneſ. ep.* 41.
Mais il parle ainſi:

Ce noble Chantre auoit par-ſur tous priuilege
Ne tirer l'auiron : ſeulement de ſon ſiege
Au plus haut de la proüe auecques ſes chanſons
Donnoit courage aux Preux animez de ſes ſons :
Maintenant par ſes vers r'appellant en memoire
De leurs nobles ayeux les geſtes & la gloire
Maintenant ſe tournant vers Argo , la haſtoit
D'vn ſon perſuaſif que le bois eſcoutoit.

Ronſard
Hymne de
Calays & de
Zetes.

Mais ce qu'on priſe d'auantage en ce Nauire eſt la loüange que luy donne Philon: de n'auoir iamais porté aucun eſclaue: ἄγαμαι καὶ τῶν Ἀϱγοναυ- *Lib. Quod*
τῶν, dit-il, οἳ ſύμπαντα ἀπέφηναν ἐλεύϑεϱον τὸ πλήϱωμα, μηδένα μήτε τῆς ἰδίας ἀϱαſ- *omnis probus*
κείας ὑπηϱεσίας πϱοσείϱϑοι δοῦλον. C'eſt ce que i'admire le plus dans les Ar- *liber.*
gonantes, qu'ils eſtoient tous de condition libré; il n'y auoit point d'eſclaue parmy eux, non pas meſme à la chorme & au ſeruice du vaiſſeau. Car
qui ne verra en cecy la naiſue Image de la France, laquelle de ſon ſeul nom,
affranchit ſes ſubiects auſſi toſt qu'ils naiſſent, mais beaucoup d'auantage
par la franchiſe de ſes mœurs, ne ſçachant rien que c'eſt de la ſeruitude, &
de l'eſclauage, qui ſe voit és Eſtats des Princes ſes voiſins? Meſmement les
Ambaſſadeurs des nations barbares entrans dans ce Royaume, perdent le
droict qu'ils ont ſur leurs eſclaues, s'ils n'obtiennent breüet de nos Roys, pour
les y conſeruer; faute dequoy ces eſclaues deuiennent libres, marchans ſur la
terre Françoiſe: Et ſi quelque naufrage les iette ſur nos coſtes, auſſi toſt qu'ils
ont touché terre franche, ils ſont cenſez auoir acquis la liberté : Tant la
France eſt libre, & fauorablement exprimée par ce vaiſſeau.

Le Roy eſt le Iaſon. Ce Prince Grec fuſt touſiours aſſiſté de ſa Minerue, qui le retira des dangers, qu'on a long-temps eſtimez fabuleux, & luy
mit en main ceſte toiſon tant deſirée, ſoit qu'elle fuſt d'or, ou ſeulement

teinté naturellement en pourpre, & pour ce, valant son pesant d'or, ou par ce qu'on descouure les mines auec vne toison, soit que plustost ce fust vn vaze d'vn prix inestimable enrichy de la figure d'vn mouton : Aussi nostre Iason François prenant tousiours l'ordre de sa Prudence, la consultant en toute chose comme vn oracle domestique, a donné aux peuples qu'il regit, la Paix, l'Abondance, & la Concorde, dont le vaze, les mines, & le mouton sont Hieroglifes.

Et ce n'est pas sans raison, qu'encore que la Pouppe soit la plus hono-norable place du vaisseau, & que mesme les Grecs appellent cét endroict Θρόνος, le Throsne, comme estant le lieu d'où viennent les commande-mens aux autres parties, & où se sied celuy qui gouuerne : Neantmoins on ayt mis sa Majesté à la Prouë, & tourné le vaisseau, comme s'il venoit à bord : Car les Astronomes sçauent assez, que l'astre qui porte son nom dans le Ciel, πρύμνοθεν ἑλκέται, comme dit Aratus, a la Prouë la premiere, ainsi qu'ont les vaisseaux qui sont au port : par ce que ayant faict l'heureux cours de sa nauigation, il descharge maintenant ses richesses entre les mains des hom-mes, & consigne ses Argonautes entre les bras de l'Immortalité : Consideré que la derniere Victoire, que nostre Iason vient de r'emporter sur les Rebel-les, semble auoir mis le vaisseau de la France au port de seureté & de repos.

Cette Prudence Royale a paru principalement, dans ces derniers troubles, au dessein mesme de la guerre, & en la resolution d'vn siege dont chacun destournoit sa Majesté. Qui est celuy des particuliers qui n'ait craint le succez de cette entreprise ? qui n'a eu peur, que celle qui auoit resisté à tant de Roys, & qu'on voyoit assistée d'vn grand secours, ne fust encore cette fois victo-rieuse, & par sa rebellion n'ouurist vn passage à l'Estranger dans cét Estat? Mais ces craintes estoient pour les Esprits du commun : la Prudence esclai-roit nostre Prince d'vne si puissante lumiere, qu'il ne trouuoit point de difficulté à l'entreprendre. Elle luy monstroit que ses Rebelles ont quelques-fois vn peu de feu, mais qu'il n'est pas de longue durée : que le Seigneur des armées distribue les victoires comme il luy plaist, & est tousiours pour la Iu-stice : que souuent le suject de la guerre est si iuste, qu'il combat dauantage que ne font plusieurs regiments; comme on disoit à Constantin sur vne pa-reille entreprise : *In tam dispari contentione, non poterat melior causa non su-perare; & innumerabiles licet hostis copias pro se obijceret, pro te tamen Iusti-tia pugnabat :* Bref que la Iustice, & Dieu pour lequel il combattoit, ne per-dent iamais. Car il ne faut pas seulement estimer ce conseil prudent & sage, par l'issuë : il le faut prendre dans sa source, & dans la premiere veüe qu'en eust sa Majesté, au trauers des espaisses tenebres des difficultez qui s'esleuoient de toutes parts ; & ce, à la faueur de la Prudence, par laquelle Dieu conduit les Princes, comme le Ciel faict les corps sublunaires par le moyen de la lu-miere. Mais combien est considerable l'effect de cette Vertu, laquelle a porté le Roy à choisir vn Personnage digne d'estre son appuy, & capable d'executer cette entreprise? Quel esprit, quel courage pareil à celuy qu'on ne

peut

Baif. de re nauali.

Theon. ad Arati Phæ-nom.

Intert. Cost. Aug.

peut loüer autant comme il merite ? Quel entendement égal à ce deſſein, &
à la grandeur de cet Empire ? *Ingenium Imperio noſtro par, & fortunâ ſuâ*
dignum: Quel autre perſonnage d'aſſez puiſſant eſprit euſt-il peû trier entre tant
de milliers de ſes ſujeéts, pour conceuoir les moyens de paruenir à vne ſi haute
victoire, que celuy, dans lequel il a cognieu les perfections que le naturel &
l'acquis y ont logé pour le bon-heur de ſon Eſtat ?

Ce meſme choix s'eſt auſſi faict voir dans les trouppes, tant celles qu'il enuoya dans l'Iſle, que celles qu'il mit depuis ſur les vaiſſeaux. Car encore que
les merites de cette Nobleſſe ſoient grands, ce luy eſt toutesfois vn grand
heur d'eſtre au ſeruice d'vn Prince, qui ſçait recognoiſtre les ſiens. On pourroit icy dire, ce que loüoit vn Orateur en vn Monarque de ſon temps: *In-* Pacat.
certum meliores viros ſapientia tua, an fortuna quæſiuerit, cùm tales vel ac- Theodoſ. A.
ceptos habeas, vel repertos. Il eſt malaiſé de decider laquelle des deux a plus
fauoriſé ſes armes; ou ſa Fortune, à luy donner de tels ſubjects; ou ſa Prudence, à les ſçauoir cognoiſtre & employer. A cecy meſme ſe pourroient
rapporter les batteries que ſa Majeſté fit dreſſer ſi à propos à Chef de Baye, &
autres endroicts: les ordres donnez ſi promptement pour la protection de ſon
Camp, & l'endommagement des ennemis; l'ordonnance des forts & des redoutes, qu'il daigna deſſeigner en partie de ſa main: bref les autres grandes
marques de ſa Prudence. Et s'il faut dire ce mot en paſſant, ce n'eſt point merueille ſi ce Prince, dans l'Orient de ſon aage, eſt ſi parfaict en cette vertu. La
France en a les gages en ſa perſonne, tels que iadis l'Empire les eut en celle de
Trajan, duquel Pline loüe tant les cheueux meſlez deuant le temps, *Feſtinata*
ſeneétutis inſignia; comme ſi dans la verdeur de ſa ieuneſſe Royale il auoit deſia
la maturité des teſtes blanches. Partant ne luy voulant pas eſtre ingrate, elle de-
fere à ſa Prudence les remerciemens de ſes proſperitez, la recognoiſſant pour
le Genie Tutelaire, & pour l'Eſprit Agent de cet Eſtat; & Paris luy conſacre
cette riche peinture, ſe ſentant luy eſtre autant obligée en ſa conduitte, que
les Argonautes à la Deeſſe qui aſſiſta leur conducteur.

Telle eſtoit cette peinture, qui pour eſtre proche d'vne fontaine, & en
ſuite de la comparaiſon des vaiſſeaux auec les Eſtats, fut enrichie de feſtons
tiſſus d'auirons, de ioncs, d'ancres, & de Dauphins entre-laſſez: Auſſi la corniche de l'Arc, la frize, & l'architraue eſtoient reueſtus d'ornemens qui ſe
mettent deſſus les vaiſſeaux; les moulures, les cirages, les maſques, & autres
telles gayetez de peinture reſſentoient auſſi la marine, pour mieux aſſortir le
deſſein: les quatre pilaſtres pareillement, qui ſouſtenoient l'architraue,
eſtoient quatre Termes marins, aboutiſſans en longues doubles queües de
poiſſon. Entre ces Pilaſtres l'on auoit mis quatre autres peintures, dans leſquelles, ſuiuant l'air du grand tableau, on voyoit quatre nauires, les plus celebres en l'Hiſtoire, pour exprimer encore dauantage le bien de la Prudence au
gouuernement des Royaumes, ſous le hieroglife d'vn vaiſſeau.

Le deſſein du premier eſtoit pris de ce que rapporte Diodore Sicilien du Bibliot. li. 17.
Temple de Iupiter Hammon, l'vn des ſept miracles du monde; & ſi ce que

X

les Hiſtoriens d'Alexandre en eſcriüent, eſt veritable, il merite d'eſtre tenu le premier. Quand les Sacrificateurs y deſiroient auoir les Oracles ſur les difficultez qu'on propoſoit, ils ſe ſeruoient d'vn nauire d'or, qu'ils portoient par le paruis du Temple, y ayant auparauant mis l'image de Iupiter, faicte d'eſmeraudes, & d'autres pierres precieuſes; laquelle eſtant ainſi portée & agitée, comme leurs ceremonies les enſeignoient de faire, rendoit les oracles qu'on demandoit. C'eſt ce qui ſe voyoit dans la peinture, pour exprimer que les ordres & les commandemens neceſſaires au bon gouuernement de cet Eſtat, ſe doiuent prendre du Roy: Et ce Iupiter Hammon, lequel eſtant en action, ordonnoit ce qui eſtoit à faire, eſt l'image de ſa Majeſté, laquelle ſe faict voir auſſi-toſt elle-meſme dans l'execution de ſes mandemens, qu'elle les a declarez. Les pilotes ne ſe tiennent iamais ſi attachez à commander aux autres, qu'eux-meſmes bien ſouuent ne mettent la main au trauail. Les Princes, auſquels à raiſon de leur prudence il appartient de gouuerner, doiuent auſſi ſe meſler auec les ſoldats: leur ſageſſe doit eſtre actiue & laborieuſe, monſtrant par leur exemple, que ce qu'elle ordonne, eſt bien-ſeant & poſſible: Et eſtans Capitaines de qualité, de faction neantmoins ils doiuent eſtre

Baz 4.

de la meſlée, pour eſtre accomplis. Ainſi ce Iupiter agiſſoit, & commandoit en trauaillant: Et Dieu meſme (remarque vn Autheur moderne) ne nous a iamais donné aucun precepte, qu'il ne l'ait conſacré, & facilité autant qu'il s'eſt peû faire, par ſon exemple. Le mot de la peinture eſtoit: TVTIS ORACVLA FRANCIS; pour dire que les Oracles de la Prudence Royale eſtant accompagnez de cet exemple, nous donnent vn parfaict preſage, & vne aſſeurance de bon-heur.

Pierius.
Symbola
Ægypt.

Le deſſein du ſecond quadre, qui eſtoit pareillement du coſté droict, touchoit vne inuention des Egyptiens, qui pour repreſenter l'Vniuers, & ſa conduicte, mettoient vn nauire deſſus l'eau; & dedans, vn ieune homme, ayant la teſte ceinte de rayons, qu'on entendoit aſſez eſtre le Soleil. Cet aſtre eſt celuy qui regit les autres creatures; c'eſt le grand reſſort de la Prouidence diuine, il eſt l'image de Dieu, la plus accomplie qui ſoit entre les choſes inanimées, au dire de Sainct Gregoire de Nazianze, quand il loüe cette ſentence

Orat. 34.

de Platon, τῶτο ἐν αἰαθητοῖς ἥλιος ὅπερ ἐν νοητοῖς Θεός: Que le Soleil eſt entre les choſes ſenſibles, ce que Dieu eſt entre les intellectuelles. Euſebe rapporte de Porphyre, qu'on mettoit vn crocodille ſoubs le vaiſſeau: ἥλιον σημείνουσι

Lib. 3. Præpar. Euang.

δι' ἀνθρώπου ἐπιβεβηκότος πλοίου ἐπὶ κροκοδείλου χειμῶου, pour exprimer emblematiquement l'eau, dans laquelle cet animal eſt preſque touſiours. Mais l'vne & l'autre peinture a meſme ſens, & enſeigne que le monde eſt repreſenté par vn vaiſſeau; & le gouuernement des Princes, & de Dieu meſme, par l'action qu'a le Soleil ſur les autres creatures. Tellement que comme le Soleil eſt au monde le Genie de la Nature, celuy qui donne l'eſtre aux animaux, qui s'attempere & s'accommode aux ſujects ſur leſquels il agit, qui ſans receuoir aucune vtilité de ſon trauail, opere neantmoins, court ſans ceſſe, & ne prend iamais de repos: De meſme eſt le Monarque en ſon Eſtat, toufiours veillant, & empreffé fur les vtilitez de fon peuple, & n'en receuant autre profict que le contentement d'auoir bien faict.

Mais ce qui touche plus en particulier la Prudence, eft que le Soleil void tout, a plufieurs yeux, comme les mefmes Egyptiens le peignoient; Eufebe le nomme, πολυόφθαλμον: ou pour mieux dire, n'en a qu'vn, mais qui fuffit à voir toute chofe; d'où vient qu'Apollon eft parmy les Payens, le Dieu qui prefide aux Oracles, & qui cognoift autant le futur & le paffé, que le prefent: Quelle cognoiffance auffi doit auoir vn Prince, quelle prudence luy eft neceffaire pour defcouurir les volontez des eftrangers, les fouhaits des fiens, comprendre le futur par le paffé, fe démefler du prefent, & porter dans les plus embroüillées affaires autant de lumiere, que faict le Soleil dans les plus efpaiffes tenebres? Telle eft celle de noftre Aftre François, que nous auons veu és guerres paffées auoir fi fouuent penetré les deffeins des ennemis, prefenty leurs mouuemens, recogneu leurs practiques cachées; & autant qu'il eft peu poffible de fuyr la lumiere du Soleil, autant doiuent les fcelerats defefperer à iamais de pouuoir euiter la force & le traict aceré des yeux de fa Prudence. Neantmoins cette Vertu fi penetrante eft en luy auec tant de temperament & de douceur, que nous y deuons recognoiftre ce qu'ont remarqué iadis les Philofophes dans le Soleil, lequel compaffe toufiours fon action auec tant d'efgard & de mefure, qu'ils l'ont eftimé faire au monde comme vne mufique perpetuelle; & entre les Planetes, ont nommé celuy du milieu, μεσιτικώτατον, le plus mufical de tous, comme s'accordant auec les autres en toutes les proportions qui font en la mufique, & s'attemperant aux corps inferieurs auec toutes les tendreffes qui fe peuuent fouhaiter en vn grand Prince pour fes fubjects: Voire mefme Codinus rendant la raifon pourquoy les Anciens donnoient l'vfage du luth & de la lyre à Apollon, n'en trouue point de meilleure, que parce que le Soleil qu'ils entendoient foubs ce mefme nom, eft l'harmonie & le temperament de l'vniuers. Le mot de la peinture eftoit, SIC REGIT; Il commande & gouuerne en la France, comme le Soleil faict au monde.

L'autre cofté auoit fes deux autres peintures, prifes des Troyens & des Romains. Dans la premiere eftoit le vaiffeau d'Enée, qui portoit ce qu'on nomme le *Palladium*, & la deftinée de l'Empire Romain. Le nom feul de la Deeffe declare affez que l'on entend par la figure de Pallas, la fageffe & la prudence, à laquelle les peuples confignent l'efperance qu'ils ont de leur felicité; & à ce fujet l'Efcriteau difoit, REGNI TVTELA, La tutele & la protection du Royaume. Dion Chryfoftome reprend Euripide, qui fouftient le party des mariniers, & les defend comme n'abandonnant pas leurs perfonnes & leurs biens à vn bois efpais de quatre doigts, ny à de fi foibles efperances qu'on dit, mais à la fortune: βεβαίῳ & μεγάλῳ πράγματι, τῇ τύχῃ, Qui eft vne chofe (à l'entendre parler) tres-folide, & tres-affeurée. Mais fon inconftance eft trop cognuë pour la pouuoir déguifer, & pour perfuader iamais aux hommes fages de fe repofer de leurs vies fur vne fi grande legereté

C'eſt ſur la Prudence Royale que le vaiſſeau de cet Empire met ſon eſpoir, comme eſtant bien aſſeuré qu'auec ſa conduicte il eſt à couuert des orages, & ne peut encourir aucun mal-heur.

Pour le nauire des Romains, c'eſtoit celuy-là meſme qui apporta de l'Aſie à Rome la ſtatuë de Cibele, mere des Dieux ; la couronne de tourelles, & le pin contre lequel la Deeſſe eſt adoſſée, la monſtrent aſſez. Or les Romains eſtans trauaillez de toutes parts, & reüſſiſſant aſſez mal en leurs affaires, pendant les rauages d'Hannibal, les ſurpriſes de Philippe de Macedoine, & les inuaſions ouuertes d'Antiochus Roy d'Aſie, furent conſeillez par l'Oracle, d'amener en Italie cette ſtatuë, & de l'honorer : Ce qu'ayant faict, leurs armes prirent tout autre cours, & eurent bien la force de porter leurs Aigles iuſques dans l'Afrique & dans Carthage, & par delà le mont Taurus. Mais pour parler de la France, qui eſt celuy qui n'a veu pendant le ſiecle paſſé, les conuulſions de cette grande Monarchie, tandis qu'vn party, comme vn ennemy dome-ſtique, s'eſt formé dans ſes entrailles, a verſé de part & d'autre des deluges de ſang, & a faict dans la France vn degaſt d'hommes & de richeſſes, qui euſſent ſuffy pour reconqueſter l'vniuers ? Mais n'ouurons pas dauantage nos playes, & comme parle la ſçauante Princeſſe Anne Comnene, diſcourant des trou-bles de la Grece, eſpargnons nos larmes, que nous deurions répandre en ce diſcours pour deux ſujects, à ſçauoir, pour auoir veu tant de mal-heurs, &

Lib. 1. Alexia-dos. pour ne les pouuoir expliquer ſans vne nouuelle douleur : Διπλᾶ κερδαίνοντες δάκρυα, οἷς ὁπὶ συμφορᾷ συμφορᾶς μεμνημένοι : paſſons le reſte ſoubs ſilen-ce. On a paré cependant comme on a peu, & quelquesfois on a mieux aymé couurir par patience, que repeter par iuſtice les iniures qu'on en rece-uoit, de peur qu'en vne dangereuſe maladie les remedes n'emportaſſent le malade, & qu'il n'euſt pas aſſez de force pour ſupporter ce qui euſt eſté ne-ceſſaire pour paruenir à ſa guariſon. Mais en fin la Prudence Royale a paru dans les plus grands acceſſoires de nos maux, laquelle maniant dextrement les reſſorts neceſſaires pour faire reüſſir vn ſi grand effect par la victoire ſur les rebelles, a calmé tous les orages, eſſuyé nos larmes, & remis les fleurs & l'a-mour des lys, où ils n'auoient eſté que par ſouffrance depuis cent ans. C'eſt à cette ſtatuë tombée du Ciel, διπετές, que nous comparons la conduicte & l'admirable deſſein de cette ſublime Vertu, & qu'à bon droict nous ſurnom-mons, comme il ſe lit dans la bande de cette meſme peinture, FATALE PRAESIDIVM, Le ſecours fatal, & attendu ſi long-temps, de cet Em-pire.

Tel eſtoit le ſens de ces quatre derniers tableaux, pour monſtrer dauanta-ge ce que la France auoit receu de la Prudence Royale, à laquelle cet Arc eſtoit voüé, en l'extinction des guerres, protection des ſiens, clair-voyance à iuger des accidens, meſlée touſiours auec vne indicible ſuauité, & finalement en l'exemple qu'elle donne elle-meſme en l'execution de ſes mandemens.

On ſe porta plus volontiers à la peinture des nauires, d'autant qu'outre le general de la France & de l'Eſtat, qu'on a monſtré ſuffiſamment ſe pouuoir

exprimer

exprimer par ces figures, ils regardoient aussi le particulier de la Ville, non pas tant, peut-estre, à cause de ses armes, comme des signalez effects que la Prudence Royale y faict reluire encore plus, qu'en aucun endroict de cet Empire. Car c'est dans Paris, où le Roy vient surgir auiourd'huy auec la victoire qu'il a remportée, comme vne toison pretieuse, des mains de ses ennemis; c'est dans Paris mesme, où il faict plus absolument cognoistre les oracles de ses volontez; c'est dans cette grande Ville, l'abbregé de la France, comme Sainct Chrysostome appelle Rome, ἐπιτομὴν τῆς οἰκουμένης, l'abbregé de l'vniuers, qu'il void tout son Royaume sans sortir, & descouure les secrettes pensées de ses voisins: c'est là mesme, où faisant son seiour ordinaire, il establit la Tutele de l'Empire, & le fatal bon-heur des François. Elle porte vn vaisseau dans ses armes, pource que iadis elle ne consistoit qu'en l'Isle, que la Seine faict; d'où Strabon, parlant de ses habitans, dit: παρέσιοι νῆσον ἔχοντες ἐν *Lib. 4.* τῷ ποταμῷ ᾧ πόλιν Λευκοτοκίαν: ou parce que ses mesmes couroient toute la riuiere auec leurs vaisseaux; ou bien à cause que celuy qui commandoit cette coste de mer, où la Seine se dégorge, *Præfectus oræ Sequanicæ*, logeoit à Paris, comme en vn lieu tres-commode pour l'exercice de sa charge. Le chef des mesmes armes est chargé de fleurs de lys: car elle n'a point d'autre Astre de sa nauigation, que l'amour & l'obeyssance enuers ses Roys. Elle prend plaisir à voir le cours & le progres de sa grandeur, & à iouyr de la sage conduicte d'vn Pilote tant expert, quand elle considere le débris & le desastre de la Rochelle, qui a pareillement vn vaisseau dans ses armes, mais depuis n'agueres eschoüé, & brisé contre la digue, comme contre l'escueil où sa rebellion l'a iettée. Ce qui a donné suiect à la ville de Paris de prendre pour la deuise des iettons de cette mesme année, la comparaison de deux vaisseaux, qui est dans Virgile, dont l'vn vogue heureusement à la faueur des vents, & du Pilote qui la gouuerne; l'autre se romp contre les bancs & les escueils; pour faire allusion à la digue, qui a brisé l'audace de ce vaisseau rebelle, & puny son insupportable temerité. Partant dans l'vn des reuers l'on auoit mis le nauire de Paris, cinglant heureusement; & dans l'autre, celuy de la Rochelle tout froissé: car elle apparoissoit encore par vn reste du port & de la chaisne, qui se voyoit en l'éloignement: & tout au tour pour ame ce demy vers du mesme Poëte, SAXIS IN PROCVRRENTIBVS HAESIT, tiré de la description qu'il faict du desastre aduenu au vaisseau de Sergestus.

Infelix, saxis in procurrentibus hæsit,   Æneid. 5
Concussa cautes, & acuto in murice remi   versu 294.
Obnixi crepuêre, illisáque prora pependit.

En François:

Le mal-heureux qu'il est, poursuiuant sa conqueste,
Va heurter vn Rocher, dont la fatale teste

Y

Egalant en hauteur la surface de l'eau,
Au milieu de la course arreste son vaisseau.
La quantité des bancs ferme tout le passage,
La pointe des brizants auance le naufrage :
Le Roc au lieu des flots battu des auirons
Faict vn bruit que l'Echo redouble aux enuirons :
La Proüe par les flancs horriblement percée
Ne paroist qu'a demy sur l'escueil balancée.

Aussi la ville de Paris, soubs l'heureuse conduitte des Lys, qui sont ses astres & ses guides, & par la singuliere obeyssance & subjection qu'elle rend à toutes les volontez de son Prince, croist de iour en autre en biens & en richesses, vogue à tous vents & à toutes voiles, au port de la Felicité.

>   *Successúque acrior ipso*
> *Agmine remorum celeri, ventisque vocatis*
> *Prona petit maria, & pelago decurrit aperto.*

En François :

Ayant prié les vents d'assister son courage
Coniure ses Nochers de ne point s'épargner :
La Nef comme sensible au desir de gaigner
Sur l'escume des flots qu'en volant elle entame
D'vn pront eslancement obeyt à la rame.

C'est ce qui l'oblige à tousiours esperer nouuelles faueurs du Ciel, & à se monstrer, comme elle est, la premiere ville de la Monarchie Françoise, non seulement en grandeur & en biens, mais aussi en concorde des habitans, & en obeyssance à sa Majesté. Dion comparant le vaisseau auec vn Estat, requiert ces deux principales parties en ceux qui voyagent, d'obeyr au Chef, & viure ensemble en concorde, μιὰ αὐτή ἐςτι σωτηεία, ὁ πυὶναύζας ὁμονοἰν, ἢ τῷ κυβερνήτη πείθεοθαι : Les habitans d'vne ville, aussi bien que ceux qui voyagent dans vn vaisseau, doiuent croire qu'il n'y a point de salut pour eux, qu'en s'aymant, & en obeyssant à leur Pilote : Nous recognoissons ces deux conditions estre si parfaictement dans Paris, que celle qui est vn monde en sa grandeur, ne semble estre qu'vne famille en concorde ; & celle qui surpasse les autres villes en richesses, ne s'estime point heureuse, que quand elle obeyt à son Roy.

Orat. 38. ad Nicomed.

L'inscription de tout l'Arc estoit celle qui suit.

LVDOVICO REGI CHRISTIANISSIMO
FVNDATORI QVIETIS PVBLICÆ, PRVDENTIÆ ÆQVITATISQ. RECTORI
HVMANI GENERIS AMORI POPVLI SVI DESIDERIO
CVIVS INVICTA VIRTVS SOLA CLEMENTIA SVPERATA EST
RVPEL. RECVP. LVTET. PARIS. CIVIT.

FAÇADE

DEDIE'E ·
A LA MAIESTE·

Pour le Chaftellet, du cofté de la ruë Sainct Iacques,

RENCONTRE HVICTIESME.

POVR entendre le deffein de cette Façade, éleuée fur le cofté du Chaftellet, qui regarde la ruë Sainct Iacques, il faut apprendre d'Ouide la naiffance de la Majefté, à laquelle elle eft confacrée ; car c'eft fur fon Inuention qu'elle eft prife, & faut que nous emprunrions du mefme Poëte l'éclairciffement d'vne piece affez curieufe, encore qu'elle a peû fembler eftre commune, & faicte à plaifir. Ayant donc affemblé le Confeil des Mufes fur vne difficulté qu'il traictoit, il feint que Polyhymnie tient ce difcours à fes compagnes.

Le commencement du Monde ne fut autre chofe qu'vn chaos, c'eft à dire, vne confufion & vn mélange de tout ce qui eftoit creé ; fans ordre & reglement, fans mefure, & fans aucune forte de proportion. Car encore que les Trois Corps principaux, le Ciel, l'Air, & la Terre euffent efté departis en leurs demeures ; & que chaque efpece fe fuft retirée, & amaffée enfemble ;

encore que les corps pefants fuffent demeurez au milieu, comme au centre & au lieu le plus bas du globe creé, les legers fuffent montez en la region fuperieure; encore que les Eftoiles & le Soleil fe fuffent faifis du domaine qui leur appartenoit, éleuez par la legereté de leur nature, au lieu le plus éloigné du centre, & partant le plus haut & le plus eminent dans l'Vniuers. Neantmoins ce peu de bonne intelligence n'eftoit qu'à difcretion, & l'on vid auffi-toft que la Terre fe vouloit quelquefois mefler auec le Ciel, & que dedans le Ciel mefme, les Eftoiles n'eftoient pas volontairement fubjectes au Soleil, mais querelloient à toute heure de leurs droicts; & quand il falloit qu'on fift le iour, chacun s'en vouloit mefler à fa fantafie, auec vn grand déreglement de tout le monde. Le defordre alla peu à peu fi auant, que les Dieux n'eftoient plus affeurez de leurs places, ny de leurs rangs; d'où fouuent il arriuoit que quelque Deïté nouuellement receiie au Ciel, alloit prendre la place des premieres, & des plus grandes; ce qui caufoit de la confufion & beaucoup de paroles, auec vne alteration euidente de leur felicité. Pour y remedier, il efcheut heureufement que du mariage facré de l'Honneur & de la Reuerence nafquit vne fille, mais accomplie dés fa premiere naiffance, & qui parut auffi-toft grande & parfaicte qu'elle fut née, laquelle prit le nom de Majefté; Elle fe fit incontinent voir fur vn grand Trofne, au milieu des Dieux, & fit feoir à fes coftez la Pudeur, & la Crainte, pour tenir toute chofe en debuoir par leur moyen. Les Dieux, à la premiere veüe de cette nouuelle Diuinité, fe rangerent auffi-toft chacun en fa place, fans pretendre depuis ce temps chofe aucune qui ne leur fuft deüe : Et par tout l'vniuers les efprits commencerent à fe remplir de ie ne fçay quel fentiment de la diftinction des merites, & des grades de l'honneur qui fe deuoit deferer aux vns, ou aux autres; & à reffentir dauantage la vertu de ceux qui les furpaffoient, que non pas à s'entretenir en vne vaine complaifance d'eux-mefme. Elle mit auffi les Aftres & les Elements en ordre, & par les rayons de fa clarté en imprima des loix fi profondes dans les plus infenfibles creatures, qu'on perdit generalement la crainte des defordres. Ce reglement fi heureux dura long-temps, iufques à ce que Saturne eftant chaffé de fon Empire, & apres tout plein d'alteration du premier fiecle, qui auoit coulé auec tant d'ordre & de douceur, la Terre (par mal-heur) enfanta les Geants; Car lors on s'apperceut que ces monftres temeraires traictoient de fe foufleuer, & d'arracher la Majefté du Trofne, où elle auoit commandé depuis tant d'années. En cette race coniurée contre tout bien fe trouuerent des puiffances de cent bras & de cent mains, lefquelles comme ils eftoient demy-hommes & demy-ferpens, fe voulurent auffi feruir des forces de la terre & de la mer : & tafchant de faire reüffir leur mal-heureux deffein, employerent des montagnes & des rochers, qu'ils amoncelerent les vns fur les autres, & donnerent vne alarme furieufe au repos des Dieux; qui toutefois, auec vn orage de foudre que Iupiter & les autres lancerent fur eux, les écrazerent dans les ruines de leur reuolte. Ainfi la Majefté fut defenduë contre leurs affauls, & depuis cette rencontre, elle iouyt d'vn grand

repos,

repos, & de l'auantage qui luy est deu, estant assise aux costez de Iupiter; & de là, gouuerne le Ciel par les Dieux, & la Terre par les Roys, qui portent son nom sur le front, & l'éclat de son pouuoir, dans leurs yeux.

Telle est la fiction du Poëte, autant qu'elle se doit rapporter à nostre peinture, qui faisoit la plus grande partie de cette façade: dans laquelle on voyoit d'vn costé les mesmes Geants qui vouloient attaquer la Majesté, auec de nouueaux desseins, bastis sur plusieurs hauts rochers: mais les Dieux qui paroissoient dans les nuës, voulant rompre leurs furieuses entreprises, rouloient sur leurs testes, non plus des foudres, mais vne grande machine de maçonnerie, pour les écrazer; & Iupiter estoit si asseuré qu'elle romproit leurs pernicieux conseils, & dompteroit ses ennemis, qu'il ne daignoit pas se seruir de son foudre; que l'Aigle sur lequel il estoit monté, tenoit dans l'vne de ses serres: Mais auec la seule menace de son sceptre les assujettissoit à la Majesté qu'ils auoient lezée. C'estoit pour exprimer comme les Rebelles s'estans sousleuez contre la Majesté Royale, ainsi que de nouueaux Titans, ils auoient receu le iuste chastiment de leur temerité, par le moyen de la digue, & que le Roy par sa valeur, espargnant les autres voyes auec lesquelles il pouuoit punir plus seuerement leur insolence, les auoit domptez & subjuguez par cette seule piece de batterie, qui valoit tous les tonnerres & tous les foudres qu'on eust peû lancer contre ces testes criminelles. Aussi dans la peinture, Iupiter auoit le visage du Roy, pour affecter cette peinture à nostre dessein, & afin de donner à entendre que les autres Dieux estoient mis pour representer les Ministres de l'Estat, & les principaux Chefs de l'armée, qui auoient tenu la main à la construction de cette digue prodigieuse, & par elle rompu l'audace & les efforts de la Rochelle, quoy qu'estimée cy-deuant imprenable.

Mais parce que les termes d'Ouide sont si fauorables pour le dessein de cette peinture, qu'il n'est pas possible de mieux rencontrer, quelqu'vn sera bien aise de les voir au moins traduicts en nostre langue, auec quelque nouuelle augmentation de sentences, pour donner plus d'air & de iour à la fiction, & pour recompenser la longueur de cette citation.

Ouid. lib. 5. Faſtor. init.

   Apres qu'on eut rompû cette premiere masse,
   Où sans distinction de forme ny de face
   Les corps des Elemens l'vn dans l'autre perdus
   N'estoient qu'vn vain amas d'Atomes confondus:
   La Nature des-lors encore toute nüe
   Sortant de ce Chaos ainsi que d'vne nuë
   Produisit ses Tresors, arrangea l'Vniuers,
   Partagea son esprit entre cent corps diuers,
   Et souffla d'vne haleine en merueilles feconde
   La vie & la beauté sur la face du Monde:
   Les corps en qui ce souffle espandit sa chaleur

Poſt Chaos, &c.

Inque noua ſpecies omne receſſit opus.

Z

Pondere ter-
ra ſuo ſubſe-
dit, &c.

Changerent à l'inſtant de place & de couleur:
La Terre s'abbaiſſa, les Cieux ſe releuerent,
Les abiſmes des Mers au deſſous ſe creuerent:
Le flambeau du Soleil & celuy de l'Amour
D'vne commune flamme allumerent le iour
Les Aſtres, qui deuant eſtoient dans leur matiere
Comme les grains de l'or ſont dedans la miniere,
Ne furent pas ſi toſt montez au firmament,
Que s'entreregardans auec eſtonnement
Ils ſembloient admirer le pouuoir de Nature
Qui les auoit tirez de cette ſepulture,
Et qui pour diſtinguer les iours & les ſaiſons
Les auoit ſeparez de Cieux & de maiſons.

Sed neque
terra diu cœ-
lo, nec cætera
Phœbo
ſidera cede-
bant.
Par erat om-
nis honor.

   Toutefois ny ce rang, ny cette preſeance
Ne ſe gardoit alors qu'auec indifference:
L'honneur eſtoit égal, chacun faiſoit pour ſoy,
Les deſtins n'auoient point encore eſlû de Roy:
Saturne bien ſouuent voyoit ſans prendre ombrage

Sæpe etiã ſo-
lio quod tu
Saturne te-
nebas,
Auſus de
media plebe
ſidere Deus.
Tethys &
extremo ſæpe
recepta loco
eſt.

Dedans ſon Trôſne aſſis quelque Dieu de village:
Et Tétis enduroit que des Nimfes ſans nom
Occupaſſent ſa place au cercle de Iunon.
Ce qu'on dit du reſpect & de la retenüe
Eſtoit encore alors vne langue incogniüe:
Le Soleil n'oſtoit point comme il faict aujourdhuy
La lumiere aux flambeaux qui s'approchoient de luy
Et ſouuent s'arreſtant trop long temps chez Neptune
Laiſſoit luire en ſon lieu le flambeau de la Lune,
Ou meſme ſans ſortir de ce moitte ſejour
Se repoſoit du ſoin de ramener le iour
Au premier qui s'offroit de faire ſa carriere
Et de conduire au Ciel le char de la lumiere.

Donec Honor
placidáque
decens Reue-
rentia cultu,
Corpora legi-
timis impo-
ſuere toris.
Hinc ſata
Maieſtas,
&c.
Quáque die
partu eſt edi-
ta, magna
fuit.

   Or dura cet Eſtat indigne de ſes biens
Iuſqu'à ce que l'Hymen de ſes chaſtes liens
Eut marié l'honneur auec la Reuerence
Dedans le lict ſacré, d'où prenant ſa naiſſance
Sortit la Majeſté Royne de tous les Dieux
Dont la perfection fatale au bien des Cieux
N'auoit pour eſtre grande aucun beſoin de croiſtre
Comme celle de qui la grandeur eſtoit l'eſtre.

Elle parut d'abord couuerte de clartez,
La Crainte & la Pudeur estoient à ses costez;
Et soudain que l'on vit les esclairs de sa face
On luy quitta l'honneur de la premiere place.
A ce nouuel obiect vous eußiez veu les Dieux
Attacher fixement leurs ames par les yeux,
Composer leurs regards , regler leur contenance
Accorder leur parole auec la bien-seance
Prendre loy de ses yeux pour toùs leurs mouuemens:
S'aßujettir aux loix de nouueaux complimens:
Se contenter du rang que chacun prenòit d'elle:
Accepter librement la contraincte nòuuelle ,
Qui les fit renoncer à cette liberté
Qui donnoit vogue entre eux à la Rusticité.

   Ce fût elle qui mit les vertus en estime:
Qui conioignit l'honneste auec le legitime :
Qui mit entre l'audace , & l'absolu pouuoir
Ces venerables noms de Loix & de debuoir :
Qui prisa la vertu , qui condamna le vice;
Et fit distinction des bras de la Iustice.

   Ainsi viuoient les Dieux en ce siecle innocent
Libres des paßions que le nostre ressent ,
Iusqu'à ce que le monde ayant changé de Maistre
Les temps & les saisons prirent vn nouuel estre.

   Ce fut lors que l'on vit tout l'Empire des Cieux
Troublé par l'Attentat de ces ambitieux
Que la Terre enfanta pleins de crime & de rage
Pour perdre tout le monde en vn commun naufrage.
Dieux! qu'ils estoient hideux! qu'ils estoient inhumains!
Que Nature eut de peur quand auec mille mains
Ils arrachoient les bois , ils renuersoient la Thrace
Ils faisoient de cent monts vne seule terrasse
Et mettant l'Vniuers hors de ses fondemens
S'armoient contre le Ciel des quatres Elemens.

   Desia de toutes parts s'esleuant la meslée;
La Lune palissoit de se voir eschellée;
Et les Astres troublez du tumulte & du bruict
Cherchoient pour se cacher les voiles de la nuict,
Quand le soudain éclair d'vne bruiante foudre

*Confedere si-
mul Pudor
& Metus.*

*Omnevideret
Numen ad
hanc vultus
composuisse
suos.*

*Protinus in-
trauit metes
suspectus ho-
norum, &c.*

*Fit pretium
dignis.*

*Hic status in
calo, &c.*

*Dum senior
fatis excidit
arce Deus.*

*Terra feros
partus , im-
mania mon-
stra Gigantes
Edidit.*

*Mille manus
illis dedit.*

*Exstruere hi
montes, ad si-
dera summa
parabant.*

*Fulmina de
cali iaculatus
Iuppiter ar-
ce, &c.*

Vertit in au-
ctores ponde-
ra vasta suos.

His bene Ma-
iestas armis
defensa Deo-
rum, &c.

Ex illa tem-
pore culta
manet.

Accueillant leurs trauaux, les reduisit en poudre
Et jetta les Titans l'vn sur l'autre entassez
Souz le débris des monts qu'ils auoient amassez.
*   Ainsi la Majesté fut iustement vengée*
De la Reblion qui l'auoit outragée,
Et depuis ce temps-là l'Arbitre des mortels
L'admit au mesme rang qu'il a sur les Autels.

C'est l'explication entiere de la peinture, qui ne se peut mieux iustifier estre
ancienne, & non pas faicte à plaisir, que par le passage entier de l'Autheur:
tellement qu'outre la veüe des Geants, qui est vne chose assez commune, le
Poëte nous donne vn narré tres-remarquable des causes de la guerre qu'ils
eurent contre les Dieux; le desordre qui estoit deuant la naissance de la Maiesté, comme elle nasquist, & fust defenduë contre ceux qui vouloient troubler l'ordre qu'elle auoit mis dans le Ciel mesme; raisons qui nous ont obligé à le produire plus au long, & nous font esperer qu'il ne sera pas iugé hors
de propos.

Car encore que le narré soit fabuleux, il n'en est pas moins à priser, &
n'est aucunement indigne d'auoir sa place entre les veritables trophées d'vn
grand Roy: Les fables sont receües des Sages auec tout le bon accueil que
meritent les plus gayes & les plus naïfues inuctions qu'ayt iamais produit l'Antiquité. Les Philosophes s'en seruent pour dire la verité, & n'estiment point
mal-seant à leur condition d'exprimer les plus rares secrets de la Nature, &
les plus beaux preceptes de la Vertu, par des fables; Platon les employe bien
souuent, & nommément és dialogues de Phedon & du Timée, où il s'éleue
dauantage sur les aisles de sa contemplation, pour descouurir les merueilles

Lib. 12. Me-
taph. c. 8.

λο} κβ'.

qui sont en l'vniuers. Aristote mesme, encore qu'il ayt suiuy vne façon de
philosopher plus seuere, les reçoit toutefois, les approuue, & dit que la Phi-
losohie leur doit sa naissance, & qu'elles en contiennent les plus rares & les
plus veritables mysteres: Maximus Tyrius aduoüe franchement qu'il estime
dauantage les fables des Poëtes, mesme pour ce qui touche la Nature Diuine, quand elles sont entenduës comme il conuient, que plusieurs grandes
contemplations des Philosophes : πραγμάτων γὸ ὑπ' ἀνθρωπίνης ἀσθενείας
οὐ καθορωμένων σαφῶς, εὐσημονέςερος ἑρμηνεὺς ὁ μῦθος : Car ce que nous ne
pouuons pas expliquer si clairement, par nostre foiblesse, la fable le declare
auec toute sorte de respect; si qu'elle est, comme la nomme l'Interprete, *Ve-*
recundus Diuinorum Interpres, Vn Interprete respectueux des choses diuines & releuées; par où se verra auec combien de suiect Paris en cette Entrée
s'est voulu seruir de fictions, & d'inuentions fabuleuses; & qu'il y a plus de
respect à le faire ainsi, que si elle eust representé ses conceptions tout nuëment;
si que nous tirerons de cet endroict particulier, la defense de tout le reste de
cette œuure, qui pour la pluspart va de cet air. En quoy l'ancienneté ne nous

nuit

nuit point, au contraire elle monftre que nous ne les baftiffons pas à plaifir, principalement que les fables, & les inuentions poëtiques ne reffemblent pas, dict le Dion, aux onguents precieux, & aux parfums, qui s'éuentent auec le temps, & perdent ce qu'ils ont de plus agreable : Car au contraire, il n'y a rien qui les authorife dauantage, que quand elles font de plufieurs fiecles ; veu qu'vne vieille fable eft toufiours dauantage eftimée ; qu'vne hiftoire nouuel-lement née, & qui cherche encore du credit. *Orat. del qi-*

Le méfme Dion, lequel on allegue plus fouuent, pour eftre le plus digne autheur qu'on doiue citer en matiere de Victoires, vrayement *Auctor Triumphalis*, comme celuy que Trajan eftima digne d'honorer fon Triomphe, quand il le mit à fon cofté dans le mefme chariot où il eftoit, entrant à Rome; ce Dion, dis-je, eftend plus loing la narration des Geants, & veut que la terre *Rev'd'piges* vniuerfelle foit leur camp, & que tous les vicieux foient de leur nombre. Mais chacun aduoüera facilement, que dans vn Eftat les rebelles qui fe monftrent fi iniurieux contre la Majefté de leur Prince, meritent proprement ce nom ; & qu'il n'y a point de lieu fur la terre, qui fe doiue nommer à meilleur tiltre, la retraicte & le camp des Geants, que cette ville rebelle ; ou bien comme parle Simocatta, τέιχνος δυσμενείας, le domicile des miferes, & de la rebellion tout enfemble. Noftre Iupiter François les a domptez fans *In Hift. Mauric.* tant d'effufion de fang que les eftrangers s'imaginoient ; auec vne patience qui *Lib.3.c.5.* ne fe lit point dans nos Hiftoires, & auec la plus grande conftance, en faict de fiege, pour l'humeur prompte & viue des François, que l'on ayt iamais veüe. D'où les autres villes, qui tardent encore à recourir à la mercy de fa Majefté, doiuent apprendre ce qu'elles peuuent efperer de leur temerité, qui leur fera d'autant plus prejudiciable, que leurs fieges feront plus longs ; puifque ce Prince a fujet d'attendre de la valeur de fes armes, & de l'affiftance de Dieu, que rien (apres la Rochelle) ne luy fera plus inuincible ; & qu'ayant faict voir au monde fa digue, il peut, quand il luy plaira, dompter fes ennemis. C'eftoit le fens de ce diftique mis dans la derniere bande de la Façade:

Si les rebelles fe rendent encore dignes du courroux de La Majefté, vne digue, ou quelque autre pareille piece les domptera auffi affeurément que la digue a dompté la Rochelle, & que les foudres iadis dompterent les Geants.

Si noua Terrigenûm Superos malefacta laceffant,
    Vna Joui moles fulminis inftar erit.

En François:

    Si iamais les Geants arment contre les Dieux,
        Pour les reduire en poudre,
        Iupiter fera mieux
    De faire cheoir fur eux la digue, que la foudre.

En quoy l'on ne doit pas obmettre ce que les Sages ont remarqué dans ce fiege, qui monftre combien la Majefté diuine a defendu la Royale, & qu'el-

le s'eſt ſeruie des plus rigoureux ſupplices & chaſtimens que les hommes puiſ-
ſent porter en cette vie, pour la punition des Rebelles. Car comme les Princes peuuent porter iuſtement, auec les deües recognoiſſances & deferences
qu'ils en doiuent à Dieu, ce beau tiltre que portoit Coſroës, auec trop d'inſolence & de vanité : ἐν Θεοῖς μὲν ἀνθρωπος, ἐν δὲ τοῖς ἀνθρωποις Θεός, qu'ils
ſont preſque Dieux entre les hommes, & des hommes deſia receus au nom
des Dieux, pour leur excellence & ſouueraine dignité : les aſſiegez prenant
les armes contre leur Prince, offenſant atrocement ce qui eſt de plus maje-
ſtueux, & de plus diuin entre les hommes, ſe ſont rendus dignes des chaſtimens qui ont excedé l'ordinaire, & qui monſtroient euidemment combien
Dieu ſe ſentoit irrité. Les principaux elemens de la vie leur ont manqué : la
terre ne leur a point donné de nourriture, meſme par la multitude de leurs

Sepelit Na-
tura relictos.
Lucan.

morts, elle leur a denié la ſepulture, encore que (bonne mere comme elle eſt)
elle ne dénie iamais cét office aux plus abandonnez & deſpourueus : L'eau
de laquelle ils faiſoient le rempart de leur audace, & le principal appuy de
leur rebellion, s'eſt monſtrée ſi peu fauorable à leurs deſſeins, qu'elle s'eſt
laiſſée pluſtoſt aſſubiettir à des nouueaux retrenchemens, que de leur preſter
aucun ſecours. Les forts & les redoutes les ont exclus de la terre, la digue les a
forclos de la mer, & ainſi ils ſont demeurez bannis & exilez de la Nature, puis
qu'ils ſe monſtroient criminels contre leur Prince naturel. Mais afin que leur
inſolence n'euſt aucune retraicte aſſeurée, & que leurs maiſons meſme fuſſent les priſons & les theatres de leurs ſupplices, la famine les eſt allé attaquer auec des ſecouſſes ſi violentes, que ce fleau pour l'ordinaire eſtant hideux & eſpouuantable de ſa nature, s'eſt rendu neantmoins plus monſtrueux

Quintil. in
declamat.

pour les punir. Il eſt veritable ce que dit vn Orateur Romain : *Fames animi
tormentum eſt, corporis labes, magiſtra peccandi, diriſſima neceſſitatum, defor-
miſſima malorum* : La faim eſt vn tourment de l'eſprit, vne ruine du corps, &
celle qui ſans rougir nous porte à des attentats prodigieux, elle eſt la plus
cruelle de toutes les miſeres qui peuuent aſſaillir vn homme, le mal le plus
difforme & monſtrueux qu'on ſe puiſſe imaginer. C'eſt par cette famine meſme que Dieu les a chaſtiez : affin qu'il leur oſtaſt l'vſage de la lumiere & de l'air
qu'ils empeſtoient par leurs blaſphemes, par la ſouſtraction de toute ſorte
d'aliment, & qu'ils fuſſent auſſi remarquables en leurs chaſtiments, qu'ils
s'eſtoient monſtrez inſolens en leur crime. Les anciens peignoient la famine
aux coſtez d'Apollon, hieroglife de la Diuinité : Nous l'apprenons de

Athen.
lib. 10.

l'ambaſſade enigmatique que fit Hippodamus Lacedemonien, quand parlant aux Spartiates, pour les induire à ſecourir les Cromniens, il leur dit, que
ſi dans dix iours ils ne retenoient cette femme qui eſtoit dans le Temple
d'Apollon, ils ne la pourroient plus retenir, parce que ſi la ville n'eſtoit ſe-
couruë dans dix iours, la famine les contraindroit de ſe rendre : Car Dieu
tient ce puiſſant ennemy ſujet à ſes loix & à ſa volonté, & quand il s'en veut
ſeruir contre les hommes, rien ne peut reſiſter à ſon courroux, duquel les
Rebelles ont tant reſſenty d'effects, que perſonne ne doute que ſa diuine Ma-

Simocatta
lib. 4. c. 8.

jesté ne fust euidemment au secours, & que ce ne fust pour venger l'honneur du Roy. Ceux mesme qui ont peu eschapper de la calamité de leur ville,
ont esté trouuez, apres la reddition si difformes & si défigurez, qu'on voyoit
assez leur peché sur leur visage, & monstroient que comme leur crime les
auoit porté au delà des malefices ordinaires entre les hommes, aussi leur supplice leur en auoit faict perdre presque la figure; & que tout ce siege partoit
plus d'vne main & d'vne puissance diuine, qu'humaine.

A cecy se rapportoient les deux autres peintures, qui par forme de con-
sole accoloient la grande que l'on vient d'expliquer plus au long. Dans l'v-
ne estoit Iunon foudroyant sur Troye, & donnant à entendre par ces ter- Lib.3.Carm.
mes d'Horace, TER SI RESVRGAT, que les Rebelles trauailloient en
vain à dresser des fortifications, & à se sousleuer contre leurs Princes; puisque
le Ciel ne fauorisoit iamais de si mauuais conseils, & des partis establis contre son authorité : leur donnant de plus à entendre, que s'ils osoient iamais redresser ces funestes ruines de leur ville, & reparer les forts auec lesquels ils
s'estoient reuoltez, que le Roy les dompteroit encore aussi facilement qu'il
auoit faict; & qu'autant de fois que leur rebellion leueroit de nouuelles entreprises contre sa Majesté, elle en dresseroit autant de trophées à sa gloire.
Car chez les Anciens, la Majesté estoit representée par Iunon, & à ce suiect Ἡραῖον βασί-
ζην Athen.
les Poëtes luy donnoient la charge & le pouuoir de donner l'inuestiture de la
diuinité aux Heros qu'ils consacroient, & attribuoient à la mesme vn port,
vn geste & vne grauité particuliere, telle que la Majesté la faict voir en la
personne des Roys.

L'autre estoit vn Iupiter lançant son foudre sur plusieurs serpens, & bestes venimeuses: ce qui est tiré de la remarque de Seneque, lequel escrit que
le foudre leur oste le venim ; *Malorum serpentium & aliorum animalium,* Lib. 2. qq.
natur. c.31.
quibus mortifera vis inest, cùm fulmine icta sunt, venenum omne consumitur.
Pour monstrer que la ville auoit perdu le venim qui la portoit à des excez si
violents, dequis que la Iustice du Roy y auoit passé, & qu'estant maintenant
reduitte à son obeyssance, elle se sentoit si parfaictement purifiée par ses armes, que comme elle recognoist la Majesté de son Prince, & ne tient la vie
que de sa bonté, aussi luy sera-elle desormais fidele.

L'inscription de la façade estoit prise de Claudian & portoit vn deffy general que faisoit publier la Majesté ; contre ceux qui se voudroient eleuer
au desauantage de leurs Princes ; les aduisant, que quand ils amasseroient
montagnes sur montagnes comme iadiz auoient faict les Geants; ou rochers
sur rochers, comme les rebelles auoient faict ; elle y entreroit neantmoins,
s'y fairoit recognoistre pour Dame & souueraine comme elle est, & que
toute chose plieroit soubs sa grandeur.

Garganum Alpinis, Apenninúmque niualem   Paneg. in 4.
Permixtis sociate iugis, & rupibus Hæmum   Cos.Honorij.
Addite Caucaseis, inuoluite Pelion Ossæ:

Non dabitis murum sceleri. Qui vindicat, ibit
Omnia subsident meliori peritura caussa.

En François :

Transportez le Gargan sur les Alpes chenuës,
Eleuez dessus eux l'Apennin iusqu'aux nuës :
Entassez sur le front de ces monts sourcilleux
Le fameux Pelion, le Caucase orgueilleux :
Qu'Hemus auec Ossa, pour acheuer le feste,
De ce pompeux amas, se plante sur leur teste :
Qu'il faille que l'orgueil de tout ce bastiment,
Pour loger ses sommets, perce le firmament :
De tous ces bouleuards la force & l'artifice
Ne bastiront iamais de citadelle au Vice,
Où l'œil d'vn Iuste Roy ne le vienne chercher :
Et d'où son bras vengeur ne le puisse arracher.

LE TEMPLE

LE TEMPLE

DE LA

FORCE,

DEDIE'

AVX PROVESSES

DV ROY.

Deſſoubs les voutes du Chaſtellet,

RENCONTRE NEVFIESME.

N dict de la beauté qu'elle croiſt quand elle eſt loüée; mais ce n'eſt rien en comparaiſon de la vertu: la Gloire la faict croiſtre viſiblement, quand elle trouue vn courage diſpoſé au bien comme vn terroir ſuſceptible de bonne ſemence; le doux air des loüanges, luy eſt vn Zephyre printannier, qui la faict croiſtre a couldées, & l'aduance d'heure en heure à ſa perfection. Neantmoins ce dire de Dion, ἡ ἀρεσ- τῇ ἐπαίνῳ αὔξεται, que la vertu croiſt par la loüange; ſe doit entendre de celle qui n'eſt pas encore arriuée à ſa iuſte grandeur;

αὔξεται δὲ τὸ καλὸς ὑπὸ τῶν ἡμερῶν. Dio orat. 2!.

πήχει αὔξαμ̈ Suy. Suidac.

ἡ ἀρε- orat. cit.

Bb

la parfaicte ne prend plus aliment d'autruy, comme elle ne faict plus d'accroissement. Partant les eloges que nous rendons aux Preux, qui ont vne vertu consommée, ne sont pas des secours ou des aydes, que l'on employe à la perfectioner ou embellir; mais des redeuances & des deuoirs desquels les particuliers s'acquictent eñuers eux, comme nous faisons eñuers Dieu, qui agrée nostre seruice non qu'il en proffite aucunement, mais par ce que tel est nostre deuoir. C'est de ce mesme air que l'on desire icy loüer la force du Roy, non pas pour l'exciter ou l'auancer par les honneurs, puis qu'elle est arriuée au souuerain degré de sa grandeur; mais plustost pour luy rendre vn hommage tel qu'est celuy que les sujects doiuent à leur Prince, puisque toutes les vertus en vn Roy, sont Royales, & entre les autres, celle qui le faict auiourd'huy le plus grand & le plus puissant de tous les Roys.

L'incommodité du lieu assigné pour ce dessein, combattit long-temps l'ordonnance & la disposition du proiect: neantmoins la Force l'emporta, & d'vn lieu sombre & mal-plaisant, en fit vn si beau Temple pour honorer les Proüesses du Roy, qu'au iugement mesme de sa Majesté, cettuicy fut le plus bel ornement de son Triomphe. L'on se seruit donc des voutes du Chastelet à cet effect, & l'on y dressa vn Temple à la Force, mais pour mieux dire, a toutes les Vertus ensemble, comme il se pratiquoit iadis en quelques autres deitez, que les anciens ioignoient en vn mesme honneur & seruice, pour leur sympathie & conuenance mutuelle, & les nommoient, Θεοὶ σωαλοις, *Deos Communes*, des Dieux, qu'on honoroit en mesme lieu.

Ce Temple auoit quatres parties considerables; la premiere consistoit en vn grand nombre de statuës des Roys & des Capitaines anciens, qui rendoient à la Majesté l'honneur, que sa proüesse & sa vaillance meritoit: La seconde, en deux sortes de feux, les vns representez par des Emblemes pour faire esclatter d'auantage la force & la vertu du Roy par les Hieroglifes du feu; les autres vrays & naturels, qui brillans sur des flambeaux de cire blanche, chassoient l'obscurité de ce lieu, & les tenebres de la nuict: La troisiesme, en deux voutes ornées & enrichies de quatorze figures, sept à chacune, que l'on descrira cy apres; La quatriesme & derniere en vn theatre, d'ou l'on entendoit vne Musique si charmante, que d'vn lieu de peines & de supplice, tel que de sa nature est celuy-là, tout ce iour il deuint vn paradis de delices & de merueilles. Toutesfois, auant que de reprendre toutes les pieces de ce Temple selon l'ordre, qu'on les a proposées, il seroit à propos, que chacun se souuint du respect & du recueillement interieur; que les Payens mesme apportoient

Seneca qq. natur. l. 7. c. 30.

à l'entrée de leurs Temples; *Intramus Templa compositi, vultum submittimus, togam adducimus, in omne argumentum modestiæ fingimur*. Nous entrons dans les Temples composez & pleins de respect, nous baissons les yeux de reuerence, nostre recueillement paroist aux habits, bref nous prenons sur nous toutes les marques possibles de modestie; Car il est raisonnable d'en faire autant icy, & de n'y pas entrer qu'auec les sentimens qui sont deubs à la Majesté d'vn Souuerain. Aussi celuy qui vous y conduira, se doit souuenir; que les

Egyptiens plaçant vne ſphinx à la porte ; luy enſeignent ; que la foibleſſe d'vn bas eſprit ne ſuffit pas à parler comme il faut des merueilles des Grands, & qu'il eſt deſirable, que ceux qui l'entendent facent pluſtoſt eſtime du ſujeƈt ſur la verité qu'ils en voyent, que non pas ſur la rudeſſe des paroles qu'on en tient.

Cette premiere partie donc eſtoit guerriere ; compoſée des Princes Grecs & Latins qui ont paru dans l'antiquité : on en auoit choiſy ſept d'entre les Grecs & ſept d'entre les Romains, qui auoient autrefois conquis quelque ville mari-time, afin que par la comparaiſon de leur force a celle de ſa Majeſté, ſa vail-lance ſe recognut dauantage. Les ſept Grecs ſont les ſuiuans.

I. Alexandre eſtoit le premier, plus grand encore que ſon nom, qui com-me vn foudre de guerre, naiſſant dans les montagnes de Theſſalie, roula d'a-bord ſur la Grece, & fit ſes premieres armes de la victoire d'vn peuple qui auoit eſté Maiſtre du Monde autant de fois, qu'il contient de Principaux Eſtats ; De-là paſſant en Aſie, mit fin à l'Empire des Perſes, par trois batail-les, qui luy firent vne Monarchie ; dont les parties deſmembrées apres ſon de-cez, ont long-temps porté de grands Sceptres, & ce ſont maintenuës en hon-neur à la ſeule faueur de ſon nom : ſi braue au reſte, ſi fortuné, ſi valeureux, que le different n'a peu encore eſtre vuidé, laquelle des deux a plus paru dans ſes proüeſſes, ou la fortune ou la vertu : Et ſi la mort n'euſt rompu le fil de ſa vie dans le grand cours des victoires & de l'honneur, il euſt deſcouuert dés lors quelque nouueau monde, ayant vaincu cettuy-cy : Neantmoins au ſiege de la ville de Tyr, qu'enfin il emporta, il fut ſi mal mené, & ſa digue entre autre choſe luy reüſſit auec ſi peu de contentement, qu'il tint touſiours de-puis cette victoire, pour vne des grandes pertes qu'il euſt faiƈt. C'eſt pourquoy maintenant qu'il recognoiſt en la perſonne du Roy, qu'elqu'vn plus grand & valeureux qu'il n'a eſté ; il veut pour le moins auoir l'honneur de s'eſiouyr auec luy le premier, apres luy auoir deferé ce qu'il doit à la proſperité de ſes ar-mes, & au bon-heur de ſa vertu. Il y a pour Blazon dans ſon Eſcu, non plus le foudre, mais vn Satyre, qui luy fut preſage de la priſe de Tyr, par le cry que ietterent ſes Soldats l'ayant veu ; ou pour le ſonge qu'il en euſt, ſelon l'inter-pretation de Terpandre, auec ce mot couppé en deux, pour garder la rencon-tre du preſage CA TYPOC. Les vers Latins, qui le faiſoient parlant au Roy, ſur la Rochelle, eſtoient tels.

Jpſa licet Tyrios gratentur Numina victos,
    Palma tamen tanto eſt parta labore minor.
Prona Tibi facili victoria conſtitit auſu ;
    Cùm Rupella tua eſt, gloria plena tua eſt.

Ce ſens a depuis eſté rendu en François, mais auec addition de vers, & de pen-ſées : on la mettra icy d'autant plus volontiers, qu'outre l'explication des vers Latins, elle augmente, & eſgaye le ſujeƈt : Ce qui ſe doit auſſi entendre de toutes les autres verſions qui ſont en cet OEuure.

Lors que mefme les Dieux me vantent la merueille
De mes rares exploicts en la prife de Tyr,
Publians que iamais elle n'eut fa pareille,
Mon courage a raifon de n'y pas confentir :
Car comparant les maux que i'ay foufferts pour elle,
A la facilité dont tu prends la Rochelle,
Où fans rien hazarder tu t'acquiers tant de biens ;
Dois-je pas aduoüer, que puifque ta victoire
　　　　　Eft fans perte des tiens,
Ell' a ce qui manquoit au comble de ma gloire ?

I I. Demetrius Poliorcetes le fuiuoit, enuers lequel la fortune femble auoir efté mere & maraftre tout enfemble, non pas en diuers iours, comme dit le mot Grec ἄλλοτε μητρυά, ἄλλοτε μήτηρ, mais bien fouuent en vn mefme iour, & en vne mefme heure, luy oftant les Royaumes, & luy en donnant d'autres en mefme temps ; toufiours prompt, vif, accort, courageux à merueille, furnommé χαριτοβλέφαρος, pour vne grace & vn éclat incomparable qu'il auoit dans les yeux ; & fi beau Prince pour le refte, que iamais peintre ne le peût dignement pourtraire. Il affiegea Rhodes, & ne l'emporta pas ; & fe comportant brauement auec les Rhodiens, leur laiffa l'vne des machines auec lefquelles il auoit battu leur ville : & ne fçait-on pas encore fi les Rhodiens en ont deu faire vanité en la monftrant, comme ayant refifté à vne fi furieufe batterie ; ou fi Demetrius par vn nouuel artifice l'y a laiffée, comme vne efpece de trophée des vainqueurs mefme. Il deliura les Atheniens de la feruitude de Caffander & de Phalereus, où il receut de fi grands honneurs, qu'il en fut honteux, & tient-on que les Dieux & les Deeffes d'Attique coururent grand rifque ce coup-là d'eftre expulfez de tous leurs Temples, pour ceder à Demetrius, & à Antigone : Neantmoins depuis le decez d'Antigone fon pere, les Atheniens changeant de volonté, & feftans reuoltez contre luy, il leur courut fus auec ces machines ordinaires, nommées ἑλεπόλεις, comme celles qui prenoient les villes, & les dompta. Mais qu'eftoit-ce de ces mangoneaux, en comparaifon de la digue ? ou d'vne perriere, au prix de cette-cy, plantée au milieu de la mer, fur laquelle eftoient rengez cinquante canons, qui vomiffoient mille foudres en vn iour fur les rebelles ? Il a dans fon bouclier la choüiette, comme vainqueur des Atheniens ; mais il rend l'honneur qu'il doit au Roy, par ces vers :

Nullus de Superis miferas tutatur Athenas,
　　　Cùm mea fulmineum machina iactat onus.
Sed tuus hic nondum faxis emerferat agger :
　　　Certiùs ille vrbes, & freta vafta domat.

En François :

Athenes

Athenes m'a faict ioug; deux Puissances diuines
N'ont peu la guarantir de l'effort des machines
Dont j'ébranlay ses murs iusques aux fondements;
Mais elles combattoient seulement des murailles,
Et ta digue a donné, Grand Roy, mille batailles
Aux deux plus furieux de tous les elements.

III. Solon Athenien estoit le troisiesme des Grecs, lequel a esté si recommandable pour sa Iustice, que la ville la mieux policée du monde, la plus docte, & la plus cultiuée de la Grece, mere des sciences & des arts, n'a voulu auoir autres loix que les siennes. Ce qui merite plus de loüange en ce grand personnage, est, qu'il estoit non seulement pour la robbe & pour la paix, mais aussi pour les armes & pour la guerre, combattant courageusement pour son pays, aux occasions que les gens de bien recherchent & embrassent pour acquerir de l'honneur : Si iuste au reste, & si grand conseruateur de l'equité, que iamais aucun interest particulier, ny consideration de parenté ne le fit gauchir en son deuoir. Il disputa long-temps le domaine de Salamine pour les Atheniens, en faueur desquels il allegua, dit-on, les oracles, les monuments, & les vers d'Homere; mais voyant qu'il falloit autre chose que des escritures & des passages des anciens autheurs, pour debouter les Megariens qui l'auoient enuahie, il y fut en personne auec main forte, & par vn des beaux stratagemes qui se lisent dans l'Histoire, apprit aux ennemis, que la Iustice, outre les loix, & les considerations ciuiles qu'elle employe pour reduire les hommes à la raison, a d'abondant la force & la conduitte pour les contraindre d'obeyr. C'estoit ce qu'il disoit en ces termes, parlant au Roy, luy monstrant son bouclier chargé d'vne Deesse Nemesis, qui outre la balance, tenoit encore l'espée tirée pour la vengeance.

Legibus incassum patriæ Salamina tuebar,
Viribus & ferro res repetenda fuit.
Non satis est verbis, Rex Magne, reposcere iura;
Altera Iustitia pars tuus ensis erit.

Le François:

Apres auoir long-temps disputé sans succez,
Ma Salamine à ceux qui l'auoient vsurpée,
Comme vous, ô Grand Roy, pour vuider le procez,
Faisant taire les loix, ie fis parler l'espée.

IV. Pericles, le quatriesme de son rang, eust des qualitez si releuées, non seulement dans la Republique d'Athenes, qu'il gouuerna long-temps, mais aussi dans toute la Grece, qu'il n'est inferieur à aucun autre. C'est luy duquel on dict que les Graces, & la Perfuafion eftoient couchées fur fes levres, & qu'il laiffoit dans l'ame de fes auditeurs vn aiguillon qui les perçoit, & les obligeoit à luy accorder toute creance: Au refte il eftoit fi moderé parmy la licence qu'vn Eftat Democratique donnoit à fes enuieux, que la ciuilité & la patience auec laquelle il fupportoit les iniures, eft grandement à prifer. Quand il vouloit, il mettoit toute la Grece en armes, & de faict y alluma des guerres, qui dürerent long-temps: Elles reüffirent affez bien pour les Atheniens, tandis qu'il vefcut ; mais les mauuais fuccez qu'elles eurent fur la fin, le firent plus regretter qu'aucun n'euft penfé. Il auoit dans *Iul. Pollux.* fon bouclier vn paon, qui paffoit fur vn caducée, parce que l'Ifle de Samos a quantité de ces oyfeaux, qu'on eftime (à ce fuject) eftre confacrez à Iunon, natifue, & Deeffe tutelaire de l'Ifle; & le caducée fe rapportoit à Mer*Flut. qq.* cure, qui eftoit fort celebre au mefme lieu, qu'on furnommoit χαρίδοτης, com*Grac.* me liberal & bien-faifant, pendant les facrifices duquel, les larcins eftoient permis. Ces hieroglifes eftoient tirez de la monnoye des Samiens, aufquels il fit la guerre, prit leur ville & leur Ifle, & les marqua au front d'vn fer chaud, en punition d'vne pareille cruauté dont ils auoient vfé fur les Atheniens pris par eux en guerre. Il ne les voulut point punir de mort, apres vne action fi barbare, fçachant bien que le plus grand chaftiment qu'on puiffe prendre d'vn fcelerat & d'vn rebelle, eft de le faire viure long-temps, pourueu feulement qu'il foit recogneu, & qu'il porte le blafme de fon crime fur fon vifage. C'eftoit ce qu'il difoit en fon quatrain:

> *Dirâ dum Samÿ, Græcos quoque, labe cruentant,*
> *Atque homines fcribunt, non meruêre mori.*
> *Pœna minor, mors eft: vultu fua crimina portent:*
> *Viuant, & toto dedecus Orbe ferant.*

Le François:

> *Ayant conquis Samos, pour mieux venger l'outrage,*
> *Dont fa fureur, marquant nos captifs au vifage,*
> *Auoit faict à la Grece vn eternel affront:*
> *Ie fis ce que veut faire, ô Grand Roy, ta Iuftice,*
> *Qui pour les Rochelois n'a point d'autre fupplice,*
> *Que leur faire porter leur crime fur le front.*

V. Miltiades, Capitaine Athenien, auffi bien que les deux precedens, fit ce memorable exploict à Marathon, où la Grece fut totalement affranchie de la crainte que les armes de Perfe auoient efpandu dans l'Europe. Il y défit Mardonius, que Xerxes y auoit laiffé auec la fleur & l'élite de fes trouppes, pour couurir fa fuite: Il y acquit tant d'honneur & de gloire, que celuy f'eftimoit bien-heureux, qui le pouuoit voir; & Themiftocles mefme confeffa, que les grandes loüanges qu'on rendoit à ce perfonnage, luy faifoient perdre

le fommeil, & que la ialoufie ne le laiffoit prendre ny de iour ny de nuict aucun repos. Neantmoins il n'euft pas la fortune des armes fi profpere & fauorable au fiege de Paros: Car apres qu'il euft long-temps affiegé la ville, &
que mefme les articles de fa reddition furent dreffez, vn feu foudain, pendant
la nuict, feftant pris à vn boccage voifin, & quelqu'vn leur ayant dict que
c'eftoit le fignal de la flotte des Perfes qui les venoient fecourir, les affiegez *Αναμπίαζ(*
rompirent leur traicté, & prirent refolution d'endurer encore le fiege; ce *Stephan.*
qu'ils firent auec tant d'opiniaftreté, qu'enfin Miltiades fut contrainct de re-
mettre fon armée dans fes vaiffeaux, & fe retirer. Ses malueillans prirent fujeçt
fur fon defaftre, de l'accufer, comme ayant mal verfé dans fa charge; d'où
vient le terme de *Parium crimen*, & l'ingratitude des Atheniens qui le con-
damnerent à groffe amende, & à tenir prifon iufques à ce qu'il l'euft payée,
mais il y mourut. Or eft à noter, que les ftatuës eftant tellement difpofées,
qu'il falloit de neceffité que quelqu'vne n'y fuft pas, à caufe de la porte du Chaftellet qu'on ne pouuoit pas fermer: on obmit à deffein celle de Miltiades,
comme de celuy qui mourut en prifon, & qui n'auoit pas, ainfi que les autres,
emporté la ville maritime, encore qu'il meritaft affez, pour fes autres vertus,
de fe trouuer dans ce Temple. C'eft ce qu'il dict en fes vers, comme fe portant
appellant au Roy de l'iniufte decret des Atheniens, puifque vaincre fur terre
& fur mer, eftoit vn bon-heur fingulier, que les Deftinées referuoient à fa
Majefté.

> *Perfica me claro Marathone trophæa ferentem*
> *Carcere damnauit non fuperata Paros.*
> *Quid potui infœlix ? Hoftes terráque maríque*
> *Non alius, quàm tu, qui fuperaret, erat.*

Le François:

> *Auoir failly Paros, eft-ce donc vn tel crime,*
> *Que Marathon n'ait point de preuue legitime*
> *Pour tirer de prifon ma valeur, & ma foy?*
> *J'en appelle au Deftin, qui fçait bien, ô Grand Roy,*
> *Qu'eftre toufiours vainqueur & fur mer & fur terre,*
> *C'eft vn droict que les Dieux, Arbitres de la Guerre,*
> *Ne referuoient qu'à Toy.*

VI. Cimon, fils de Miltiades, égala fon Pere en grandeur de courage,
& le furpaffa en gloire & en bon-heur. Quand Themiftocles confeilla aux
Atheniens de faddonner à la marine, ce fut luy le premier de la Nobleffe
qui prit en main le mords de fon cheual, & l'ayant porté par la ville, l'alla
confacrer à Minerue, comme eftant dorefnauant inutil. Il ofta le commandement de la mer aux Lacedemoniens, & l'acquift à fon peuple par fa cour-

toifie, & douceur finguliere à traicter les efprits : auffi eftoit-il doüé d'vne ame
fi liberale & fi obligeante, qu'il fit rompre les murailles de fes iardins & de fes
vergers, afin que le peuple y peûft prendre ce qui luy plairoit : Il auoit toufiours
auec foy des ieunes gens bien veftus ; & f'il rencontroit quelque vieil citoyen
mal en ordre, il en faifoit defpoüiller quelqu'vn, pour couurir la neceffité de
l'indigent : ces mefmes ieunes hommes auoient toufiours de l'argent fur eux,
que Cimon departoit largement aux pauures, auec vne bonté, qui meritoit vn
autre temps. Il défit auec deux cens galeres, les Perfes, qui auoient fix cens voiles, & diuertit fagement les armes des Grecs en Afie, afin de ne leur donner loifir de f'entre-battre dans la Grece. Mais ce que l'on touche icy plus en particulier, fut la victoire qu'il gagna fur les Infulaires de Thafos, qui f'eftoient reuoltez contre les Atheniens : il gagna trente-trois vaiffeaux, & puis prit leur ville
par famine. Car quoy que l'Ifle fuft fi fertile, qu'elle en a toufiours efté renommée, neantmoins il fçeut fi bien fermer les aduenuës de la ville, que la neceffité extreme contraignit les habitans d'auoir recours au Vainqueur, & de luy de-
mader pardon de leur reuolte. En quoy il fe glorifie de fymbolifer auec le Roy.
Il porte dans fon boüclier la monnoye des Thafiens, dans laquelle eftoit la
maffuë d'Hercule, & la peau de lyon, car ils l'honoroient fingulierement auffi
bien que les Phœniciens, defquels ils eftoient defcendus. Il parle ainfi :

Θάσος ἄχαι
Σει. Zenodo-
ειμι.

> *Quamlibet educta deffendant oppida moles,*
>   *Graffantem prohibet machina nulla famem.*
> *Hoc Thafos, hoc Rupella docet : Victoria Magnum*
>   *Lenta Ducem, nullo parta cruore, iuuat.*

Le François :

> *La Rochelle à la fin apprend de vous, Grand Roy,*
> *Ce que iadis Thafos auoit appris de moy :*
> *Que la Reuolte en vain fe couure de murailles,*
> *Lors que fes partizans ont la faim aux entrailles,*
>   *Et la mort prés du cœur,*
> *Qui les force d'ouurir les portes au Vainqueur.*

VII. Le dernier de ce rang eftoit Alcibiades, celuy que l'Oracle refpon-
dit iadis eftre le plus vaillant homme de fon temps, le plus courageux, entre-
prenant, & magnifique qui fuft ; digne d'vn monde entier, pour la grande
ambition de tout faire, & le defir infatiable de vaincre & de combattre qu'il
auoit ; car combattre & vaincre pour luy, n'eftoient qu'vne mefme chofe.
Auffi dans les troubles de fon temps il parut en toutes les rencontres qui fe firent fur terre & fur mer ; & le mal-heur de fa fortune l'ayant ietté dans tous
les partis qui eftoient lors, la victoire le fuiuit par tout, & c'eftoit affez pour
vaincre, que de l'auoir de fon cofté. Les Perfes le virent dans leurs trouppes,

pes, & puis le fentirent auffi-toft pour ennemy : c'eftoit vn foudre qui roulant de tous les coftez, laiffoit l'honneur & la gloire, comme vne lueur rauiffante, par tout où il fe trouuoit. Il n'euft iamais rien d'égal que fon courage, & ayant changé de maiftres & de feruiteurs, autant que perfonne ayt iamais faict, il fe fit neantmoins fignaler en toute fortune par fa valeur. Mais d'vne autre part, vn grand débordement de vices, & vne intolerable diffolution de vie, fleftrirent fon renom de telle honte, qu'on ne les peut prefque nommer dans fes loüanges, fans l'offenfer. C'eft ce qu'il recognoift en fes vers, admirant la vertu du Roy en toute chofe, & cette puiffance diuine qu'il a fur les paffions, qui furmontent les plus braues d'entré les hommes, defquelles luy-mefme fut fi fordidement efclaue & captif. Il prit (entre vne infinité d'autres) la ville de Byzance, celle qui fut depuis nommée Conftantinoble, & ce auec tant de rapports particuliers auec la prife de la Rochelle, qu'il f'en loüe dans tous fes blafmes auiourd'huy, & ayant ofté de fon bouclier, l'amour porte-foudre, ἔρω-τα κεραυνοφόρον, qu'il y portoit auparauant, l'a chargé de la grappe de raifin qu'auoient les Byzantins en leurs monnoyes, pour auoir rendu des honneurs particuliers à Bacchus, comme les autres peuples de la Thrace, & auoir tant οἰνόπληκτες aymé le vin, que les Comiques les en ont gauffé. Il parle ainfi :

> *Byzantina meas cumulat victoria laudes ;*
>   *Vita fed hoc maculat turpiter acta decus.*
> *Nulla Tuos labes minuit, LODOICE, Triumphos,*
>   *Qua venit, ex folido laus Tibi parta venit.*

Le François :

> *La gloire que i'acquis, ayant forcé Byzance,*
> *Me pouuoit égaler aux plus braues Guerriers,*
> *Si mes débordemens, furpaffans ma vaillance,*
> *Ne me faifoient feicher fur le front mes lauriers :*
> *Les Tiens font, ô Grand Roy, fur ton chafte vifage*
> *De iour en iour plus beaux aux yeux de l'Vniuers :*
> *Mais auffi les ayant acquis par ton courage,*
> *Par ton integrité tu les tiens toufiours verts.*

Tel eftoit l'ordre des Capitaines Grecs, tirez de cette ancienne Grece, l'élite du monde, l'arfenal de Mars, le champ d'honneur, la lice des Preux, la patrie & le lieu natal des Vertus mefmes, & qui a donné au Ciel tant d'Heros & de Demy-dieux : fituée au milieu de la terre habitable, pour fubjuguer plus aifément l'Vniuers : à laquelle la difcipline militaire doit fa naiffance, & tous les arts dont les hommes fe feruent encore auiourd'huy pour le maniment des armes : qui a produit tant d'armées & tant de peuples, qui ont toufiours efté comme autant de lyons en guerre, que c'eft merueille que dans vn fi petit pays

en eſtenduë, tant de grands courages ayent peû trouuer du lieu pour y naiſtre ; Grece touſiours victorieuſe, & touſiours triomphante, quand elle a
combattu contre les eſtrangers, & qui euſt conſerué iuſques auiourd'huy les
lauriers de ſes victoires en vne immortelle verdeur, ſi elle n'euſt tourné ſes
forces contre elle-meſme, & n'ayant rien plus à dompter, ne ſe fuſt deſtruicte
de ſes mains. C'eſt de cette belliqueuſe nation que les ſept Capitaines ont
eſté choiſis, pour rendre au Roy l'honneur que ſa Victoire merite, afin qu'a-
uec la deference de cette fleur des Vaillants, l'on entende que tout plie, & ſe
confeſſe vaincu par les proüeſſes de ſa Majeſté.

    L'autre rang eſtoit pour les Capitaines Romains, triez de l'Empire le plus
grand, & de la milice la plus valeureuſe que nous ayons dans l'Antiquité, depuis que la Grece ſe fuſt perduë d'elle-meſme : Ils ſortent de la ville de Rome,
la capitale du monde, qui a veu autant de peuples à ſes pieds, ſubjuguez par ſes
armes, que le Ciel en void prier à ſes Autels : Elle n'a borné ſes conqueſtes
que par la fin meſme de la Nature ; elle a veu le lieu d'où ſe leue au monde le
Soleil, & celuy où il ſe couche, combattant les Prouinces qui n'eſtoient pas
encore cogneües de nom : Si grande en Majeſté, qu'ayant receu pour citoyens premierement les Princes & les Roys, elle receut depuis les peuples,
M. Aurelius
Orbem terra-
rum ciuitate
donauit.
Sext. Aurel.
Ariſtid.
& les Prouinces entieres ; & le monde en fin, qui s'eſtonna de voir que le
plus grand bien qu'il euſt ſçeu deſirer, eſtoit d'eſtre faict bourgeois & citoyen de cette ville : Si genereuſe au reſte, qu'eſtant née dans les armes, nour-
rie par les guerres, elle n'eut ſes croiſſances que dans vn tiſſu continu de victoires & de triomphes, dans leſquels elle vid piece à piece les villes vain-
cuës, les mers domptées, les fleuues & les montagnes ſubjuguées, & l'Vniuers tributaire. Mais n'ayant plus rien à combattre, elle ſe vid ſurpriſe des
guerres ciuiles, qui furent comme les tranchées de la belle Monarchie qu'elle
enfanta, donnant vn Maiſtre au monde, ſi puiſſant & ſi heureux, qu'on ba-
ſtiſſoit des Temples à ſon nom, luy encore viuant, & qu'on le mettoit au nombre des Dieux, quand il delaiſſoit ſon Empire. Elle dura long-temps comme
vne grande maſſe, pour ne ſçauoir où tomber, & n'auoir plus d'ennemis ; ſa
peſanteur & ſon faiz la firent cheoir finalement, & par ſes ruines donna naiſſance aux Eſtats & Monarchies qui regnent maintenant. Cette fameuſe ville
conſiderée en ſa beauté, & en la vigueur de ſes forces, nous fournit ſept autres Capitaines, pour honorer les trophées du Roy, & publier que leurs victoires n'approchent point de celle que ſa Majeſté vient de gagner.

    I. Le premier eſtoit Iules Ceſar, dont la memoire eſt ſi glorieuſe entre
les Grands, que ſon nom meſme eſt paſſé en tiltre d'honneur & d'office, & a
ſeruy long-temps à celuy qui commandoit à l'Vniuers. Il naſquit en vn eſtat
populaire : mais il ſçeut bien ſe dégager de la foule & du commun par ſa vertu, & ſe rendit tel, que Rome s'eſtima heureuſe de perdre ſa liberté entre ſes
mains. Auſſi voulant eſtre maiſtre du monde, il le dompta en toutes ſes trois
parties, prenant ſon commencement dans les Gaules, qui furent les premieres gloires de ſa valeur. Mais ayant rencontré vn ennemy puiſſant, qui ſauo-

rifé de toute chofe, excepté du bon-heur, luy conteſtoit la Monarchie, il fallut rompre, & le premier butin qu'il remporta, fut Rome & l'Italie: Pharſale
neantmoins luy acquit proprement l'Empire, il ſe l'aſſeura dans l'Eſpagne,
il oſta toute reſource d'eſperance à ſes ennemis dans l'Afrique, & dans l'Eſpagne vne autrefois: Il porta depuis ſur vn meſme air de victoire, ſes armes en
Orient, où ſa ſeule veüe luy valut vne bataille entiere, & ainſi merita de poſ-
feder luy ſeul le premier, ce que tant d'autres gouuernant par pieces, ſurpaſ-
ſoient les Roys en grandeur. Toutefois apres auoir regretté, comme ſon gen-
dre, celuy qu'il auoit pourſuiuy comme ennemy, & couronné ſes trophées de
tous les ſuccez qu'vn homme ſur terre euſt ſçeu deſirer, ſa fortune luy penſa
faire vn mauuais tour en Egypte: car en prenant Alexandrie, dont il porte
pour marque en ſon bouclier, la teſte d'Alexandre le Grand, il perdit ſa cot-
te d'armes; & pour ſon honneur, on ne doit pas faire eſtat, entre ſes victoires, de cette conqueſte où il laiſſa, ce qu'vn ſimple ſoldat ayant perdu,
meriteroit de paſſer par les armes. C'eſt ce qui luy faict rendre cet Eloge à la
vaillance du Roy.

Vici; At victoris ſpolium prior abſtulit hoſtis,
    Déque meis palmis hæc minùs vna placet.
Viciſti, LODOICE; ſed hæc victoria longè
    Clarior, & inulla parte pudenda ſui eſt.

Le François:

    Ie n'oſe me vanter de ce qu'Alexandrie
    Rendit à ma valeur ſes citoyens ſoumis;
    Mes armes, dont la perte enfla mes ennemis,
    D'vn ſi fameux exploict ont la gloire fleſtrie.
    Tu n'as point comme moy, Conquerant Inuincible,
    Acheté la victoire au prix de ton honneur,
    Ta ſeule volonté t'ayant rendu poſſible
    Tout ce que ton merite attendoit du bon-heur.

II. Fabius Maximus eſt le ſecond, par l'Eloge duquel ſera repris, auec
les ſuiuans, l'ordre du temps, que Ceſar par ſa grandeur auoit preuenu; Il fut
le bouclier des Romains, l'appuy de l'Italie, le tuteur d'vne Republique, laquelle commençant à florir en grandeur, ſe vid incontinent attaquée par vne
infinité de hazards, auſquels il s'oppoſa genereuſement: Bref il ſouſtint ſon
pays, & le releua par ſa valeur, lors qu'il eſtoit grandement affoibly, par la
temerité de ſes predeceſſeurs, & par la violente proſperité d'Hannibal: Ce
Mars en guerre, s'il n'euſt eſté ſi cruel, ſembloit auoir franchy les Alpes, &
eſtre deſcendu en l'Italie, non point pour y combattre des ennemis, mais pour
deſpoüiller desvaincus, tant toutes choſes luy fauoriſerent. Neantmoins Fabius

eſtoit le pedagogue que ce ieune Carthaginois craignoit tant; il eſtoit l'orage qu'il voyoit errer par les montagnes, & ſe groſſir pour fondre ſur la fortune de Carthage; & de faict, cet inuincible Capitaine, plus eſpouuantable en ſes delais, qu'il n'euſt eſté dans les ſurpriſes, mina peu à peu Hannibal, & l'empeſcha de proſperer en Italie, rompant auec ſes longueurs, & par vne patience inoüye, les artifices que le victorieux ruzé dreſſoit à tous pas, pour precipiter les Romains en leur ruïne. Or Fabius aſſiegea Tarente, & la prit, vſant en cecy d'vne telle diligence, qu'il monſtra bien qu'en guerre, qui ſçait attendre, aduance aſſez, & ne perd rien. Il porte dans ſon bouclier le Taras, fondateur des Tarentins, aſſis ſur vn Dauphin, comme fils de Neptune, en teſmoignage de ſa victoire; & loüe en ſa Majeſté, dans ce feu de courage & de ieuneſſe, les reſerues & les longueurs que la Prudence enſeigne, pour minuter les voyes & les moyens des grands exploicts. Il parle ainſi au Roy :

Plus ego cunctando, valido quàm Marte peregi,
Itala dum premeret Punicus arma furor.
Par Tibi Santonicam peperit conſtantia Rupem;
Nec tamen hæc Martis gloria Marte caret.

En François :

L'art de bien meſnager ſon courage en l'attente,
Contre le plus ruzé des Chefs Carthaginois,
Me donna le moyen de reprendre Tarente,
Comme il vient de ranger la Rochelle à tes loix;
Mais qu'eſt-ce que Tarente au prix de la Rochelle?
Elles n'ont de commun que le nom de rebelle;
Et leur priſe, qui faict aux plus ſages iuger,
Que ſçauoir bien vſer de l'art de patience,
      C'eſt l'vnique ſcience
Pour ne perdre iamais, & vaincre ſans danger.

III. Le troiſieſme eſtoit ſon compagnon d'armes, & celuy qu'on nommoit en meſme temps, l'eſpée des Romains, Marcus Marcellus, ſi brillant & actif, qu'Hannibal confeſſoit le craindre en tout temps, ſoit qu'il fuſt victorieux, ou vaincu; auſſi ne luy donnoit-il iamais aucun repos. Il apprit le premier aux ſiens, que les Carthaginois pouuoient eſtre vaincus; ce qui n'eſt pas peu de choſe pour releuer des courages abbatus, & ce qui luy acquit vne loüange eternelle, d'auoir peû entamer vne fortune ſi floriſſante, & couuerte de tant de lauriers, qu'on n'eſtimoit pas que le fer Romain euſt peû iamais auoir de priſe ſur elle. Le meſme auoit rompu les Gaulois, & remporté les armes de leur Chef, en luy oſtant la vie de ſa propre main : ce qui eſt rare entre les Capitaines Romains,

mains, & n'eſt arriué qu'à vn ou deux, depuis Romulus iuſques à luy. Apres il paſſa en Sicile, aſſiegea Syracuſe, où il fit tous les deuoirs d'vn grand Chef; encore qu'Archimede ſeul luy baillaſt tant de peines auec ſes machines, & ſes mathematiques, qu'il ſe vid ſouuent preſque reduit au deſeſpoir d'vne bonne iſſuë de ce ſiege. Neantmoins la force de ſon courage luy ſeruit ſi bien, que finalement il l'emporta; mais ce fut apres auoir veu ſouuent fuyr ſes ſoldats au moindre baſton qui paroiſſoit ſur les murailles de la ville. C'eſt pourquoy il ſe plaint de ſa foibleſſe, & de celle des ſiens; & loüe le Roy d'auoir eu tant de valeur, & d'auoir veu tomber & mourir à ſes pieds cent mille coups de canon, ſans en auoir eu crainte. Il portoit en ſon bouclier la marque de Syracuſe, & de la Sicile auſſi, c'eſt à ſçauoir, trois iambes d'vn corps humain, attachées enſemble, & couuertes de la teſte d'vne femme ſur leur iointure, qu'on croit eſtre Ceres, tant pour les fables qui s'en diſent, que pour la fertilité du pays, ainſi que le monſtroient quelques eſpics de bled ſemez autour. Ce grand Capitaine Romain diſoit au Roy:

Mœnibus inſtantem Siculis, atque arma cientem,
  Fruſtrata artificis me manus vna diu eſt.
Hoſtis erat Tibi, vi pariter metuendus & arte:
  Te contra, neque vis, nec valuêre doli.

Le François:

I'aſſiegeois Syracuſe, & la main d'vn ſeul homme
Brauoit impunément la puiſſance de Rome,
Sous qui tout l'Vniuers deuoit vn iour plier:
Contre vous, ô Grand Roy, cette grande équippée
Que la Reuolte a faiĉt, ſans peine eſt diſſipée.
C'eſt pourquoy vous cedant, ie m'offre à publier;
Que comme des Romains j'eſtois iadis l'eſpée,
Vous eſtes des François l'eſpée & le bouclier.

I V. Scipion le ieune vient apres luy, celuy qui raza Numance, mais Carthage ſeule eſt aſſez pour le loüer. Il naſquit en vne famille qui triompha de la Macedoine, & vid aux pieds de ſon pere la grandeur des Alexandres, & des Philippes abbatuë: mais ce luy fut plus d'honneur d'auoir couuert de ſon bouclier & de ſon propre corps, ſon Capitaine & ſon pere, en cette grande iournée contre Perſeus, qui fut la deciſiue de la haute fortune des Macedoniens. Et ce qui paſſe tout ce qu'on peut dire à ſa loüange & à ſa gloire, c'eſt le refus qu'il fit de la couronne ciuique que luy offrit ſon Capitaine; parce que le meſme eſtoit ſon pere; ce qui le rendit plus grand que l'honneur meſme qui luy eſtoit deferé. Depuis il paſſa par adoption en la famille des Scipions, & afin de por-

E e

ter dignement ce nom fatal à l'Afrique, vainquit Carthage, & là bruſla, chargeant ſon bouclier de la teſte d'vn cheual, qu'on trouua dans les fonde-ments de la ville, quand on la baſtit, auec tant d'augure de ſa force & de ſa valeur en guerre; & donnant ce contentement à Rome, ſa patrie, de ſe voir vengée des feux qu'Hannibal auoit allumés, les années precedentes, dans l'Italie, & de n'auoir plus rien à craindre en l'Vniuers. Caton neátmoins & Na-ſica furent long-temps en conteſtation au Senat, ſil falloit la razer ou non: chacun auoit ſes raiſons; mais Scipion euſt l'honneur de l'auoir reduitte à ce poinct, qu'on pouuoit conſulter librement de ſa ruine, ou de ſa conſeruation. Au moins, la Rochelle eſtant priſe par le Roy, & les rebelles y ayant eſté traictez ſi doucement, chacun void aſſez, ſil leur eſtoit expedient de ſe ren-dre, ou de perſiſter en leur felonnie. C'eſt ce qui faict dire à Scipion en ces vers:

Carthago vtiliùs ſtaret, caderétne, Quiritum
Verſabat dubios anxia cura Patres.
Dum ciues vrbi reddis, dum ciuibus vrbem,
Quis dubitet captis expedijſſe capi?

Le François:

On doutera touſiours ſi les murs de Carthage,
Par mon commandement ſans reſource abbatus,
Aux courages Romains n'ont point nuit dauantage,
Qu'ils n'auoient ſignalé l'effort de leurs vertus.
Par vn contraire effect, Grand Roy, rendant la vie
Et la ville aux vaincus, tes dons leur ont appris
Que, de tant de faueurs leur priſe eſtant ſuiuie,
Ils deuoient deſirer de ſe voir pluſtoſt pris.

V. Mummius Achaïcus ſ'eſt faict cognoiſtre premierement en Luſitanie, pour vn Capitaine tres-experimenté au faict des armes: Il n'eſtoit encore que Preteur quand il adminiſtra cette Prouince, dans laquelle neantmoins, apres auoir rompu & taillé en pieces plus de vingt mille habitans, leſquels par aſtu-ce & ſurpriſe donnoient beaucoup d'affaires aux Romains, il acquit le me-rite d'vn beau Triomphe. Depuis ayant eſté Conſul, on l'enuoya contre les Acheens, & contre la ville de Corinthe, où la temerité des ennemis, tant à atta-quer les Romains ſans iugement, qu'à ſe croire trop toſt vaincus, & deſeſpe-rer ſans ſuject de leurs affaires, luy mit en main cette ville qui auoit dominé dans la Grece, auoit paru le plus en la bataille de Salamine, ſous ſon Capitaine

Dio orat. 37. Adimantus, quoy qu'Herodote luy ait enuié cette loüange, pour n'auoir pas eſté traicté des Corinthiens comme il vouloit : Et depuis auoit affranchy la Sicile, faict la guerre en Afie, & en Egypte, & merité d'eftre nommée la proüe & la pouppe des Grecs, *ϖϱϱα χǳ ϖϱύμμα τῆς ἑλλάδος.* La vengeance *Ibid.* du tort qu'y auoient receu les Ambaffadeurs Romains, fut feüere, & fans exemple; car au fon de la trompette, le vainqueur fit mettre le feu par tout; & encore que le refte du monde f'enrichit depuis des defpoüilles qui f'en fau- *Florus.* uerent, neantmoins le feu y confomma tant de richeffes, qu'en ftatuës feulement il y en euft affez pour faire couler par les ruës l'airain qu'on nomme de Corinthe. Il fut le premier qui par fa vertu merita de porter le nom de fes conqueftes, entre ceux qui n'eftoient pas de maifon: *Nec quifquam ex nouis hominibus prior Mummio, cognomen virtute partum vindicauit;* car il fut furnommé de fa victoire, Achaïcus. Neantmoins dans fon quatrain il témoigne qu'il regrette toufiours la perte d'vne fi belle ville, qui eftoit l'œil de la Grece, fi la pofterité ne f'oblige à faire de la plus riche bronze qui pourroit refter de Corinthe, vne ftatuë au Roy, pour auoir conferué la Rochelle, apres l'auoir vaincuë. Il porte dans fon bouclier vn Pegafe, qui eftoit la monnoye des Corinthiens, & pour ce fe nommoit Γǳλǳς: car Bellerophon, natif de Corin- *Iulius Pol-* the, le prit vers la fontaine de Pirene, qui eftoit en l'Acrocorinthe, ou cita- *lux.* delle de la ville. Mais Mummius parle ainfi:

> *Æra Corinthiaca pretiofa iniuria cladis,*
>   *Laude Ducem incertum eft, inuidiáne premant.*
> *Sed minùs inuidiam, iactatáque probra morabor,*
>   *Si Te Orbis noftro totus in ære colat.*

Le François:

> *L'airain Corinthien a faict douter l'hiftoire,*
>   *Si l'on me doit donner du blafme, ou de la gloire*
>   *D'auoir efté l'autheur de fon embrazement:*
>   *Mais ie confentiray d'en demeurer blafmable,*
>   *Pourueu que l'on employe à faire vn baftiment,*
>   *Où ton front adorable*
>   *Reçoiue les lauriers*
> *Que ta Gloire rauit aux plus braues Guerriers.*

VI. Lucullus fit la guerre en Afie, defit en bataille rangée Mithridates, & Tigranes Roy d'Armenie, & monftra bien qu'vn grand efprit peut deuenir tout ce qu'il veut, car eftant forty de Rome clerc d'armes, il deuint pendant le chemin Capitaine accomply en lifant l'Hiftoire. Son courage auoit de fi grandes inclinations à la valeur, que ce luy fut affez de voir la vertu dans les autres, pour l'aimer; & fans iamais rifquer rien en fes affaires, ou acquerir vne pitoyable prudence, par l'experience des hazards, il fe

, vit tout d'vn coup parfaict en la milice , & victorieux. *Misera ex periculis*

Plin. Paneg. *facta prudentia.* Antiochus le Philofophe parlant de cette feule bataille qu'il gagna fur les deux Roys fufnommez , dit , que ce fut la plus grande que le Soleil ait iamais veu. οὔ φησιν ἄλλω ἐφεωρακέναι τοιαύτω τὸν ἥλιον. Pompée

Plut. Lucul-
li. luy enuia la Gloire de fes triomphes ; neantmoins la verité le maintiendra toufiours en fon honneur. Et certes ce grand Capitaine euft mieux faict de demeurer toufiours dans le trauail , qui le charmoit a foy fi doucement par ce fuccez , que de s'abandonner au luxe & au repos. Il s'en excufe icy & dict que prenant la ville de Sinope , qui fut vn de fes grands exploicts , la Fortune , qui l'aduertit en fonge que les affiegez fe fauuoient , luy fut auffi vn prefage fatal , que fa gloire s'efuanouïroit bien toft comme vn fonge : & pour ce fujet il la porte dans fon bouclier fur la boule & l'inconftance qu'on luy donne ordinairement ; ou il recognoift que les victoires du Roy la tiennent attachée , par des liens adamantins & indiffolubles.

> *Fortuna euerfa cùm mœnia linqueret vrbis*
> *In fomnis , vultus aftitit ante meos.*
> *Labilis , in fomni fpeciem , fic deinde reliquit :*
> *Tu vinctam æterno , Rex , adamante domas.*

Le François :

> *Quand fous mes eftendards les forces de l'Europe*
> *Firent trembler l'Afie au fiege de Sinope ,*
> *De quel contentement mes fens furent rauis*
> *De voir que la Fortune abandonnant la fuite*
> *De ceux , dont la valeur cedoit à mon merite ,*
> *Au fort de mon fommeil m'en vint donner aduis ?*
> *En vain ie m'efforçay d'arrefter fa viteffe :*
> *Sur les aifles du fonge elle efchappa mes mains :*
> *Mais afin que iamais fon fecours ne te laiffe ,*
> *Le Deftin , ô Grand Roy , l'attache à tes deffeins.*

VII. Brutus eft le dernier , & n'euft pas merité l'honneur d'eftre placé parmy tant de perfonnes Illuftres , fi Marfeille qu'il vainquit foubs les aufpices de Cæfar , n'euft efté bien aife d'eftre nommée dans les Eloges de fon Roy ; car elle eft dans la Mer Mediterrannée , en force & en grandeur, ce qu'eftoit n'agueres la Rochelle vers l'Ocean. Elle fut prife par ce Capitaine Romain, qui commandoit les troupes de Cæfar lors abfent en Efpagne , la fortune duquel la liura finalement entre les mains de Brutus Marfeille donc a efté vaincuë par la reputation de Cæfar abfent ; & il n'y auoit que la prefence du Roy , qui euft peu vaincre la Rochelle. Il auoit en fon bouclier vn

lyon

Lyon paſſant , auec le mot , MACCAΛIΩTΩN , comme on le voit aux Medailles de Marſeille. Il dit au Roy :

Mœnia Phocaïcis olim fundata colonis ,
    Caſareo Brutus ſubdidit Auſpicio.
Rupella imperio nunquam ceſſura minori
    Staret adhuc , præſens ni , LODOICE , fores.

En François :

En vain , puiſque iamais Marſeille n'y conſent ,
Touſiours ma vanité dit que ie l'ay conquiſe :
Le bruit eſt que le nom de Ceſar , quoy qu'abſent ,
A plus que mes efforts facilité ſa priſe.
Qui ſçaura combien peu la puiſſance des Lys
Eſtonnoit la Rochelle au temps de ton abſence ,
En voyant , ô Grand Roy , tous ſes murs démolis ,
Donnera la victoire à ta ſeule preſence.

Tels eſtoient les quatorze Capitaines , qui faiſoient les ornemens de la premiere partie du Temple , qu'on peut dire eſtre ſuffiſamment remply , puiſ-que l'vne & l'autre Hiſtoire ne fournit point d'actions plus genereuſes & plus loüables , pour ce qui touche les conqueſtes des villes Maritimes , que cel-les qui ſont en ce deſſein.

LA SECONDE PARTIE conſiſtoit en vn double feu , qui donnoit la lumiere à ce domicile de Grandeur , & deſcouuroit les excellences de la force de ſa Majeſté , par les diuerſes applications , priſes de la Nature , & de l'Hiſtoire , qui ſe verront incontinent. Cet element eſt ſymbole de la Force, & de ſa nature eſt Royal. S'il eſt vray ce que dit Ariſtote , que meſme és cho-ſes inanimées il y a quelque veſtige d'eminence , & de Royauté ; il n'y a point de doute que le feu ne ſoit le Roy des elements : Car il eſt celuy qui a ſon mouuement dedans ſoy-meſme , ne le prenant point d'aucun agent exterieur : Auſſi les Roys agiſſent & ſe gouuernent , comme eſtans d'eux-meſmes le principe de leur action , & puis donnent le mouuement à leurs ſubjects. C'eſt pourquoy quelques anciens ont creu que le feu eſtoit animé ; ce qu'ils ont aduancé , apres Herodote , qui le nomme θειον ἔμψυχον , vn animal viuant , & mouuant , auec vne apparence de nourriture , telle qu'on la void aux ani-maux. Pour le moins a-til cette excellence , qu'il eſt le corps ſimple le plus par-faict des ſublunaires , & pour ce ſujet eſt le lien des corps inferieurs auec les ſu-perieurs & celeſtes , comme celuy qui dans ſa ſphere eſt tres-pur , & ſymbolize en pluſieurs choſes auec les cieux : Ainſi les Roys & les Princes , compoſez des plus pures eſſences que nous ayons icy bas entre les hommes , ſont ceux qui

Polit. l.1.c.3.

In Thalia.

conioignent les peuples auec l'Autheur de la Nature, par la puiſſance qu'ils prennent immediatement de luy, pour les mouuoir apres, & les perfectionner dans leur genre. Et pour ne point dire que le feu ſe portoit deuant les Roys, comme celuy qui eſtoit vne marque aſſeurée de leur dignité, c'eſt aſſez de dire, que ſes vtilitez ſont ſi grandes, que comme la Nature en dépend, les Roys ont aſſez faict de ſe l'approprier, pour tenir en reſpect leurs ſubjects, & leur apprendre, que ſans eux, leur vie peut auſſi peu ſubſiſter, que ſans le feu. S. Chryſoſtome a raiſon d'admirer la ſageſſe de Dieu d'auoir reſpandu cette creature par l'Vniuers; & encore que par ſes qualitez naturelles, le lieu le plus eminent luy ſoit deu, neantmoins il n'y a rien de ſi bas & abject qui n'en reçoiue de l'aſſiſtance. Mais nous auons plus de raiſon d'eſtre eſtonnez de voir combien la grandeur des Roys les aſſujettit à leurs peuples, & que ce rehauſſement de qualité eſt ce qui les abbaiſſe dauantage, pour ayder leurs ſubjects, & pour les ſecourir de leur pouuoir.

In Pſal. 134.

  Cet element eſt reſpandu par tout; les eſtoiles ſont des feux, non ſeulement dans l'eſtime des anciens, mais auſſi dans la creance des Saincts Peres, qui prennent ſuject de loüer Dieu de ce que ces feux (ſans ſ'eſteindre) roulent dans les cieux qu'ils croyent eſtre faicts d'eau: Les autres elements ſont confortez du feu, picquez, & animez par le meſme dans leur peſanteur languiſſante; ce qu'ils enſerrent de viuant, n'eſt tel que par le benefice du feu; les animaux n'ont qu'autant de vie, qu'ils ont de chaleur; & l'vne ſe perdant, l'autre ſe perd: il donne aux fruicts leur maturité, qu'à ce ſuject les Grecs nomment πέψιν, ou πέπανσιν, comme cuiſſon, & action de feu: La beauté ne vient que du meſme, à raiſon des temperamens qu'il meſnage dans les corps: l'or le plus parfaict des metaux, a plus de feu que les autres: Les Alchimiſtes & Lapidaires nous enſeignent, que les plus viues en couleur d'entre les pierres, ſont d'vn temperament plus ignée, & que le feu les peut faire croiſtre en bonté, & monter à vne forme plus parfaicte: Bref il eſt le pere des arts & des ſciences: τέχνας δ πάσας κ αἰσὺρε τὸ πῦρ, κ Ͼζῆς; ce qui eſt dict à raiſon des inſtruments qu'il fournit, & de la voye qu'il ouure à nos entendemens par la diſſolution des effects de la Nature, pour en cognoiſtre les reſſorts & les ſecrets. De meſme tous les biens qui ſont dans les Eſtats, viennent des Roys, ils ſe meſlent & ſe rencontrent par tout; ils ſont repreſentez en quelques-vns de leurs ſubjects, en leur grandeur & majeſté; ils ſe rabbaiſſent dans les autres, & ſ'attemperent à leur foibleſſe, donnant la perfection à toute choſe: c'eſt par eux que la beauté, la douceur, le reglement ſ'eſpand dans les villes: ils ſont les bazes des peuples, βάσης λαῶν, ils en ſont auſſi le comble & le couronnement, comme embraſſant toutes les parties de la ſocieté humaine, qui florit, ſous leur conduicte, en richeſſes, meres des ſciences, & du répos.

Theodoret. ὠϐ̀ ωερ. κὸϒ. ἀ

Ariſt. lib. de mundo.

Plut.

Compoſitionem rei quis ſcire potuit, ſi deſtructionem eius ignoraſerit? Geber.

  Pour cognoiſtre auſſi que la Force eſt repreſentée par le feu, il ne faut qu'entendre ce qu'en remarque l'Oracle d'Athenes, & le Grand Apoſtre de Paris. Car il témoigne qu'à cet element rien n'eſt difficile, qu'il ſe meut ſans repos, qu'il requiert touſiours quelque ſuject pour agir, & ſe faire cognoiſtre;

Cœl. Hierar. c. 15.

autrement il ſe diſſipe, & diſparoiſt : qu'il ne vieillit iamais, & ne deüient point
plus lent par le temps, eſtant touſiours ieune & robuſte, ayant les actions promp-
ptes; qu'il ſe iette ſans delay ſur l'aliment qu'on luy donne, & s'il ne le peut entamer, l'enueloppe neantmoins, court tout au tour, & auec mille langues, ou petits dards, cherche paſſage pour agir : qu'il croiſt & ſe renforce dans les oppoſi-
tions, s'augmente & ſe nourrit des charges qu'on luy donne, s'eſclaircit par les
iniures des vents ; bref, qu'il renaiſt de ſoy-meſme, & au moindre ſouffle ſe
monſtre plus beau, plus vif, plus eſclattant que iamais.

Partant pour exprimer la Force, & Force d'vn Grand Roy, l'on auoit allumé ce feu dans le Temple, en pluſieurs rangs de flambeaux de cire blanche, par les baluſtrades de menuiſerie, qui regnoient tout au tour. Mais maintenant il faut voir ce qui eſtoit ſignifié par les feux hiſtoriques, couchez par la
peinture en pluſieurs cartouches, diſpoſées ſous les chapiteaux des pilaſtres,
qui ſeparoient les niches & les ſtatuës, deſquelles a eſté parlé cy-deſſus. Car
ſur ſeize pilaſtres Corinthiens, comme eſtoit toute l'ordonnance, on mit
ſeize peintures, huict de chaque coſté, touchant la nature & les ſymboles du
feu, auec le rapport à la Force & à la Vaillance de ſa Majeſté, ainſi qu'il ſe
verra par le diſcours.

I. La premiere du coſté droict monſtroit ce qu'on dict de la ville de Saïs,
en Egypte, où Minerue, Deeſſe de la Force, eſtoit honorée. Vn iour de l'an *Diodor. Si-*
on eſteignoit tout le feu qui eſtoit és maiſons de la ville, & chacun alloit au *cul.*
Temple allumer vn flambeau à celuy que tenoit la Preſtreſſe, à celle fin qu'ils
tinſſent en hommage de Minerue cet element neceſſaire à la vie. L'on dict le
meſme des Roys d'Ethiopie, & qu'vn certain iour de l'année ils comman-
doient que chacun euſt à eſteindre le feu qu'il auoit chez ſoy, & en vint prendre de nouueau au Palais; pour apprendre à ces barbares qu'ils deuoient tenir
leur entretenemét & leur vie des Roys. On ſ'eſt toutefois contenté du premier
traict, comme mieux fondé dans l'hiſtoire; & on a mis à l'entrée du Temple
la Preſtreſſe de Minerue Saïtique, laquelle allume les flambeaux du peuple,
& renuoye chacun à ſa maiſon bien content : Ce ſera pour rendre l'hommage qui eſt deu à la vaillance du Roy, & pour monſtrer qu'il faut auiourd'huy
que les grands Capitaines qui ſont dans la France, n'ayent point de lumiere
ny d'eſclat, que ce que le Roy leur en voudra departir, d'autant que par ſa Valeur il ſ'eſt acquis la diſtribution de la Gloire. Le mot diſoit, INDE OMNES
LVCERE DECET; pour ſignifier que la force & la vertu des Heros, que
nous auons veu reluire dans ces derniers mouuemens, ne prend ſon origine,
ſon exemple, & ſa conduitte, que du Roy. Tous les aſtres reçoiuent leur lumiere du Soleil & n'ont autre choſe de la nature, que plus ou moins de ſolidité
ou d'aptitude à receuoir ce qu'il daigne leur diſtribuer : Les Princes & les Capitaines de la France, qui reluit maintenant en auſſi bon nombre de grands
courages, que le Ciel faict en eſtoiles, doiuent aduoüer que c'eſt de la force
du Soleil François comme d'vne viſue ſource de vertus, qu'ils tirent leur valeur, leur adreſſe, & tout ce qui les rend admirables dans les armes.

F f ij

116

Plut. Solone.
Auctor ad
Herennium
lib. 4.

II. Les Atheniens auoient vne feste, qu'ils nommoient λαμπαδοφορίαι, la course des flambeaux, dediée à Promethée, lequel dans les fables a donné le feu aux hommes; & dans la verité, fut vn grand Prince, qui enseigna les vtilitez qui se pouuoient prendre en l'vsage de cet element. Dans cette course chacun tenoit son flambeau à la main, & estoit estimé auoir bien couru, quand dans le mouuement necessaire il auoit sçeu si dextrement regir son feu, qu'il ne s'esteignoit point. C'est vne course que le combat de valeur, laquelle s'entreprend entre les Grands: quand ils embrassent vne grande affaire, ils se doiuét persuader qu'ils entrent en lice, & commencent à courir auec autant de combattans, qu'il y a de valeureux Princes qui ont iadis paru; & paroissent encore dans le bruit du monde, & dans l'exercice des armes. La gloire leur est comme vn flambeau dans la main, qui demeure tousiours allumé, quand ils sçauent si bien se gouuerner dans les occasions qui s'en presentent, que rien ne les face broncher, ou obscurcisse leur renom. On n'oste point l'honneur aux Vaillants, dont la France est remplie, & on sçait assez que la Grandeur de sa Majesté est d'auoir sous ses Cornettes tant de braue Noblesse, qu'il y en auroit assez pour donner des Capitaines à tout le monde: Mais chacun doit aduoüer que le Roy a couru dans ce siege la lice de Vaillance, & en a franchy la carriere le plus parfaictement qu'il se pouuoit faire; si que l'honneur de la Victoire luy est deu non seulement sur les vaincus, qui seroit peu de chose, mais mesme sur les vainqueurs, ayant gardé dans la longueur de treize mois que cette course a duré, la plus reguliere discipline de chef d'armées qui puisse estre. C'est pourquoy, on l'a representé comme courant dans cette lice de flambeaux & de gloire, auec plusieurs autres Seigneurs, qu'il surpassoit neantmoins, & en legereté de course, & en esclat de lumiere. Le mot estoit FAX INOFFENSA: pour signifier, que la force de sa Majesté s'estoit renduë tresfignalée, d'auoir porté les armes tant de temps, entre tant de rencontres de saison, de place, d'ennemis si peu fauorables à ses desseins sans auoir receu aucune perte, ou déchet.

De Vita Prophetarum.

III. La troisiesme est prise de sainct Epiphane, qui parlant du prophete Elie, dont le zele pour l'honneur de Dieu, est tant loüé par l'Escriture Saincte, rapporte que la tradition estoit, qu'il auoit eu le feu pour nourriture. Car (à ce qu'on tient) les Anges l'enuelopperent, tout enfant qu'il estoit

Dorotheus in Synopsi.

encore, dans les flammes, ainsi que dans des langes, & puis luy presenterent le feu, comme aliment, pour le nourrir. Duquel spectacle Sobaha, pere d'Elie, fut grandement effrayé, & estant accouru en Hierusalem pour sçauoir ce que signifioient ces prodiges, eut pour response des Prestres, que cet enfant seroit quelque chose de grand; que ses actions seroient la lumiere du peuple; son zele, la destruction des idoles; ses paroles, le feu qui consumeroit Israël. La prophetie eut amplement son effect, quand il s'opposa courageusement à l'impieté des idolatres, destruisit les idoles, & remit sus le culte du vray Dieu dans Samarie, que les mauuais desseins de Nabal auoient esteint. Vous voyez ce mesme enfant dans la peinture, emmaillotté de feu, sans en estre offensé, pour vous
faire

faire fouuenir de l'ardeur qui le porta par apres contre l'idolâtrie, & les fa-
crificateurs de Baal, auec tant d'aduantage, que fa langue (dignement nom-
mée par Sainct Bafile, χαλινὸς οὐράνου) fembloit tenir le domaine du Ciel, & *S. Bafil. Se-
leuc. orat. 11.*
le pouuoir de l'ouurir, ou de le fermer à difcretion, & d'en tirer le feu, ou refer-
rer les pluyes à fa volonté. C'eft afin d'exprimer le zele qu'a fa Majefté pour la
foy, qui luy faifant oublier le foing de fa fanté, & l'amour du repos, l'a faict
paroiftre en campagne, pour combattre les profanes nouueautez que l'erreur auoit faict couler parmy fes fubjects; lefquelles ayant aboly le culte deu
à Dieu, fous l'apparence d'vne nouuelle Religion, vouloient auffi déraciner
le refpect que les vaffaux doiuent à leurs Roys, & rompre tout droict diuin
& humain. Zoroaftre pareillement, à ce qu'on dict, fe nourrit quelque temps *Dio Boryfte-
netico orat.*
dans les flammes, defquelles apres il fortit fans en eftre endommagé, & puis *36.*
publia les grandeurs de Dieu, par des termes rares & choifis qu'il fembloit
auoir puifé du fonds de la diuinité. Mais ce n'eftoient que paroles; où le Roy
nourry dans la piété, laquelle, comme vn feu facré, le conferue & le confacre
dés fon enfance, produit de fi grands effects de vertu, que l'impieté n'a tantoft
plus de retraicte affeurée, finon où elle donne l'efperance d'amendement.
On fçait affez quel feu & quelle affection fa Majefté monftre à la creance
des Saincts fes predeceffeurs: l'inftruction de fon bas aage, & les marques
qu'il a donné de tout temps de fon zele pour la foy, firent dire au feu Roy
fon Pere Henry le Grand, qu'il deftruiroit la Rochelle, & reftabliroit l'Eglife en fon ancienne fplendeur. C'eft cette Force facrée que l'on entend icy
par le feu qui entoure Elie, comme le mot mefme le denote, IN SPIRITV
ET VIRTVTE; puifque la grandeur de fes armes a feruy fi heureufement à
l'efprit & au zele de fa Pieté.

IV. Les Romains, entre les autres façons de deuiner les chofes futures, *Cic. l. 2. de*
auoient cette-cy, plus ordinaire aux foldats; que fi quelque feu paroiffoit la *Diuinat.*
nuict fur la poincte de leurs tentes, ou mefme en voyageant, fur le fer de leurs *fect. 77.*
picques, ils s'eftimoient deuoir eftre infailliblement victorieux. Ce prefage, νίκλω ϛ χάϊσα
qu'ils nommoient *Omen ex acuminibus*, n'auoit pas grande certitude, & ἢ ὃ λαμπρῶ̀
fon fondement eftoit foible pour appuyer vn grand deffein, puifque l'expe- σημαῖς, ἐπι-
δ'ἦπρ ἄπω εἰ-
rience apprend que ces feux volans qu'on void de nuict, naiffent de caufes και πολ.
naturelles, & n'ont aucune force pour augurer le futur. La lueur de fa Maje- *Halicarn.
l. 3.*
fté, & l'éclat de fa vaillance, qui brilloit de iour & de nuict entre les armes
des fiens, fe rendant prefent à leur trauail, à leurs factions, à leurs combats, leur
eftoit vne infaillible affeurance de la victoire qu'ils ont gagnée. Il n'y a rien
qui anime & encourage tant les foldats, que d'auoir l'œil de leur maiftre
pour tefmoing & fpectateur de leur promptitude à bien faire: C'eft en
quoy gift tout l'augure qu'on peut prendre d'vne victoire, quand le Chef va
dans la meflée, comme vn feu celefte, qui regit les fiens par fa conduitte, &
acere les pointes de leurs efpées par la loüange qu'il donne fur le lieu mefme
à la vertu. Quels ennemis pourroient refifter à telle Force? C'eft ce qu'on exprimoit par ce feu qui luifoit fur la pointe des efpées, & fur le fer des picques des

Gg

· foldats, & fur les drappèaux qui paroiſſoient dans la peinture, auec ce mot, qui s'addreſſe au Roy, LVMEN ET OMEN ERAS: Vous eſtiez le feu ce-leſte qui promettiez la victoire.

V. Iadis dans les armées Grecques il y auoit touſiours vn Sacrificateur des idoles, ou Deuin, qui portoit le feu ὁ πυρφόρος: dans les liures ſacrez il eſt faict quelque mention de cette couſtume. Mais c'eſt merueille qu'on adiouſte, que ce Preſtre ou Deuin n'eſtoit iamais bleçé tandis qu'il faiſoit ſa ceremonie, ſoit que ſon office le couuriſt, ou ſoit pluſtoſt que les ſoldats l'eſpargnaſſent, pour le reſpect de ſa charge. C'eſtoit de luy qu'il ſe lit entre les prouerbes, πρὸς τὸν μαν-τιν; Ne touchez pas le Deuin: quand on aduiſe quelqu'vn de ne point ſe mé-prendre, & de n'offenſer pas vne perſonne ſacrée: cóme d'autre part, quand on vouloit dire, que tout eſtoit taillé en pieces, on ſe ſeruoit d'vn autre prouerbe tiré de la meſme couſtume, en diſant, que celuy qui portoit le feu, n'en eſtoit pas meſme eſchappé, οὐδὲ πυρφόρος ἐλείφθη: ce qu'Homere dit en d'autres ter-mes, οὐδ' ἄγγελον ἀποιέεϑαι, comme l'explique Euſtathius. Mais nous auons cette remarque plus certaine de celuy qui portoit la Cornette de Conſtantin, dicte *Labarum*, lequel, ſelon le teſmoignage des Hiſtoriens Grecs Chreſtiens, alloit par les trouppes, & ſe preſentoit aux hazards ſans danger. Combien donc plus iuſtement deuoit eſtre couuert de la main de Dieu, celuy qui ne portoit pas ſeulement ſon nom, ou ſa figure, mais ſon huile ſur la teſte, & ſon image digne de tout honneur ſur le front? Ce qui releue ce point, eſt, que des murailles des rebelles on tiroit ſur tous les endroits du Camp Royal, ſans au-cun reſpect; & que pendant ce meſme temps, la mortalité qui ſuit les ſieges & les armées, n'en oſa iamais approcher, & s'arreſta dedans les villes, auec la de-ſolation que chacun ſçait. Partant le camp meſme ſans doute a eſté couuert & defendu par les vertus de ſon Prince; & ſi ſa vaillance a dompté les rebelles, ſa pieté a protegé les ſiens de la fureur de l'ennemy, & des approches de toute ſor-te de danger. C'eſt ce que monſtre au milieu de ces trouppes, celuy qui pa-roiſt couronné de laurier, peut-eſtre parce qu'il eſt Deuin, & qui tient vn flam-beau dans la main, ſans crainte d'eſtre offenſé: Tant la majeſté de ſon feu le couure, & le rend venerable. INTACTVS INTER HOSTES.

VI. Dans la grande ſale du Conſeil des Tarentins, Athenée rapporte qu'il y auoit vn chandelier à trois cens ſoixante & cinq lumieres, autant que nous auons de iours en l'an: λυχνεῖον δυνάμβυον χαὶ τοσούτοις λύχνοις ὅσος ὁ τῆ ἡμερῶν ἐϛιν ἀριθμὸς εἰς τὸν ὀνιαυτόν. Ce preſent leur fut faict par Denys le ieune: & ſans doute auoit vn grand effect, & qui ſurpaſſoit en cela le Soleil meſme, parce qu'il auoit toutes ſes lumieres à la fois, que le Soleil ne void que ſucceſſi-uement. L'on a enrichy de ce deſſein vne peinture, pour monſtrer que la For-ce de ſa Majeſté auoit éclatté dans les trauaux d'vn an entier en cette guerre, ou pluſtoſt, que ce iour de Triomphe valoit en ioye à la ville de Paris, au-tant qu'vne année d'abſence l'auoit attriſtée. Les paroles eſtoient pour ce ſens, DIES PRO ANNO COMPVTABITVR: Vn ſeul iour vaudra tout vn an; qui ſont tirées par metatheſe d'vn traict de la ſaincte Eſcriture, où nous li-

Ιλιάδ. μ'.

Lib. 15. Di-pnoſ. c.19.

fons, de la punition des impies, *Annus pro die computabitur* ; Ils receuront pour vn iour de plaifir, vne année de tourmens.

VII. La Deeffe, qui tient d'vne main la tefte d'Apollon, & de l'autre celle de Diane, comme on les peut diftinguer par les cheueux, par les rayons & le Croiffant, eft l'Eternité, telle qu'elle eft depeinte, dans la medaille de l'Empereur Adrian, & d'autres. Auffi le feu dont ces deux Aftres font les fources eft Symbole de l'Eternité. L'actance tire vne preuue tres-rare de l'immortalité de l'Ame, par l'vfage que l'homme entre tous les animaux a du feu. *Non exiguum immortalitatis argumentum eft , quod homo folus cœlefti ele-* Lib.7.c. 9. *mento vtitur. Nam cùm rerum natura his duobus elementis , quæ , repugnantia fibi atque inimica funt, conftet, fcilicet igne & aqua, quorum alterum cœlo, alte-rum terræ afcribitur ; cætera animantes, quia terrènæ mortalesque funt , terreno & graui vtuntur elemento, homo folus ignem in vfu habet, quod eft elementum leue, fublime, cœlefte.* Ce n'eft pas vn foible argument de l'immortalité de l'ame qu'y ayant deux elemens ; defquels on fe fert pour la vie, les autres animaux fe feruent bien de l'eau, qui eft vn element bas & groffier ; & l'homme feul a l'vfage du feu, tout celefte & fublime, *Elementum lucis & vitæ. Vnde apparet hominem qui eo vtitur, immortalem fortitum effe conditionem, quia id illi familiare eft quod facit vitam.* C'eft l'element de vie & de lumiere ; d'où il appert que l'homme eft de condition immortelle, puis qu'il pratique, & fe plaift auec celuy qui donne la vie aux autres. Cet emblème donc regarde la lumiere, laquelle nous venant des deux aftres, que l'Eternité tient en fa main, l'vn pour le iour, & l'autre pour la nuict, nous monftre par cet accouplement vne lumiere éternelle, qui ne peut iamais ceffer, ny defaillir. C'eft ce que veut dire le mot, INDEFICIENS, Lumiere qui ne manquera iamais ; promettant à fa Majefté vne eternité de gloire & d'honneur entre les hommes, pour fes trauaux, & fa valeur infatigable, dont ces deux aftres mefmes, qui font dans vne agitation continuë, font la figure. Cette deuife nous a pleu dauantage, parce qu'elle nous a femblé beaucoup fymbolizer auec celle de l'Academie de la ville de Cazal, au Montferrat, qu'on nomme, *de gli Illuftrati*, laquelle, fe- Scipione Bar-gagli dell' Imprefe. lon la couftume des bonnes villes d'Italie, ayant pris ce nom, a mis dans la de-uife qu'elle porte, vn Soleil couchant, d'vn cofté, & de l'autre, vne Lune naif-fante, auec le mot, *Lux indeficiens.* La gloire de cette place fi importante au repos de toute l'Italie, & la lumiere de valeur qu'elle vient d'épandre par l'Eu-rope, doit fa conferuation à fa Majefté, laquelle ayant dompté les Alpes, au milieu de l'hyuer, l'a dégagée du fiege, & luy a rendu la liberté. Nous pren-drons ce Soleil & cette Lune de fon Illuftre Academie, pour faire vn rayon de Triomphe de fon Liberateur & Protecteur : ce qu'elle luy accordera d'autant plus volontiers, que la reputation de fa vaillance ne ioüyt maintenant de l'af-feurance de fa gloire, & fes citoyens ne fentent le bien de la paix & du repos, que par fes armes.

VIII. La derniere de ce rang fe prend du feu facré, duquel les Hebrieux, Cornel. in Le-uitic. c.9. v. entre plufieurs autres merueilles, difent qu'il eftoit gardé & enueloppé dans la 23.

pourpre qui couuroit l'Autel, sans la brusler. La force d'vn Rodomont, ou de quelque esprit furieux, qui iure par ses armes, comme cet Impie dans les Poëtes, & croit qu'il ne doit rien espargner; cette vaillance sanguinaire, de laquelle vne infinité de corsaires de terre & d'auortons de noblesse se vante tant; n'a pour effect que la ruine des pauures; & s'ils vont en compagnie, c'est comme vne trouppe de bestes sauuages, qui marque ses logemens par le sang & le rauage qu'elle y laisse. La vraye force, la force eminente & Royale, celle qui vient du Ciel, & que Dieu donne aux Roys pour le soulagement de leurs peuples, est innocente, n'agit que quand le droict le veut, ne sçait ny ruiner, ny piller; est plustost née pour garder le monde, que pour y rien destruire que le vice. Telle est celle du Roy; elle vient du Ciel, & retenant la grandeur de son origine, n'a des armes & des efforts que pour seruir le Ciel: hors de la guerre, & de la poursuitte des rebelles, elle se conserue dans la majesté de sa pourpre auec tant de facilité, qu'on s'en peut approcher impunément. On a trouué plusieurs moyens pour toucher le feu sans se brusler; mais on n'a iamais veu vne force si innocente, & vn feu de vaillance si peu nuisible pour les siens, que celuy qui brille dans ses yeux. VIS INNOCENS.

L'autre costé auoit aussi huict peintures, sur l'histoire & la nature du feu, & des flambeaux dont ce Temple estoit reuestu.

I. La premiere consistoit en vne estoile; & puis que les estoiles sont autant de flambeaux que Vesper allume tous les soirs, c'estoit vn flambeau nouueau qui parut au Ciel du temps de l'heureuse naissance de sa Majesté, dans la constellation du Cygne. L'on ne se peut estendre icy sur la production nouuelle de ce feu, & comme il est possible qu'il soit apparu, puis que les anciens Astrologues ont tenu le compte des estoiles si exact, qu'il semble que la Nature ne puisse plus faire de nouuelles creües dans la milice celeste: ioint que l'on dict que ces corps sont incorruptibles; & d'autre part les estoilles n'estans que des parties du Ciel plus espaisses que les autres, qui arrestent plus de lumiere, & la renuoyent à nos yeux, il n'y a gueres d'apparence que les estoiles puissent apparoir de nouueau, si l'on n'admet l'alteration dans les cieux. Aussi de vouloir entreprendre de contredire tout le monde, & les Mathematiciens nommément, qui asseurent les auoir veües, comme celle de Cassiopée, au siecle precedent, & celle-cy du Cygne, au siecle courant, il n'y auroit point de raison. Il faut donc croire d'vn costé, que les estoilles naissent de nouueau; & de l'autre, appointer l'affaire au Conseil: Seulement peut-on dire que cela se faict comme il plaist à celuy qui les tient sous son seel & cachet, *sub signaculo*, & qui les cognoist toutes par nom; *& omnibus eis nomina vocat*. Mais notamment, il ne faut point douter de celle-cy, que nous deuons estimer auoir paru, comme si le ciel n'eust pas encore eu assez d'ouuerture par tant d'estoiles precedentes, pour feliciter la naissance si souhaittée de ce Prince; & qu'il se fust veu contraint, pour luy donner tout ce qu'il en auoit promis aux destinées, de produire vn astre nouueau en cette constellation des doctes, qui en demeureroient rauis. Peut-estre aussi quelqu'vn croira que le ciel entrant en ialousie contre la

terre,

terre, & la voyant s'enrichir de la naiſſance d'vn ſi glorieux Prince, pour ne
point eſtre vaincu, auoir voulu croiſtre ſa maiſon, ſes feux, & ſa gloire par la
production ou nouuelle monſtre de ce flambeau. L'vn & l'autre ſens peut
s'accorder auec le mot de la deuiſe, & auec ce Cygne celeſte, au col duquel le
Peintre a faict eſclatter cette eſtoile, pour la faire mieux diſtinguer. N O N
S A T I S A N T I Q V I : Les anciens feux du ciel ne ſuffiſoient pas.

I I.   On raconte que les anciens Sacrificateurs Payens portoient des
feux & des flambeaux par les ruës, lors qu'ils vouloient denoncer aux hommes quelque nouueau courroux de leurs Deïtez, pour les aduertir de les appaiſer, & d'euiter le mal-heur qui pendoit ſur leurs teſtes. Mais qui aura
porté cette ceremonie aux Indiens & aux Barbares du nouueau monde ? Car
les relations qui en viennent, aſſeurent que leurs Sacrificateurs donnent ce
meſme aduertiſſement auec le feu, & trafiquent de la peur de ces idolatres,
pour amaſſer du bien, & s'enrichir par les grandes aſſeurances qu'ils leur
donnent. Toutefois l'on a mieux aymé ſe ſeruir de la couſtume des Romains,
chez leſquels ceux qu'on nommoit, *Fratres Ambaruales*, comme aſſociez en
vne communauté de myſteres, couroient autour des champs auec du feu, &
promettoient, en ce faiſant, d'expier, & de chaſſer tout le mal-heur qu'on euſt
redouté. La ville de Paris a ſujeÿct de s'eſioüyr maintenant auec la France, à laquelle Dieu donnant vn Prince ſi recommandable en toute ſorte de vertus,
monſtre aſſez qu'il eſt reconcilié auec elle, & qu'il regarde cet Empire auec
vne affeÿction nouuelle, pour les effeÿcts de bonté qu'il luy prepare. Le mot
eſt, P L A C A T O S F A X I S T A D E O S, ſur vn Sacrificateur à l'antique, qui
porte vn flambeau par les champs, ſuiuy de ſes aſſociez, aſſeurant que tout va
bien pour nous, & que la Force du Roy, qui depuis ſon aduenement à la Couronne, a inceſſamment couru par les Prouinces de ſon Royaume, pour expier, & appaiſer les troubles qui nous menaçoient, deſormais que la Rochelle eſt gagnée, nous eſt non ſeulement vn gage, mais vne conſignation
tres-aſſeurée du bien que Dieu veut à la France.

I I I.   Les peuples de la Grece auoient accouſtumé de nourrir vn feu ſacré
dans les Hoſtels de leurs villes, qu'à ce ſujeÿct ils nommerent, τὰ πρυτάνεια, com- *In lib. 2.*
me πυρὸς ταμεῖα, dit le Scholiaſte de Thucydide, ἔνθα καὶ τὸ ἄσβεστον πῦρ:
Le lieu de reſerue & la garde du feu inextinguible. Ils eſtoient ſi religieux à garder ce feu, que iamais il ne s'eſteignoit; d'où vint le prouerbe, d'vne choſe qui
ne manque point, λύχνιον ἐν πρυτανείῳ, dont Aſphalias ſe ſert dans Theocrite, *Idyll. 22.*
diſant à vn autre peſcheur, que les poiſſons ne manquoient non plus en vn bras
d'eau qu'il luy monſtroit, que le feu ſacré dans l'Hoſtel de ville. Et pour laiſſer
à part ce que les Doÿctes ont deſia marqué de cecy, Procopius qui n'oſant mettre dans l'hiſtoire tout ce qu'il eut volonté de dire contre Iuſtinian, en a depuis deſchargé ſon cœur en vn œuure ſeparé, Dans lequel, comme Payen qu'il
eſtoit, entre autres cruautez & rapines dont il charge cet Empereur, il n'obmet pas, qu'il auoit oſté des villes le feu ſacré que l'on y gardoit encore de
ſon ſiecle, & en quoy, comme en vne ſecrette vertu, ſembloit conſiſter la

ἐν αἰκεδωνις. consolation du peuple. οὔτε λυχνία ζωῆς πόλεσιν ἐν δημοσίῳ ἐκαύθη, οὔτε τίς ἰδ' ἄλλη δὲ ψυχὴ τοῖς ζωζος οἰκοῦσι. Il ne laiſſa plus ni le feu qui ſe nourriſſoit dãs les Maiſons de ville, ny aucune eſpece de reſioüiſſáce publique. Or qui voudra ſçauoir à quel propos ce feu ſe gardoit, & de quoy il ſeruoit pour la felicité ciuile, il ſemble qu'il le faudra renuoyer à Vitruue, qui enſeigne que le feu iadis tõbãt du ciel dãs vne foreſt, fut la premiere origine de la ſocieté humaine, chacun s'amaſſant au tour, pour les vtilitez qu'il en tiroit : Car apres le diſcours qu'il en faiét, il conclud, *Propter ignis inuentionem, conuentus initio apud homines, & concilium, & conuiétus natus.* C'eſt à cauſe du feu, que les hommes, qui comme des beſtes, viuoient par les campagnes & dans les foreſts, ſe ſont amaſſez en vn corps. Partant, puis que l'origine des villes & de la ſocieté ciuile, eſt venuë de la commodité qu'on tire du feu, on ne doit point trouuer eſtrange s'il eſtoit gardé ſi ſainétement, & ſi les peuples l'honoroient, comme la premiere cauſe, & la naiſſance de leur bien. Telle eſtoit l'opinion des anciens ; Mais nous ſommes Plato Politi-co. / Dio orat. I. inſtruits, que l'origine des villes doit eſtre attribuée à la Royauté, laquelle auſſi toſt qu'elle parut au monde, tira les hommes des bois, & de la vie ſauuage qu'ils menoient ; & addouciſſant leur fierté par la police des loix, les pourueut auſſi de maiſons, & de villes pour leur ſeureté. La ville de Paris, baſtie en la grandeur qu'elle eſt, par les Roys Tres-chreſtiens, n'a point d'autre feu ſacré, dont elle garde le reſpeét, que la Majeſté de ſon Prince ; c'eſt en luy que toute ſa ioye & ſa felicité s'appuye : c'eſt le Genie Tutelaire de ſon pourpris. Partant on auoit mis en cette peinture le feu ſacré ſur vn Autel, & le peuple à l'entour, qui recognoiſſoit par vn geſte de ſoumiſſion, que ſon ſalut venoit de luy : auec ce mot, SALVS VRBIS, Le ſalut de la ville ; Comme ſa Majeſté, que l'on entend icy par le feu, eſtant la conſeruation de cette floriſſante cité, dans laquelle il demeure touſiours par amour de ſon coſté, & par obeyſſance de la part du peuple, encore que les affaires du Royaume le portent quelquesfois ailleurs.

IV. Dans le Cirque Romain on s'eſt ſeruy de façons differentes pour donner le ſignal aux courſes : ce fut au commencement auec la trompette, dautant que cet exercice eſt né dedans les armes : depuis, on ſe ſeruit d'vne ſeruiette, à cauſe de Neron, qui entendant que le peuple ſe mutinoit de ce qu'on le faiſoit Caßiod. ſoit trop attendre pour donner le ſignal, & ouürir les barrieres, de dépit, prit ſa ſeruiette, & la ietta dans le Cirque, par la feneſtre du lieu où il diſnoit : mais apres l'on retourna aux trompettes, comme l'on void qu'il ſe faiſoit au bas Empire. A Athenes la ceremonie de ce ſignal eſtoit particuliere ; car dans leur lice, il ſe donnoit auec vn flambeau, comme l'enſeigne le Scholiaſte Ranis. d'Ariſtophane, ἐν τῇ ἀφέσι τῶ λαμπάδων σημεῖον ἰῶ τοῖς μέλλοισι δραμεῖν. Les flambeaux eſtoient le ſignal de la courſe. L'on a creu auſſi que le meſme vſage fuſt paſſé dans les Cirques Romains, depuis que les Empereurs, auſ-In abaco Praf. Prat. Notit. Im-perij. quels appartenoit de donner ce ſignal, ont faiét porter le feu deuant eux : ou par des charbons allumez, comme quelques-vns eſtiment ; ou pluſtoſt par des flambeaux, comme nous les voyons eſtre grauez dans la Notice de l'Em-

pire. L'on peut fonder vne double preuue, & de ce que ce feu Imperial confi-
ftaft en flambeaux, & de ce qu'il fuft vfité dans le Cirque, fur ce qu'en dict Co-
rippus à ce propos:

Prænuntius antè
Signa dedit curfor pofitâ de more lucernâ.

Lib. z.

C'eft à ce fujeét que dans le Cirque, qui embellit cette cartouche, vous y
voyez vn flambeau comme pour ouurir les barrieres, & lafcher les combattans, afin de fignifier, que dans la courfe de gloire, en laquelle les Princes de
noftre fiecle combattent à qui s'acquerra l'honneur du temps prefent, & l'a-
mour de la pofterité, la Force de fa Majefté, & cette belle victoire qu'il vient
de gagner, eftoit comme vn flambeau, qui les mettoit tous en train, & pre-
fentoit le défy au refte des Potentats du monde, à courir en cette lice d'honneur, où fa Majefté paroiffoit, ayant defia gagné les metes, & fe voyant proche de la victoire fur eux tous. Et pour exprimer cette verité, on s'eft feruy de
l'imitation d'vn vers de Virgile, efcrit pour reprefenter des courfes, afin d'en
faire vne allufion à la digue, laquelle merite trop bien le nom de *aggeris ma-* *Aggeris marini operis. Infcript.*
rini operis, au mefme fens qu'vn pareil ouurage eft qualifié és Infcriptions an- *ris. Infcript. Gutteri pag. 163. n. 8.*
tiques; parce que de cette digue fe donne le défy aux autres Princes, qui doi-
uent confeffer ne pouuoir plus refifter à la France, & ceder à fon Prince le
premier lieu dans la courfe d'honneur, puis qu'il a peû eriger ce prodige, qui
doit eftre appellé à bon droict, la Merueille du monde. Le mot donc eftoit,
COMMISSAM MEDIO FAX SIGNAT AB AGGERE PVGNAM.

V. Les Triomphes à Rome ont efté le Souuerain Honneur, & le plus
haut eftat de la gloire, dans lefquels la Force a trouué la plus illuftre recompenfe qu'elle pouuoit efperer entre les hommes: Auffi le feu, pour eftre le fymbole de cette vertu, y a eu fa place, & la lumiere des flambeaux a efté recher- *Suetonius*
chée pour l'embelliffement de telles magnificences. Cefar triomphant des *Iulio c. 37.*
Gaules, felon Suetone, ou de l'Afrique, comme femble dire Dion Caffius, *Dio Caffius fe lib. 37.*
fit affifter de quarante Elephans, lefquels des deux coftez de la ruë portoient
des grands flambeaux, & auec cet éclat monta au Capitole. Duillius, qui
vainquit les Carthaginois fur mer, eut pour recompenfe de fe faire toufiours
depuis conduire auec vn flambeau, allant par la ville, *quafi quotidie triumpha-* *Florus.*
ret, comme s'il euft voulu continuer fon triomphe, & s'en reffentir tous les
iours. On fçait auffi que les Entrées des Princes ne fe faifoient iamais fans flambeaux, dequoy la Sainéte Efcriture nous donne vne belle preuue, pour ne fe *Iudith. c. 3.*
point engager dans les citations de l'hiftoire prophane, qui en eft pleine. Le feu *v. 10. Excipientes eum cum co-*
eft vn figne de la Grandeur des Roys, c'eft vne marque de ioye & de fefte pu- *eum cum co-*
blique, & mefme aux ceremonies facrées, nous prenons tout autre fentiment *ronis & lam-*
de la prefence de Dieu, auffi toft que l'on void reluire le feu. Partant la Ville fe *padibus.*
voulut feruir de cette mefme inuention, pour honorer auec la celebrité qu'elle deuoit, l'Entrée Triomphante de fa Majefté, en fon enceinte. C'eft pourquoy cette peinture n'eftoit autre chofe, que la reprefentation d'vne longue

124

ruë, tapiffée, couuerte de fleurs, & ionchée de branches de palmes : mais fur
tout remplie de flambeaux arrangez proprement des deux coftez, comme
pour exprimer vn Triomphe ; auec ce mot, TRIVMPHVS REGIVS,
L'Entrée Triomphante du Roy.

Plut. Timo-
leonte.

V I. Quand Timoleon partit de Corinthe vers Syracufe, pour deliurer
la Sicile de la feruitude où elle eftoit, on dict que les Deeffes, Proferpine &
fa Mere, apparurent de nuict aux Preftreffes de leur Temple, & leur promi-
rent qu'elles affifteroient Timoleon, venant en Sicile, & feroient le voyage
auec luy, pour fecourir le pays. Les Corinthiens à ce fujéct ornerent vn vaiffeau, qu'ils nommerent facré, ἱεραὶ τειήρη : Ce vaiffeau marchoit deuant
les autres, comme pour porter les Deeffes, qui s'eftoient obligées au paffage
auec l'armée. Timoleon mefme, la premiere nuict de fon embarquement,
comme fi le Ciel fe fuft ouuert deffus fa flotte, vid vn grand feu, femblable aux
torches defquelles on fe feruoit aux ceremonies de Ceres, qui rouloit parmy
l'air auec vne grande lueur, que les Deuins expliquerent eftre l'affiftance &
le fecours infallible des Deeffes, qui vouloient faire profperer fa nauigation, &
ϖϱοφαίνϕν ἐξ ὐρανοῦ ὃ σέλας, luy marquer auec cette torche la route qu'il deuoit
tenir. Or laiffant à part ce que l'Hiftoire vante fouuent auec plus d'oftentation
que de verité, La France a meilleure raifon de croire beaucoup dauantage de
l'affiftance de Dieu ez voyages & dans les entreprifes de fa Majefté pour la
Rochelle. C'eft le flambeau de fa Diuine protection, qui luy a marqué les
pas dans fes trauaux, les affiettes pour fes batteries, les iours & les heures pour
les proueffes & grand faicts d'armes, qui ont eu fi bonne iffuë. Ce mefme
fecours Diuin a conferué fa flotte dans vn port ennemy, en vn lieu dangereux
à la veuë de tant de ramberges, & au milieu d'vne infinité d'artifices bruflans,
defquels on fe feruoit pour la perdre. A ce fujéct on a mis dans le Ciel vn
flambeau fus la flotte Françoife, reprefentée en la peinture, auec ce mot, FA-
TIS MELIORIBVS. L'iffuë eftant d'vne bien autre importance, le fecours
auffi fut bien plus diuin & affeuré, que n'eft celuy que l'hiftoire attribuë à la
flotte de Timoleon.

V I I. On eft affez informé de la creance, & de la difcretion qu'il faut apporter à lire Philoftrate, nommément en la vie d'Apollonius Tyáneus, celuy
qui par fes preftiges rauit iadis d'eftonnement l'Afie, & l'Empire Romain, &
qui felon la creance de l'Eglife, auoit efté mis en auant par l'ennemy du
genre humain, comme pour l'oppofer au Difciple bien-aymé de Noftre Seigneur, ainfi qu'auparauant il auoit faict de Simon Magus au Prince des Apo-
ftres. Mais fans debattre icy, quels memoires Philoftrate a eu, & s'il dict toufiours vray, ce que l'on croit n'eftre pas ; pour ce qui faict au propos duquel on
parle, il dict merueilles d'vn certain feu qui fe voyoit aux Indes, où Apollonius voyagea fort, pour practiquer les Gymnofophiftes & Brachmanes. Il efcrit donc qu'ils ont vn puits proche de leur ville, à cofté duquel on void comme vn large baffin de fontaine : mais au lieu de l'eau, ce n'eft que feu, qui iette
vne grande flamme, fans fumée toutefois, & fans aucune odeur mal-plaifante.

Ce

Ce baſſin ne ſe dégorge iamais, & la flamme ne s'éleue pas plus haut de terre, que la ceinture de pierre qui l'enuironne. Au reſte, adiouſte l'Autheur, c'eſt auec ce feu que les Gymnoſophiſtes ſe purgent & ſe nettoyent des pechez qu'ils commettent par inaduertence, & pource ſurnomment ce feu, FEV de pardon ; & le puits, PVITS de iugement. ἐκεῖνο Ἰνδοὶ καθαίρονται τῷ ἀκοιτίων. Lib.3. c.3. ὅθεν οἱ σοφοὶ, ὃ μὲν φρέαρ, ἐλέγχου καλοῦσι. ὃ δ᾽ πῦρ, συγγνώμης. Mais ce n'eſtoit pas aſſez pour rendre vn homme net entierement : car de dire que ces Philoſophes ne ſe trouuaſſent quelquefois entachez de fautes volontaires, c'eſt trop les flatter, & Philoſtrate perd ſon credit, s'il pretend le perſuader. La Clemence du Roy, & ſa Bonté ont eſté le baſſin ſacré, d'où ceux qui ont porté les armes contre leur Prince, ont puiſé leur pardon, & l'abolition de leur crime ; non ſeulement ceux qui par inaduertence, & dans le torrent du party ſe ſont trouuez enueloppez en ce mal-heur, mais auſſi ceux qui par deſſein factieux & par mauuaiſe volonté s'y ſont iettez. Car ſa Majeſté a pardonné aux vns & aux autres, quand ils ſe ſont rendus à ſa mercy. C'eſt pourquoy faiſant alluſion à la reſtriction des crimes cõmis par mégarde, dont ſeulement Philoſtrate a parlé pour les Indiens, Le Pardon du Roy s'eſt eſtédu à toute eſpece de delicts, tant à ceux de malice, qu'aux caſuels & d'inaduertence, & nous auons mis en la peinture vn baſſin de feu, comme il eſt deſcrit cy deſſus, & le mot, ΑΚΟΥΣΙΩΝ ΚΑΙ ΕΚΟΥΣΙΩΝ. Abolition des crimes volõtaires & non volontaires. Vn Prince d'Italie ayant eſté mal-traicté de ſes ſubjects, prit pour deuiſe, vn liure marqué du chiffre des années de leur rebellion, & vne main qui ſortoit du Ciel, déchirant le liure, & le iettant dans le feu qui bruſloit *Don Federic.* ſur vn Autel ; pour monſtrer qu'il pretendoit effacer de ſon eſprit la ſouuenan- *M.CCCC.XV.* ce du paſſé, & ſacrifier à Dieu les ſentiments des iniures receües des peuples *Paolo Iouio.* auſquels il auoit pardonné. C'eſt à quoy ſert auſſi ce feu, dans lequel ſa Majeſté conſume la memoire des crimes perpetrez par les rebelles ; Feu de Clemence, & de Force Royale, qui n'eſt point lent & pareſſeux, ἀνδρειότατον πῦρ καὶ *Orat. de Inuidia.* χλιαρὸν, comme parle Dion, mais vif & violent, ἰσχυρον καὶ ἀκμαῖον ; puiſque c'eſt le plus grand effort que ſe puiſſe faire l'eſprit d'vn Prince outragé, que de pardonner les offenſes à ceux qui ſont tombez en ſa puiſſance.

VIII. La derniere peinture fut en faueur de la guerre d'Italie, à laquelle le Triomphe de ſa Majeſté auoit deſia donné tant d'aduancement pour le party que cette Couronne fauoriſe, que l'on en eſperoit bien toſt la fin. Le deſſein eſtoit pris de la couſtume des anciens, tant Grecs que Romains ; qui denonçoient la guerre à leurs ennemis, par vn flambeau qu'on iettoit dans les terres qu'il falloit aſſaillir. Euripide nomme ce flambeau σῆμα φονίου μάχης, le ſignal de la guerre meurtriere ; & les Poëtes le font ſouuent darder à Bellone, Deeſſe des armées : mais la ceremonie portoit chez les Grecs, que ce fuſt le Capitaine meſme qui le iettaſt ; & chez les Romains, celuy qui ſe nommoit *Fecialis*, Magiſtrat ordonné pour tel effect. La France s'eſioüyſſant auec ſon Victorieux Monarque, contemploit les flambeaux de ſon Triomphe, comme autant de menaces de guerre, & de denonciations aux ennemis de la Couronne, de bien toſt mettre fin à leurs violentes inuaſions, & de les faire retirer du ſiege, duquel on cherche encore quelque apparente couleur. On auoit pris pour mot, FAX NVNCIA BELLI: Ces feux de Triomphe ſont les flambeaux qui denoncent la guerre aux eſtrangers.

Tels furent les enrichiſſemens des cartouches, & les emblemes tirées de la nature du feu, pour accompagner les flambeaux, & faire éclatter dauantage la Force & les proüeſſes du Roy, qui ſont exprimées par cet element, comme on a deſia dit.

LA TROISIESME & QVATRIESME partie du meſme Temple conſiſtoit és embelliſſemens des deux voultes, & en vne excellente muſique, qui eſtoit entre les deux tours du Chaſtellet, ſur vn theatre dreſſé à ce ſujeĉt.

L'vne & l'autre voulte repreſentoit vn beau Ciel, bruny d'or, marqué d'vne infinité d'eſtoiles d'or, leſquelles par la lueur des flambeaux, rempliſſoient le Temple d'vn grand éclat, Aux quatre coins de la premiere eſtoient aſſiſes ſur vn grand nuage d'azur, les quatre Vertus Cardinales, la Force ayant volontiers admis ſes ſœurs dans cette riche parure, pour témoigner que dans le Roy elle n'eſtoit pas toute ſeule, mais touſiours accompagnée de tout le chœur des Vertus, deſquelles ces quatre-cy ſont les principales. Elles auoient leurs hieroglyfes, & par vne action de reſioüyſſance, témoignoient auec combien de plaiſir elles aſſiſtoient au Triomphe de celuy, lequel ne regne, & ne combat que pour les Vertus. Du milieu de la voulte deſcendoient trois Anges, enlacez dextrement enſemble, qui ſe tenant d'vne main à la clef, de l'autre ſouſtenoient vne couronne de France, comme le premier ornement de la Royauté.

Dans la ſeconde voulte eſtoient pareillement ſur le nuage d'azur, ſemé d'eſtoiles d'or, les quatre plus notables parties que l'on recherche en vn Eſtat: la Politique, la Militaire, la Negotiation, & l'Agriculture. Chacune auoit ſes ſymboles & ſes marques, comme portoit ſa condition: Du iour naiſſant du milieu des voultes ſortoient auſſi trois Anges, qui ſe tenans tous d'vne main, de l'autre portoient les trois autres pieces d'honneur de nos Roys, à ſçauoir, le Sceptre, la main de Iuſtice, & les deux Ordres.

Ces huiĉt parties ſont comme les Deïtez neceſſaires d'vn grand Empire. Le Prince obeyt aux quatre premieres, ſuiuant en toute choſe leur conduitte; mais il commande aux quatre autres, ou pour mieux dire, il les regle & les dirige, comme celles qui compoſent le corps de ſon Eſtat. Elles ſont toutes neceſſaires; les premieres, pour aſſortir l'ame du Prince, & la rendre digne de commander aux hommes, au lieu de Dieu; les autres, pour maintenir les

Πλατωνόπολις. Porphyrius iπ vita Plotini.

ſubjeĉts en la felicité ciuile. Si la Politique eſtoit ſeule, elle ne ſeroit qu'vne ſimple idée de Platon, ou cette ville que Plotin voulut baſtit en Italie, & qu'il quitta luy-meſme, de peur d'y mourir tout ſeul: ſi la Militaire y gouuerne tout, ce n'eſt qu'vn brigandage public: ſi la negociation, ce ne ſeroit qu'vne foire de peu de iours; bref ſi l'Agriculture y auoit le commandement, ce ſeroit vn eſclauage inſupportable, ou bien le champ des Myſiens, expoſé à la mercy des furuenans. Chacune y doit contribuer du fien, mais c'est à faire à la Royauté, que Platon pour ce fujet nomme tres-dignement l'incomparable des fciences, & τὴν τῆς βασιλικῆς μοῦσαν, vne Deïté muficale, de temperer les ef- *Πολιτικῷ.* fects des quatre mentionnées, & de les ordonner au bien du public.

La Mufique ne deuoit pas y manquer : c'euft efté trop indifcrettement ofter la voix à ce grand corps, & rendre muet le Temple de la Force, qui remplit le monde de fon renom. Encore qu'en faict de reuerence & de refpect, tel que les fujects doiuent à leur Prince, le filence ait ie ne fçay quoy de plus religieux, & partant foit quelquefois plus eloquent, que la parole; d'où le docte Pifides le nomme λάλον σιωπὴν, vn filence difert & facond; Et quoy qu'au feruice des chofes Diuines, celuy-là parle affez, qui les reuere, & les refpecte de la penfée & de l'efprit comme il doit, fans qu'il y employe la langue & les organes du corps, ainfi qu'vn grand Prelat, difoit à fon Prince, *Lingua nitorem non poftulat commemoratio nominis tui; bona adferenda con-* *Ennod. Ti-* *fcientia:* Finalement, encore, que les plus grands honneurs que la Diuine *cin. Theod.* *Paneg.* Majefté reçoiue des mortels, foient toufiours iugez mieux accompagnez du filence, que de la voix; & que l'efprit femble fe recueillir dauantage dans foy, quand il ne laiffe former aucune parole par la langue, mais traicte fimplement fa penfée, & la defcouure par foy mefme, à celuy qui voit tout, *In diuinis obfequijs feriato ore peragit mens ferena facrificium:* Neantmoins, *Idem.* encore la Diuinité prend elle plaifir à nous voir exprimer au dehors ce que nous luy difons dans noftre interieur; & n'aime pas tant le filence, qu'elle ne fe plaife à faire retentir les Cieux des agreables accords, que ces grands globes font dans leurs mouuemens compaffez, felon l'opinion de Pythagore, ou pour le moins, des chants que les efprits bien-heureux efpandent au tour du Trofne de fa grandeur: Ioinct, que la joye, qui eft extreme en fes defirs, voulut auffi refolument que les tendres recognoiffances qu'elle auoit des bien-faicts de fon Prince, euffent icy de la voix, & que la Mufique par vn concert delicieux, tefmoignaft à fa Majefté qu'on n'obmettoit aucune chofe, pour embellir fon Triomphe; Principalement qu'entre les Royales inclinations qu'a fa Majefté, celle qu'elle monftre pour la Mufique, luy oblige & acquiert tant tous les efforts de cet art, que celle qui donne & regle la voix aux autres, la pourroit perdre, fi elle pretendoit de luy rendre autant de remerciement quelle luy doit.

Philon, Hebreu qu'il eftoit de Religion, voulant loüer la Mufique, s'eft enhardy d'inferer vne fable en fes efcrits. Il dit donc que quand Dieu eut bafty le monde, qui eft fon temple, s'eftant enquis de l'vn des Prophetes, *Libro 2. de* ce qui pouuoit y manquer, il eut de luy pour refponfe, que tout le refte *Monarchia* alloit bien, ἐν ᾧ μόνον ζητεῖν, τὸν ἐπαινέτην λόγον: mais qu'il y manquoit *Lib. de Plan-* encore la parole, qui donnaft vie à l'Vniuers, & le fit retentir des loüanges *tatione Noe.* d'vn fi pieux & magnifique Createur. Cette refponfe pleut fort à Dieu, dit la fable, & la loüa; en fuitte de laquelle, il crea la Mufique, πάμμουσον καὶ ὑμνῳδὸν φύλον, vne forte de creature, qui fe plaift toute au chant, afin que fon

Temple ne fut point depoûrueu de cét ornement.

On euſt peû craindre que ce domicile de vertu, conſacré à la Force, remply de tant de feux, comme d'autant d'aſtres, paré de tant de ſtatuës & de peintures, n'euſt perdu ſa grace, plongé dans vn morne ſilence ; ſi la ſçauante conduitte, & le concert exquis de la Muſique du Roy n'y euſt ſubuenu. C'eſt ce qui donna la derniere perfection à ce Temple, & qui le fit retentir de tant de vœux, pour la ſanté & pour la proſperité du Roy, que iamais les Deſtinées ne s'en pourront acquitter. La Muſique eſt vn grand treſor : μέγας θησαυρὸς καὶ βέβαιος ἡ μουσικὴ ἅπασι τοῖς μαθοῦσι παιδευθεῖσί τε, dict vn Iuriſconſulte. Dans ce treſor ſont vne infinité de riches pieces, qui comme ioyaux & pierreries meritent d'eſtre priſées ſans aucun prix. Mais celle qui ſe fit icy, fut l'vn des plus riches meubles du treſor.

Apud A-thena. l.14. c. 15.

Tel fut l'ornement de ce Temple, que la ville de Paris auoit conſacré à la Force, ou à la Fortitude ſi vous voulez, comme l'a ſurnommée le Grand Oracle des Prelats de noſtre temps : ayant pluſtoſt employé cette façon d'honneur en faueur d'vne vertu ſi conſiderable, que non pas pour les autres, puis que les armes de ſa Majeſté ont eſté touſiours ſainctes & ſacrées, pendant les mouuemens paſſez, ne combattant que pour la Religion, & pour la ſainteté des Autels ; conſideré que cette guerre a merité plus iuſtement (ſans comparaiſon) le nom que porta iadis celle qui ſe fit dans la Grece en faueur du Temple de Delphes, & doit eſtre à iamais qualifiée, Guerre ſaincte & ſacrée, ἱερὸς πόλεμος : Ioinct que chacun s'y eſt ſi religieuſement comporté, que cette rare ſentence ne fut iamais tant verifiée, comme elle l'eſt maintenant : Pio Principi ſub quodam ſacerdotio ſeruitur; Que c'eſt vne choſe ſaincte & ſacrée de ſeruir à vn Prince Tres-religieux & Tres-chreſtien ; puiſque noſtre Nobleſſe, outre l'integrité de ſes deportemens, a ſçeu faire par ſes exercices pieux, du Camp qui eſtoit deuant la Rochelle, vn Temple de deuotion & de pieté. Mais apres que nous en aurons veu la figure, paſſons au deuis de l'Arc ſuiuant, qui ſera plus court.

M. le Cardinal du Perron.

Caſſiodorus lib. 2.

ARC DE TRIOMPHE
POVR
LES RECOMPENSES
MILITAIRES
PRESENTEES AV ROY
PAR L'HONNEVR.

Sur la face du Chaſtellet, qui eſt du coſté de Noſtre Dame,

RENCONTRE DIXIESME.

ES Romains, qui ſacrifioient aux Dieux auec vn voile ſur leur teſte, afin d'eſtre plus recueillis, n'offroient point de ſacrifices à l'Honneur, qu'ils ne fuſſent deſcouuerts ; ἀκαλύπτῳ κεφαλῇ, dit Plutarque, lequel en donne cette belle raiſon ; Que l'Honneur eſt vne profeſſion publique qui ſe faict de la vertu de quelqu'vn, & partant on ne doit point vſer de voile, ny ſe couurir quand on en parle, puis que ſa condition eſt d'eſtre veu & cogneu de tout le monde. ὅτι λαμπρὸν ἡ δόξα, καὶ περιφανές, καὶ ἀναπεπταμένον. Si l'on oſoit l'encherir ſur celuy, qui pour auoir eloquemment meſlé la Philoſophie auec les bonnes lettres, eſt appellé dans Eunapius, Λύρα τῆς φιλοσοφίας, Le luth de la Philoſophie; on diroit que c'eſt pluſtoſt pour nous inſtruire de ne iamais honorer aucun par flatterie, mais touſiours pour des cauſes tres-dignes, & qui meritent qu'on en face des remerciemens publics; &

Quæſt. Romain.

In proœmiō.

K R

qu'à ce fuject il eft ordonné que fes Sacrificateurs foient veus & confiderez de tous, qu'on les regarde en face, afin de les obliger par la honte ; & par les fainéts fouyers qu'ils touchent, de ne point charger les Autels de cet Equitable Genie, qu'en recommandation de perfonne qui l'aye iuftement merité.

Nous fommes exempts de cette crainte, & pouuons bien rendre icy nos deuoirs à l'Honneur, le front éleué, les yeux affeurez, à la veüe & au fçeu de l'Vniuers : Il s'y traicte d'vn Conquerant, la vertu duquel eft fi cognuë, les merites fi grands, la victoire fi recommandable, qu'il y auroit pluftoft à craindre que l'Honneur n'ait pas affez de recompenfe pour dignement recognoiftre fes merites, que de luy en prefenter plus qu'il ne luy eft deu.

L'Honneur n'auoit du commencement à Rome qu'vn fimple Autel : mais fur ce qu'en foüiffant au tour, on trouua vne lame d'or, fur laquelle eftoit *escrit*, *Lamina Honoris*, La lame de l'Honneur ; les Romains prirent fujet de luy deffeigner vn beau Temple : Car leur vertu s'eftant defia efpanduë par l'Vniuers, ils eftimerent auffi bien conuenable, que l'Honneur qui croift fur fes mefures & fur fes pas, creuft en culte & en feruice dans leur ville ; & pour vn Autel que quelque particulier auroit dreffé, le public erigeaft vn Temple, où les facrifices fe fiffent auec plus de ceremonies, & plus de magnifique defpenfe. On ne doute point que chacun en particulier n'ait toufiours rendu par le paffé ce qu'il doit de refpect exterieur aux incomparables vertus, dont noftre Inuincible Monarque, depuis tant d'années, faict admirer la fplendeur à fes fubjects ; & qu'au dedans de fon interieur il n'ait chargé iournellement fon cœur, comme vn Autel confacré à fon Honneur, de reffentimens, d'eftime, d'admirations, & de remerciemens, qui font les plus agreables victimes qu'on puiffe prefenter à cette Deïté : Mais ce qui eft deu à la Victoire, dont il vient d'obliger le public, eft trop grand, pour la laiffer reftraindre & refferrer dans le fentiment des particuliers : Le Genie Public de la Ville, voire de toute la France, doit trauailler à ce deffein. Principalement dautant que (comme en parlent les Philofophes) l'Honneur eft vn tefmoignage vniuerfel d'vne eminente vertu, profitable à plufieurs : πίϛις τῆς ἀγαθότητος, dit Euftratius, vne marque affeurée de cette excellente bonté que Dieu a par effence, & les Grands perfonnages par imitation, & grace fpeciale, dont quelques-vns ont eftimé que la Politique, qui gouuerne & maintient les Eftats, n'auoit autre fin fouueraine, que l'Honneur.

C'eft de là que la ville de Paris à pris fujet de confacrer cet Arc à fa Majefté, par les mains de l'Honneur ; lequel ayant inuenté jadis, & effayé fur les anciens Capitaines, diuerfes grandes recompenfes de la Vertu, les entaffe icy, pour releuer vne Victoire à laquelle il confeffe n'auoir iamais veu rien de pareil. L'ordonnance de l'Arc, eftoit Corinthienne, comme la plus gaye & qui pouuoit mieux conuenir à fon deffein. La principale piece, eftoit vne grande peinture, qui portoit vn Compartiment, des principales Couronnes que le Roy a meritées ; fouftenu de deux eftendards & de deux boucliers ; & au milieu du tout, vne Couronne ciuique que la Ville luy con-

Cic. lib.2.de legibus.

in 1. Ethic.

facroit comme au Pere du Peuple, & au Conferuateur de fes fubiects, auec rapport de cette Couronne aux autres ornemens.

Les Couronnes ont toufiours efté en vogue entre les hommes pour honorer les vainqueurs; Ce n'eft pas en faueur de Promethée, qu'on les vid Athen. l.15. la premiere fois, s'il ne fut quant & quant le premier des Preux & vertueux que l'on ait veu parmy les hommes: Car iamais la Victoire ne fut fans cet ornement, & l'Honneur l'ayant nommément inuentée pour l'orner, la toufiours fuiuie la Couronne à la main, & en quelque endroict qu'elle s'eft voulu fignaler, ce n'a iamais efté fans qu'elle fe foit veuë auffi toft le chef couuert d'vne Couronne. Si la Victoire regarde la meflée des combats, & le choc des vaiffeaux & les rencontres fur la Mer, fi elle fe veut appriuoifer & feoir pour regarder les lices & les feftes publiques; fi mefme elle daigne s'abbaiffer iufques à voir les innocentes guerres & les combats fans combat qui fe pratiquent dans le ieu; du mefme air que la Victoire a pris fon vol pour s'y ranger d'vn cofté des combattans & quitter l'autre, l'Honneur le prend apres elle, pour la fuiure & la couronner.

Les Dieux font couronnez, par ce qu'ils font toufiours victorieux: le Ciel couronne la terre, pour le trauail affidu qu'elle furmonte en la conferuation des creatures qu'elle porte: le Ciel eft couronné de la lumiere, que Parmenide a ce fubiect nommoit στεφάνω, ou pour mieux dire, il fe couronne foy-mefme, comme celuy qui par fa folidité romp les efforts du Temps, & par fes facultez naturelles diffipe ce qui pourroit eftre nuifible icy bas: Le Soleil eft couronné de fes rayons, & le cœur de l'homme eft couronné d'vne veine, que les Medecins appellent στεφανίτω, l'vn par les feruices qu'il rend au grand monde; l'autre, pour ceux qu'il rend au petit, & pour les victoires auffi qu'affiduëment ils remportent fur ce qui trauerfe la vie & la conferuation de tous les deux. On couronne les Roys, pour le bon augure qu'on prend de leurs victoires, & parce que vaincre & regner, font deux infeparables qualitez: Noftre Monarque Triomphant s'eft richement acquitté de cet augure, & par la tres-heureufe victoire qu'il a remportée de ceux, qui luy faifant toute forte de refiftance, ont faict éclatter plus hautement fa vertu, il a merité toutes les couronnes que la Victoire peut auoir, & departir.

Les deux feftons qui font au haut du compartiment, font chargez de cette forte de couronne, qui eft dite par les Romains, *Graminea*, pour eftre faicte de *gramen*, c'eft à dire, de toute forte d'herbe qui croift parmy les champs: Car en la tiffure de cette couronne, *Omnis herba*, dit Seruius, *gramen vocatur*, Toute herbe y eft mife en vfage; & au dire de Pline, c'eftoit l'herbe qu'on ramaffoit au lieu où l'attaque & le danger auoit efté: *Nulla herba certæ fuére* Lib.22.c.6. *in hoc honore, fed quæcumque fuerant in periculi fede.* On dit qu'elle fut autrement nommée *Obfidionalis*, parce qu'elle fe donnoit, adioufte Pline, *liberatis obfidione abominandóque exitio totis caftris;* Quand on auoit deliuré le camp du fiege des trouppes ennemies. Et eft vne remarque confiderable pour recognoiftre la dignité de cette forte de couronne, que les autres eftans de la diftribution des Empereurs à leurs foldâts, ou aütres qui eftoient foubs leur commandement, cette premiere & principale couronne eftoit celle feule que l'armée donnoit à fon Chef : *Cæteras Imperatores dedére ; hanc folam miles Imperatori.* C'eft dont celle que donne au Roy le Camp que nous auons veu n'aguéres deuant la Rochelle, preferué par la vaillance & prouidence de fa Majefté, d'vne part, des ennemis affiegez ; & de l'autre, des eftrangers, qui par tant de flottes eftoient accourus à leur fecours ; Et nommément ces braues foldats, qui ont fouftenu vne armée Royale dans l'Ifle de Ré, & ont efté deliurez du fiege, par les trouppes & les munitions que le Roy leur a enuoyé. Mais la protection du Camp ayant efté reïterée par plufieurs fois en vne année de fiege, & contre tant de flottes, qui l'ont voulu rompre & forcer, on a eu affez de fujeét de charger ces deux feftons de plufieurs couronnes de ce genre ; lefquelles font d'autant plus honorables à vn Grand Prince, que deliurer & defendre les fiens (la fleur & l'élite des armes) eft chofe plus grande, que de tailler en pieces les eftrangers.

Les feftons font noüez & fe rencontrent dans la Couronne Triompha- le, faiéte de laurier, que portoient fur leur tefte ceux qui triomphoient à Rome, outre la branche de mefme qu'ils auoient à la main pour la con- facrer au pieds de Iupiter Capitolin. C'eft de ce laurier, que ceux qui do- refnauant triompheront en France dans la longue fuite des fiecles que Dieu garde à cefte Monarchie, auront à prendre leurs couronnes ; comme iadis faifoient les Cefars, de celuy qui fut donné du Ciel à Augufte ; en imi- tant la vaillance de fa Majefté, & en renouuelant fon triomphe, dans le leur ; comme celuy qui leur ouure les chemin des victoires, & leur rendant ce Grand Eftat paifible, les met au choix des Royaumes & des Empires, qu'il leur plaira de fubiuguer & foubmettre à leurs Sceptres.

Au deffus des mefmes Feftons, deux autres couronnes rempliffent les coftez du Tableau ; dont l'vne fe nomme *Vallaris*, donnée iadis à celuy qui auoit forcé le camp de l'ennemy : Elle fut premierement tiffuë de quelque branche d'arbre indifferent ; puis on ayma mieux la faire d'or, pour exprimer plus commodément fa nature, & fon merite particulier ; car elle fut enrichie de poinétes faiétes en forme de pieux, & longues pieces de bois, defquelles on fe feruoit pour la clofture & pour la paliffade du camp. L'autre eft diéte *Muralis*, que l'on donnoit à celuy qui auoit pris vne ville, & pour cette raifon eftoit garnie d'vn cercle aboutiffant en creneaux de murailles. Ces deux couronnes ont efté données à fa Majefté, pour les villes forcées pendant les mouuemens paffez, & pour auoir fouuent rompu le camp des ennemis. En quoy l'on garde tres-religieufement les loix militaires, lefquelles portent que les victoires doiuent eftre adiugées à celuy, fous les aufpices duquel fe faiét la guerre ; Car de cette façon dans l'Empire Romain, le Prince qui donnoit fes aufpices & fes forces aux Capitaines particuliers par luy enuoyez és Prouinces, ne laiffoit pour cela de triompher des victoires qu'ils gagnoient, & receuoit les couronnes que les peuples donnoient au vainqueur. Partant les Lieutenans

&

& Capitaines qui ont tant de fois rompu l'ennemy, pris tant de villes & tant de places, ne combattant qu'auec les forces, & fous les heureux aufpices du Roy, luy ont acquis tres-iuftement ces couronnes, & recognoiffances militaires; & la France fe peut refioüyr auec fa Majefté, de tous ces grands faicts d'armes, ainfi que Rome faifoit iadis auec Augufte, par les vers du plus delicat des Poëtes Latins:

> *Te copias, te confilium, te tuos*
> *Præbente Diuos.*

Horat. l. 4. Ode 14.

Themiftius loüe cela mefme en Conftantius, & monftre auec combien de raifon on luy deuoit attribuer les progrés des armes Romaines dans l'Allemagne, puifque Iulian n'y combattoit qu'auec les forces, & fous les aufpices de l'Empereur: & monftrant qu'vn Prince dans vn Eftat, eft comme le Soleil dans le monde, lequel paffant fucceffiuement d'vn endroict du Ciel en vn autre, eft neantmoins eftimé gouuerner mefme en chaque moment tout l'vniuers, & produire toutes chofes: Il adioufte pour regle generale; ἐκεῖ ἄρα ἐϛὶν ἔκαϛος, ὅπου ἃν δψύνηται ὠφελᾷν χαὶ ἔρχον ἀχαθὸν ὑπιδίκνυϲϑαι, Que chacun doit eftre tenu pour prefent, où il fert, & eft vtile aux autres, & par fon authorité tient la main à quelque chofe de grand: Neantmoins, nous auons tant plus d'obligation à recognoiftre ces couronnes dans les Honneurs de fa Majefté, que nous fçauons qu'elle-mefme s'eft trouuée dans les charges, fieges, affaults, & batailles, auec tant de proüeffes, & de merites, que les foldats ont plus emprunté de fa gloire, que fa qualité n'eftoit obligée de droict à expofer aux dangers fa perfonne facrée, & par fon affiduité aux plus communes factions de guerre, à meriter celle des plus braues & fignalez foldats.

Orat. 13.

Au bas du Tableau eftoit la Couronne Nauale, qu'ils nomment *Naualem*, ou *Roftratam*, parce qu'elle eftoit ornée d'efperons de nauire. Et comme il femble que l'element de l'eau s'oppofe à la grandeur des hommes, & ne les fouffre pas volontiers regner fur fes flots, beaucoup moins y combattre ou vaincre, entre tant de Capitaines qui ont flory fept cens ans durant dans l'Empire Romain, nous n'en trouuons que trois, qui ayent obtenu cette couronne; Attilius, en la guerre contre Nabis vfurpateur de la Seigneurie de Sparte; Varron, en celle que fit Pompée aux Pirates, & Agrippa lequel en fut gratifié par Augufte, apres les batailles de Sicile, contre le ieune Pompée: En quoy Seneque, Dion, & quelques autres fe font deceuz, ne la donnant qu'au dernier: Le Roy l'a meritée luy feul autant que ces trois enfemble, ayant par trois fois vaincu fes ennemis fur la mer, & defendu l'entrée d'vn Canal, contre des vaiffeaux, qui deuançant en force & en grandeur ceux des anciens, font que la gloire de fa Majefté paffe la leur en toutes façons. Et parce que deux fortes d'ennemis ont efté vaincus fur la mer, les eftrangers & les rebelles, on a adioufté à la peinture deux eftendards de couleur bleüe, tels qu'Augufte en donna vn à Agrippa; ils paffent de la hante par dedans la couronne nauale, en faultoir, car ils appartiennent à la marine, & font les plus notables ornements des victoires naüales.

A costé des mesmes estendards estoient deux boucliers, iadis accordez feulement, apres de grandes victoires, aux personnages de qualité: comme en eut Claudius, pour auoir défaict Asdrubal; & Germanicus, pour auoir dompté la Germanie, dont il porta le nom. Ces boucliers estoient d'or, les vns fans image, tels que nous les voyons encore dans les medailles des petits fils d'Auguste, Caius & Lucius; aux autres on y grauoit dessus quelques figures, comme fut la teste d'Asdrubal sur celuy qu'on mit au Capitole en l'honneur de Claudius: les Antiquaires en monstrent vn d'Alexandre Seuere, où font les douze signes du Zodiaque, & le Soleil au milieu. La ville de Paris n'a point desiré mettre tant de figures dans ceux qu'elle consacre au Roy, ny moins y grauer les gayetez qu'Homere met dans celuy d'Achilles, ou les Destinées, comme Virgile faict en celuy de fon Enée; fon Roy luy est assez, & l'Honneur mesme fe doit tenir pour bien-heureux d'auoir ceste figure entre les plus precieuses pieces de fon cabinet: c'est pourquoy le visage du Roy est graué dans les deux, non pas tant, peut-estre, pour rafraischir la memoire de la coustume ancienne des soldats, qui tesmoignoient à leurs Capitaines l'amour qu'ils leur portoient, en grauant leur nom ou leur figure fur leurs armes; comme aussi pour monstrer que la victoire dans la guerre, & nostre repos dans la paix, ne nous vient que de luy. On lit qu'vn Prince portoit pour deuise, vn bouclier chargé de cœurs; de faict il n'y a rien qui donne tant de plaisir & d'asseurance à vn Monarque, que l'amour de fon peuple: Mais reciproquement les fubjects n'ont rien qui les couure & protege fi puissamment des miseres dont ils peuuent estre menacez, que la personne facrée de leur Prince.

Charles Federic, Prince de Iuliers.

Mais la derniere couronne qui estoit au milieu des autres, & receuoit dedans foy leurs bandelettes & leurs nœuds, est la Royale, mais plustost la Diuine, tant prisée par les Empereurs Romains, que fouuent ils l'ont refusée, pour fe s'en estimer pas dignes, & fe nomme Ciuique. Dion Cassius l'appelle πολιτικὸν ςέφανον, vne couronne de paix, de police, de moderé gouuernement, que les citoyens donnent à leur Prince, comme à celuy qui les conserue, & les maintient fous fa protection. Elle estoit de fueilles de chesne, parce que l'ancienne Gentilité a creu que les hommes ont premierement pris leur nourriture de cet arbre, & pour ce fujet l'auoient dedié à leur Iupiter, pere des Dieux & des hommes. Le Genre humain la donna à Auguste; *Augustus*

Plin. lib.16. c. 4.

ciuicam à genere humano accepit: qui toutesfois auoit ouuert les veines de tous les peuples, & faict choquer les quatre coins de l'vniuers, pour enuahir la liberté de fon pays: Les fanglantes proscriptions qu'il auoit faictes, & les ardentes pourfuittes dans lesquelles on le vid pour perdre vne moitié des hommes, afin de tenir l'autre en feruitude, ne luy acqueroient pas beaucoup de droict de l'esperer, fi ce n'eust esté comme vne grande partie de la misere des Romains, de fe publier estre conseruez par celuy qu'ils ne fentoient que trop estre l'autheur de leur ruine. Seneque la desira fort pour Neron, & tascha de luy en faire venir le goust, par ceste belle loüange qu'il luy

donne : *Nullum ornamentum Principis faſtigio dignius pulcriuſque eſt , quàm* *Lib.1.de Clementia.t.26.*
illa corona ob ciues ſeruatos: Mais le mauuais naturel,du diſciple ne peût iamais aſpirer ſi haut; & ſil euſt dauantage veſcu, il euſt deſerté le monde par ſes meurtres. Depuis luy, quelques autres l'ont obtenuë par leur bon & moderé gouuernement, comme Traian, & Marcus Pius, auec l'eloge qui monſtroit que le peuple ſe tenoit leur obligé de ſon ſalut. Mais c'eſt à noſtre Prince que la France void auiourd'huy victorieux, auquel ſe doit ceſte recognoiſſance d'Honneur! c'eſt ce front que le Ciel a orné de tant de vertus, qui merite la Ciuique de la France, à l'ombre de laquelle nous ſommes garantis de tout mal-heur. La ville de Paris la luy a tiſſuë pour la communauté de toutes les autres villes de ce Royaume, leſquelles, comme elle, ont le bon-heur de viure ſous ſes loix, & d'vne main recognoiſſante a voulu elle-meſme eſcrire l'eloge du milieu, comme il ſe lit dans les antiques:

OPTIMO PRINCIPI
OB CIVIS
SERVATOS.

A quoy ſe rapportoit le diſtique qu'on liſoit ſur la frize d'vne ſeconde ordonnance, qui auoit beaucoup plus de ſaillie que n'eſtoit celle de l'Arc:

Augeat Imperium Regis Deus , augeat annos;
Protegat & noſtras querna corona fores. *Ouid.1.Faſtor.*

Tel eſtoit ce compartiment, lequel a deſſein ne fuſt point enrichy d'autres figures, pour garder en tant de rencontres, quelque aggreable diuerſité. Et doit-on eſtimer vn Arc aſſez remply, de luy voir porter ce qui a eu tant de pouuoir pour ietter dans les hazards les braues de l'antiquité, dont les Hiſtoires parleront à iamais; nommément que ces honneurs militaires, acquis auec tant de ſueurs & de trauaux, nous doiuent eſtre d'vn ineſtimable prix, & non moins chers, que les fruicts meſmes de la paix, qu'ils nous ont apportez. Si iadis Rome regarda ſans ſe ſaouler trois couches de couleur, tirées par deux peintres ſi dextrement, que le pinceau n'y *Tabulam inani ſimilē. Plin.lib.35. c.10.* pouuoit plus rien adiouſter : Que doit-on croire de la ſatisfaction qu'aura donné cette peinture, dans laquelle les vertus auoient glorieuſement combattu a ſignaler les exploicts de ſa Majeſté ? Les Maiſtres de l'Agriculture Grecque remarquent, que la veuë de la Couronne qui eſt vne conſtellation dans le Ciel, de ce nom, rend la terre fertile, ἢ γῆ φιοικλὼ ὕρα , ὴ *Γεσπονικῶν β'.* δεκλικλὼ κίνοιν ἐχ͂ πϱὸς ὃ ϱϱιμό'τερα ἀϑϱϱάζεοϑαι τὰ τότε ἀωϑρέντα· quand la terre voit l'aſtre qui ſe nomme, la Couronne, elle conçoit ie ne ſçay quelle force & fecondité, pour rendre plus forts les grains qu'elle a receuz: Mais il faut croire que la France à la veuë de tant de Couronnes que ſon Prince

s'eſt acquis, augmentera les paſſions exceſſiues qu'elle a deſia pour ſon amour
& ſa loüange, qui ſeront comme les fruiĉts des bien-faits & des palmes que
ſa main liberale y a ſemées.

Le reſte de l'Arc alloit de meſme air: aux deux coſtez de la grande peinture eſtoient deux trophées, & à leurs pieds des captifs à l'antique, ſelon le
dire du Poëte.

Iuuenal.
Satyr. 10.

Et ſummo triſtis captiuus in arcu.

Les bazes des colomnes eſtoient chargées de deux autres figures: La premiere touchoit les colonnes & les marbres, que l'antiquité a dediez en diuers temps aux Grands & Illuſtres Perſonnages, & partant repreſentoit vn
Hercule portant ſes deux colonnes entre ſes bras, pour les aller planter aux
deux extremitez de l'Europe & l'Afrique; auec ce mot N v s q v a m m e-
t a m e i s: pour declarer la genereuſe reſolution du Roy victorieux, de ne
borner ſes victoires en aucun lieu, mais quelque Honneur que luy en rende
la fidelité de ſes ſubieĉts, de les accroiſtre touſiours, & des'en ſeruir comme
d'entrée pour paſſer touſiours plus auāt. C'eſt le propre des Inuincibles, de n'e-
ſtimer auoir iamais aſſez faiĉt; de conſeruer touſiours la ſoif de la gloire toute
entiere; de l'allumer pluſtoſt par les honneurs, que de l'eſteindre. Les grands
courages ont quelque choſe de ce que nous voyons eſtre aux corps celeſtes;
ils agiſſent ſans ceſſe, & ne prennent repos que dans le mouuement meſme,
& dans l'exercice des combats: *Gaudent profeĉtò Diuina perpetuo motu, & iu-*

Pacatus
Paneg. ad
Theodoſ. A.

gi agitatione ſe vegetat æternitas; & quicquid homines vocamus laborem, ve-
ſtra natura eſt. Vt indefeſſa vertigo cælum rotat, vt ſtare ſol neſcit; ita tu,
Imperator, continuatis negocijs, & in ſe quodam orbe redeuntibus, exercitus
es. S i r e, (dit la Ville de Paris) ce qui eſt diuin dans la Nature, agiſt touſiours, l'Eternité eſt dans l'action continuellement; ce que les particuliers appellent trauail, eſt voſtre nourriture & voſtre vie: Comme le Ciel roule ſans
ceſſe, & le Soleil ne prend iamais de repos; ainſi vous perſiſtez ſi puiſſamment
dans la courſe des victoires, où voſtre naiſſance vous engage, que nous per-
dons l'eſperance d'en voir iamais les bornes & la fin. C'eſt vn tour continu;
d'vn combat vous allez à l'autre; à peine eſt-ce faiĉt vers le Couchant & l'O-
cean, que voſtre Majeſté ſe laiſſe rauir par ſa vaillance vers l'Orient & les Alpes; ſi la Terre ne vient à manquer à vos courſes, vous vous rencontrerez en
fin vous-meſme; & parce que vous eſtes inuincible, vous ſerez contrainĉt de
vous arreſter où vous aurez aſſis les premiers pas de vos victoires.

Dans l'autre baze eſtoit vn chariot de parade, tel qu'on le dédioit aux Vainqueurs; ou dans le Cirque, ſur l'eſpine & l'areſte qui le trauerſoit; ou dans les
Temples, comme vn honneur qui ſe rendoit à des vertus heroïques & diuines. Si l'antiquité profane a donné quelque eſpece de char à tous ſes Dieux,
c'eſtoit pour monſtrer que la Diuinité ſe rend preſente à toute choſe ſans
trauail: Celuy-là ne merite-t'il pas l'honneur du chariot de parade, qui pre-
uient

uient la renommée de ſes armes par ſa preſence, & qui eſt veu aux deux extremitez de ſon Empire, aſſiſté de ſes trouppes, en vn inſtant? On ſçait auſſi que
les anciens ſe ſeruans principalement de chariots dans les armées, apres la victoire, on conſacroit ces chariots conquis à la memoire des vainqueurs;
comme la plus eſclatante piece du butin. Le bruit à couru que le General de
la flotte ennemie auoit faict porter dans ſes vaiſſeaux vn carroſſe, pour entrer
en parade dans les villes de France, qu'il croyoit luy deuoir eſtre auſſi ouuertes que ces ramberges. Ὀυκ ὀνδίζω τύχας: Il ne faut pas inſulter à ſon deſaſtre;
les foudres conſacrent ceux qu'ils frappent; & le chaſtiment que la Iuſtice
diuine a pris de ſa temerité pour auoir rompu la paix entre deux Couronnes, qui
y eſtoient obligées par tant de liens, le rendent plus digne de compaſſion, que
d'outrage. Neantmoins qui voudroit rapporter ce chariot à ſa vanité, ne le
feroit point mal à propos. Et quant à l'inſtance qu'on luy pourroit former ſur
le dire de Platon, qu'il ne faut pas conſacrer les deſpoüilles des ennemis, ἐὰν ᾖ *S. de legib:*
μὴ ἡ τῆς πρὸς τοὺς ἕλλωας δίνοίας, afin de ne point rendre les inimitiez ſacrées &
eternelles: Il reſpondroit que ce n'eſt ſeulement que pour punir l'inſupportable outrecuidance d'vn particulier: Si ce n'eſt qu'il ſoit plus à propos de ſe de-
porter d'en parler dauantage, tant parce qu'il a ſenty aſſez la main de Dieu, que
pour l'obligation que nous luy auons obliquement; de ce que la Prouidence
diuine ſ'eſt ſeruie de ſa temerité pour liurer la Rochelle és mains de ſa Majeſté.
On auoit adiouſté ſur le chariot vne couronne, comme on fit pour Germanicus, Prince tant aymé des Romains; L'inſcription declaroit ce ſens, eſtant *Caſaubon. in*
conceüe à l'antique, & par les Latins a eſté priſe des Grecs, CORONATVS *Athen.*
ADVERSVS HOSTES.

Les deux coſtez de l'Arcade, ou du berceau, eſtoient remplis de deux figures empruntées de Pauſanias. La premiere, du coſté droict, eſtoit d'vn Mars *Pauſan. La-*
enchaiſné. Ceſte Deïté profane ſe prend pour la guerre; ſon action & ſon *conicis.*
mouuement monſtre la naiſſance de quelques grands troubles: Ainſi les Romains mettoient entre les preſages des guerres, le bruit qui ſ'entendoit de
ſes armes, qu'on gardoit dans ſon Temple: & meſme le Chef de guerre qui
ſe mettoit en campagne pour aller trouuer l'ennemy, alloit luy-meſme remuer ces armes, & ſembloit aduertir Mars qu'il ſe tinſt ſur pied pour les aſſiſter: *Is qui belli ſuſceperat curam, ſacrarium Martis ingreſſus, primò ancilia* *Seru. in 8.*
commouebat, poſt haſtam ſimulacri ipſius, dicens; Mars, vigila. Dauanta- *Æneid.*
ge, il eſt alternatif & changeant, ἀλλοπρόσαλλος; & fauoriſe inconſtamment *Homer.*
tantoſt l'vn, tantoſt l'autre party. Pour exprimer donc que ſa faueur eſtoit
attachée aux armes du Roy, ou pluſtoſt, qu'il n'eſtoit plus neceſſaire dans la
France, laquelle auoit vn Prince aſſez genereux pour la defendre, ſans auoir
recours à ceſte Deïté; on l'a repreſenté tout garrotté aux trophées de ſa Majeſté, en la façon que Pauſanias le deſcrit, auec le meſme ſurnom qu'il luy
donne, ΔΕΔΕΜΕΝΟC ΕΝΥΑΛΙΟC. Mars enchaiſné.

La ſeconde, qui regarde vn meſme ſens, eſt vne Victoire, mais ſans aiſles, *Athena.lib.*
Νίκη ἄπτερος, de laquelle Ariſtophon eſt inuenteur, quand il dit que les Dieux *12.*

Mm

s'apperceuant que l'Amour troubloit leur repos dans le Ciel, & mettoit du mauuais ordre en vne vie qui n'eſtoit que felicité, ils le chaſſerent par Arreſt des douze principaux, & luy couperent les aiſles, afin qu'il ne reuolaſt plus vers eux : τὰς ὃ πτέρυγας ἃς εἶχε, τῇ Νίκῃ φορῆ ἔδοσαν : & les aiſles qu'il auoit, furent données à la Victoire. Les Poëtes la peignent touſiours aiſlée, ou à raiſon de ceſte fable, ou pour monſtrer que les ſuccez d'vn Prince victorieux ne ſemblent pas tant eſtre d'vn homme qui marche, comme d'vn qui vole, ſelon l'aduis de Pacatus, quand il dit : *Rectè profectò germana illa Pictorum Poëtarumque commenta Victoriam finxére pennatam, quòd hominum cum fortuna euntium, non curſus eſt, ſed volatus.* Neantmoins Ariſtophane ne trouue pas bon qu'on donne des aiſles à la Victoire, & ſon Interprete dit que ceſte inuention eſt recente : νεωτερικὸν ὃ τὴν Νίκην ϰ̀ τὸν ἔρωτα ἐπτερῶσθαι : Elle peut eſtre blaſmée plus iuſtement, de ce que ceux qui luy baillent ces aiſles pour venir à eux, ne s'apperçoiuent pas qu'elle s'en peut ſeruir eſgalement pour les quitter ; d'où vient que dans l'Anthologie Pompée ſe reſioüyt que le foudre ſoit tombé ſur les aiſles de la Victoire de Rome, pour luy oſter le moyen de ſe retirer. Mais les Atheniens s'y ſont gouuernez plus ſagement, qui (ſelon le rapport de Pauſanias) mirent en leur citadelle la ſtatuë d'vne Victoire ſans aiſles (Suidas la nomme, ξόανον νίκης ἄπτερον) apres que les Perſes, vaincus & rompus tant de fois, ſe retirerent en Aſie, ſans apparence de vouloir plus retourner en Grece. C'eſt le ſujet qui la faict icy repreſenter ſans aiſles, & mettre pour l'eſcriteau à la tenie ſuperieure, ΝΙΚΗ ΑΠΤΕΡΟC, afin que la ville de Paris ſe reſioüyſſe plus parfaictement auec ſon Prince, de ce qu'apres ſes derniers exploicts d'armes, la Victoire luy deuient vn Genie domeſtique & aſſeuré, qui n'a plus d'aiſles pour la quitter, mais des mains ſeulement pour pouſſer ſon chariot triomphant, & luy faire les couronnes que l'Honneur voudra conſacrer à ſa Vaillance.

Dans l'inſcription, il eſt dict ; Que puiſque le Roy auoit vaincu ſur la terre & ſur la mer, dompté les Rebelles, & conſerué la Rochelle par vne clemence inouye ; ſur le rapport & à la pourſuite de la ville de Paris, la France vniuerſelle, d'vn commun conſentement, auoir arreſté & conſpiré d'offrir à ſa Majeſté auec le reſpect à luy deu tous les honneurs que les ſubiects peuuent deferer à leur Prince. Elle eſtoit conceuë en ces termes ſuiuans.

REGI VICTORI REGI TRIVMPHATORI

QVOD HOSTIBVS MVLTIPLICI PRÆLIO TERRA MARIQ. SVPERATIS

RVPELLAM RECVPER. INAVDITA CLEMENTIA CONSERVAVIT

OMNIA HONORIS GENERA, LVTETIA ROGANTE

COMMVNE GALLIARVM DECREVIT.

Panegyric. Theod. Æ.

Auibus.

Pauſan. Atticis.

ARC DE TRIOMPHE

SVR LA

MAGNIFICENCE

DV ROY.

EN LA CONSTRVCTION DE LA DIGVE,

Au détour du Marché-neuf,

RENCONTRE ONZIESME.

A Magnificence est vne vertu propre de Grands: les particuliers peuuent bien estre prodigües, & excessifs en leur despense ; il ne conuient qu'aux Roys d'estre magnifiques en ce qu'ils entreprenent. Il est vray qu'outre la grandeur de leur personne, & la depense notable, qui est le fondement de cette vertu, les Philosophes demandent encore que ces frais & ses somptuositez soient faictes pour vne fin releuée & eminente. De façon que iamais Aristote n'adiugera à Xerxes le nom de magnifique, pour les grandes richesses dont il embellit vn Plane, & nommément pour le treillis d'or dont il l'entoura pour le guarentir des moucherons. Pygmalion de mesme n'acquerra iamais dans le Lycée, & dans l'estime des sensez, ce tiltre si specieux, pour auoir faict voir vn Oliuier d'or, lequel auoit les fruicts de saphyrs, auec vn si prodigieux excez de despense, que Caliz, le bout du monde, n'estoit pas moins frequenté pour l'admirer, que pour voir les colonnes d'Hercule. Beaucoup moins l'ambitieux Cosroës, Roy des Persans, passera iamais pour magnifique, pour cette somptueuse, mais trop orgueilleuse machine du monde faicte de crystal, en laquelle il s'estoit faict

Arist.lib.4. Nicomach, c. 2.

Philost. A. poll. lib.5. c. 1.

Mm ij

repreſenter aſſis au milieu des elements & des cieux, d'où auec vne baguette qu'il tenoit à la main, il commandoit aux Anges, remuoit ces grands corps ce-leſtes, tiroit la pluye, les foudres & les eſclairs à ſon plaiſir. S'il contenta ſa va-nité, toutefois il n'acquit pas vn ſi beau nom; & quand Heraclius vid ſa deſ-penſe, il la deteſta, comme eſtant faicte au meſpris de la Diuinité. Celuy donc qui faict les frais, doit eſtre grand de ſa condition, puis la deſpenſe doit eſtre égale à ſa qualité; & le ſuject où elle ſ'employe, doit eſtre eminent, & prin-cipalement entrepris pour le public.

Θεῷ ἐλεγμα.
S. Nicephor.
CP. ex quo
Georg. Syn-
cellus.

C'eſt ce qui ſe doit admirer en l'ouurage de la Digue, & ce qui donne le nom de Magnifique au Roy, auec auſſi bon tiltre que iamais Prince l'ait por-té: comme celuy lequel en la conſtruction de cette piece a ſi parfaictement accomply les conditions requiſes à la Magnificence, que ſi elle en pouuoit iuger, on ne void pas qu'elle-meſme peûſt rien attendre, ou ſouhaitter de plus auguſte & de plus grand. Il n'y a rien à douter ſur les deux premieres cir-conſtances; la perſonne, eſt celuy qui eſt le premier entre les Roys; les frais ſemblent eſtre pluſtoſt puiſez des veines de quelque monde nouuellement dé-couuert, que de l'eſpargne d'vn ſeul Prince: mais la fin & le deſſein meritent d'eſtre dauantage peſez. Il ne ſ'agiſſoit pas ſeulement de dompter vne ville re-belle, & de rendre la paix à ſes Eſtats; qui toutefois ſont des deſſeins ſi releuez, & des pretenſions ſi ſublimes, que toute choſe y euſt eſté bien employée, & tel autre Monarque de la terre, qu'on voudra, y euſt eſté bien toſt eſpuiſé. La fin donc qui ſe repreſente à nos yeux, & l'effect qui ſ'eſt enſuiuy de la digue, (ouurage incomparable en nos iours, & le dernier des miracles qu'on ait veu au monde en ſemblables batteries & ſtructures) n'eſt autre que de donner des loix nouuelles aux elemens, faire ſeruir la Nature aux iuſtes volontez d'vn Grand Prince, brider la mer à ſon gré, ioindre les terres comme il veut, donner tel ordre dans les choſes creées, que bon luy ſemble; armer le monde pour affamer des mutins, venger Dieu dignement ſans coup frapper: C'eſt le deſſein de la digue, & l'incomparable effect qu'elle a produit.

Sur quoy ſe doit faire vne remarque, qui fera ietter dehors, & paroiſtre dauantage ce qui ſe vient de dire de la grandeur neceſſaire de ce deſſein, afin que l'ouurage acquiere à ſon Autheur le nom de Magnifique. Car on trouue dans les hiſtoires, que Dieu ſ'eſt touſiours monſtré ſi abſolu à vouloir que les bornes des terres & des mers demeuraſſent comme il les auoit eſtablies, & la Nature ſi reſoluë à reſiſter aux efforts que les hommes voudroient entrepren-dre pour innouer quelque choſe dans les reglemens du Createur, que iamais preſque aucun Prince n'a tenté pareil ouurage, qu'il n'en ſoit ſorty couuert de honte, & chargé d'euidens teſmoignages du courroux diuin. Le Roy ſeul eſt celuy que noſtre aage pourra produire aux ſiecles à venir, en faueur duquel la Nature a cedé ſes droicts, les elemens ont obey; Dieu meſme & le Ciel ont combattu ſi fauorablement, que là où ſemblables entrepriſes n'ont acquis que du blaſme aux autres, la Digue eſt au Roy vn eternel trophée de ſa gloire.

L'on ſçait ce qu'ont gagné les Roys d'Egypte à vouloir ioindre deux mers enſemble,

ensemble, l'Arabique, & celle d'Egypte : Les hiftoires font pleines de ce que Sesoftris, ou Pfammetichus, felon les autres, y endurerent, & le peu de profit qui leur en vint : comme auffi de ce que Darius Roy de Perfe y aduança, lequel pourfuiuant le deffein des Roys d'Egypte, pouffa l'ouurage auec les forces & les reuenus de l'Afie : l'vn des Ptolemées reprenant cette volonté, alla plus auant que fes deuanciers ; neantmoins il defifta promptement, fur l'aduis qu'il receut que la mer rouge inonderoit l'Egypte, comme eftant plus haute de trois couldées : ou pour le moins que l'eau du Nil feroit gaftée par la faleure de la mer. Dás la Grece, qui a porté les plus hazardeux efprits de l'Vniuers, on voulut iadis en faire autant à la Morée, en la deftachant du refte de la Grece, & en couppant l'Ifthme de Corinthe, qui n'a de large qu'vne lieüe. Demetrius Roy de Macedoine y trauailla, voulant efpargner aux vaiffeaux le dangereux paffage du Cap de Malée, & le long circuit qui fy faict ; mais il aduança peu : Iules Cefar & Caligule n'y firent pas dauantage ; Neron mefme, qui n'eftimoit rien impoffible, non tant par grádeur de courage, que par excez de vanité, f'en voulut mefler ; mais la Nature (pour le dire ainfi) irritée de la violence qu'on luy faifoit, le repouffa, confideré que la terre ne fut pas fi toft ouuerte, qu'il en fortit du fang ; mefme on entendit des cris & des mugiffemens, & on vid des phantofmes horribles, qui effrayerent les ouuriers ; ainfi il ne gagna rien par fa defpenfe, que de la rifée & du mefpris. On dit le mefme des Gnidiens, qui voulurent trancher leur Ifthme, & fe feparer de la Natolie ; mais ils furent deftournez par des prodiges, & autres efpouuantables accidens, qui leur apprirent qu'il n'appartient pas à tous de remuer indifcrettement les bornes des terres & des mers. On obmet à deffein les grands defaftres qu'ont encouru les Capitaines, qui par de fimples tranchées ont voulu reduire les villes affiegées à leur obeyffance, ou incommoder leurs ennemis ; les ornemens de l'Arc nous obligeront d'en nommer quelques-vns en ce difcours : mais noftre eftonnement croift toufiours, & ne fçauons plus de quels termes nous feruir pour exprimer ce que merite la grandeur de ce deffein ; il faut vn fentiment particulier pour admirer ou le courage de fa Majefté en çe fuccez, ou l'indulgence du Ciel en fon endroict, puifque la ftructure de la digue ne luy a efté non plus (excepté le trauail, & la defpenfe) qu'vne leuée de terre, ou vne chauffée qu'il euft faict dreffer pour vn palmail.

La Ville a pris le deffein de cet Arc de Triomphe, de la Magnificence du Roy ; l'ordre eft Dorique, comme eftant plus propre à fouftenir la charge qu'on luy vouloit donner, & feruant ordinairement aux chofes diuines, entre lefquelles cet ouurage (pour les prodiges que Dieu y a faict voir) merite d'auoir lieu. Et pour fuiure l'idée de grandeur que la digue iette dans l'ame de ceux, qui feulement la confiderent, on l'auoit mife, au lieu de la corniche, appointée de fes baftions, pour la faire admirer, comme le frein de la mer, la frayeur des tempeftes, l'efcueil de la rebellion, & la puiffante batterie auec laquelle cette ville imprenable feft trouuë abbatuë aux pieds du Roy. La Victoire voloit au deffus dans le vague de l'air, tenant le monde d'vne

Arift. lib. i. meteor.
Strabo l. 17.
Herodot.

Nn

main; pour monftrer à la France, qu'apres la digue & fes effects, le monde
fe peut dorefnauant dompter, quand elle voudra l'attaquer: De l'autre main
elle tenoit les quatre elemens enchaifnez, lefquels fe froiffant contre la digue,
monftrent auec combien de feruitude ils font abbaiffez & rompus deuant celuy, qui a braué tous leurs efforts. Vulcain reprefentoit le Feu, Iupiter l'Air,
Neptune eft pour l'Ocean, & Cibelle à l'ordinaire pour la Terre: car ils y
ont efté domptez en diuerfes rencontres; le feu dans les brufleaux, l'air dans
les tempeftes & les vents, & les deux autres dans les empefchemens qu'ils donnoient à forcer les rebelles. Cela f'exprimoit par ces termes qu'on lifoit de cofté & d'autre dans la bande qui fupportoit le fode entier: D'vn cofté:

VENTORVM INCLEMENTIA SVPERATA

NAVIBVS INCENDIARIIS SVPPRESSIS

Et de l'autre cofté:

OCEANO CLAVSO ATQVE VICTO

NATVRA TERRARVM EXPVGNATA.

Pour l'enrichiffement de l'Arc, eftoient plufieurs peintures, cirages, & deuifes, qui donnoient fujeçt de toucher plus en détail les excellences de la Digue, & la Magnificence du Roy en ce prodige de nos iours. Au couronnement du fode eftoit vne baluftrade; les quatre pilaftres eftoient embellis de
quatre cirages, qui reprefentoient quatre Princes, dont les efforts auoient efté
peu heureux en pareils ouurages fur mer; Deux Capitaines Romains eftoient
au cofté droiçt, Sylla & Cefar, dont le premier trauailla pour neant en chofe
pareille, quand il affiegea dans Athenes, Archelaus Capitaine de Mithridates, tellement qu'il fembla que la bonne fortune qui l'accompagnoit toufiours
en fes autres entreprifes, auec fi grande confiance, qu'il en donna le nom à fes
enfans, l'euft quitté en ce deffein particulier: L'autre Capitaine, qui eft Cefar,
f'y trouua fi mal-heureux, voulant affieger Pompée dans Brindes, que fes affaires f'y penferent brifer, & Lucain confeffe, que du trauail immenfe qu'il y
fit endurer à fes foldats, il n'en eut que le defplaifir.

ib. 4.

Molibus vndas
Obftruit , & latum dejectis rupibus æquor:
Cedit in Immenfum caſſus labor: Omnia Pontus
Haurit ſaxa vorax , monteſque immiſcet arenis.

Les deux du cofté gauche, eftoient Alexandre le Grand, & Xerxes; le pre-
Curtius l. 4. mier perdit tant au fiege de Tyr, en vne digue qu'il y voulut baftir, qu'on diroit (à lire le plus net des Hiftoriens Latins) que le monde f'abyfme, & le

chaos retourne, veu la violence des flots irritez, & les secousses cruelles des orages contre cet obstacle opposé à leurs cours ordinaire. Et pour l'enuier sur ce qu'on a couché cy-dessus de Lucain, l'vn de nos Poëtes vient de descrire le mal-heur d'Alexandre, si heureusement, qu'il est à propos de l'entendre en ce discours :

Insula erat, quam dum terris committere iactâ
Mole parat, stratisque aduoluens grandia saxa
Arboribus, iam iamque agit, & spe deuorat vrbem:
Vastior incumbens, Afro incumbente, procella
Fluctibus, & crebro concussam verbere, in æquor
Præcipitem trahit, ac collapsam turbine magno
Cum saxis, trabibúsque, virísque, armísque, dehiscens
Corripit vnda vadis, altáque voragine mergit.

Petanius
P.rneg.

Le dernier est Xerxes, de qui les Grecs ont tant chargé les histoires, pour auoir voulu couurir l'Hellespont de basteaux, que c'est vne chose superfluë de plus faire rougir ce Prince, lequel n'a mis le pied dans l'Europe, que pour apprester à discourir aux Autheurs Grecs.

L'espace du milieu fut couuert d'vn grand marbre, pour receuoir l'inscription, par laquelle estoit exprimé le sens & le dessein de l'Arc, en ces termes :

LVDOVICO REGI MAXIMO

QVOD AGGERE MARINI OPERIS ET MOLE INVSITATÆ MAGNITVDINIS

EXTERNOS VICIT RVPELLAM EXPVGNAVIT REBELLIONEM OPPRESSIT

POSTEROS FECIT HAC VICTORIA SECVROS

OMNES ORDINES PP.

Au dessous des balustres, entre les deux pilastres qui estoient de chaque costé, se presentoient deux peintures, pour monstrer l'heur & la gloire du Roy en la perfection de cette digue. Les desseins estoient pris des Grecs. La premiere peinture du costé droict, rapportoit ce qui se dit de l'oracle rendu iadis à Aristomachus l'vn des Heraclides. Car consultant Apollon sur son retour du Peloponnese, l'oracle luy promit qu'il y pourroit retourner en seureté, & l'enuahir auec les siens, s'il prenoit son chemin par vne eau estroitte, couppée entre deux terres :

Pausn.
Corinth.

Νίκλω σοι Φαίνοισι θεοὶ δι' ὁδδιο ςενύχ̓ρων.

Mais les Heraclides se tromperent en l'interpretation de l'oracle, car Apollon entendoit qu'ils eussent à passer la mer, laquelle conduit à l'Isthme; & eux l'entendirent de l'Isthme mesme, laué des deux costez, & qui separe la mer

Egée d'auec la mer d'Ionie, comme vne digue naturelle, qui ioint & atta-
che le Peloponnese auec la Grece. Aussi auec leur explication indiscrette, ils
n'eurent autre effect de leur entreprise que la mort d'Aristomachus mesme,
& de Hillus leur General, & vn rebut honteux de leur pays, où ils desiroient
se restablir. On recognoist mieux par cecy l'heur & la felicité du Roy dans
son magnifique dessein, lequel ayant sceu bien iuger que la digue conduitte
au trauers du Canal, estoit la seule voye qu'il falloit tenir pour dompter la Rochelle, l'auoit si courageusement entreprise & acheuée auec l'issuë telle que
l'Vniuers l'admire. Au discours dedié au Roy, touchant l'ancien & moderne
estat de la Rochelle, il est dit que la Noüe, nagueres fameux Capitaine dans
les troubles de France, en ses escrits imprimez, parlant de la Rochelle, la loüe,
à cause de sa situation proche de la mer: *Qui est vne voye*, dit-il, *& vne porte*
qui ne se peut fermer qu'auec vne despense indicible. Il en iugeoit selon la portée
de son esprit, & n'estimoit pas possible, ce qui estoit au dessus de sa pensée: mais
on a trouué en fin ce Prince Magnifique, lequel sçachant bien prendre son lieu,
& se seruir du temps, sans s'effrayer de la despense, & de la difficulté d'vn si
grand ouurage, l'a conduit à chef, & s'est rendu Maistre de la ville, luy couppant ces aduenuës & ces portes, par où non seulement elle attendoit les pro-
uisions pour son siege, mais toute l'Angleterre à son secours. C'est pourquoy
dans l'escriteau qui est autour, on repete ce mot auec plus d'asseurance, que
l'Apollon fallacieux ne le dit aux Heraclides, ΝΙΚΗΝ ϹΟΙ ΦΑΙΝΟΥ-
ϹΙ ΘΕΟΙ. Et pour seruir de corps à la peinture, on y a mis vne trouppe de
soldats, qui passent l'Isthme, au delà duquel ils se trouueront estre perdus, pour
auoir mal pris leurs mesures; afin de releuer dauantage la felicité de la Magnificence Royale, par la comparaison de leur mal-heur.

L'autre costé porte en sa peinture ce qu'escrit Homere d'vn mur que
les Grecs bastirent entre leurs vaisseaux & la ville de Troye par eux assie-
gée, pour obuier au feu que les assiegez iettoient souuent sur ces vaisseaux.
Les Dieux, dit le Poëte, admirerent long temps cette entreprise; car vn
bastiment fait dans la mer, merite toute sorte d'estonnnement: mais Neptune sur tous s'en fascha, & pria Iuppiter de luy oster ce ioug de seruitude, & ce rampart contre ses flots, dont les Grecs s'estoient fortifiez aux
despens de sa liberté. Iuppiter l'appaisant luy témoigna qu'il falloit necessairement que la muraille subsistast, iusques à ce que la ville fust prise, &
que lors il seroit fait de ce mur à sa volonté.

Iliad. μ.
v. 169.

Τεῖχος διαρρήξας, τὸ μὲν εἰς ἅλα πᾶν καταχεῦαι.
Αὖτις δ' ἠϊόνα μεγάλην ψαμάθοισι καλύψαι
Ὡς κέν τοι μέγα τεῖχος ἀμαλδύνηται Ἀχαιῶν.

Quand la ville sera prise, dit Iuppiter, lors tu rompras à ta liberté la digue
que les Grecs ont bastie, & tireras tout à val, couurant derechef la plage
de tes flots, comme tu faisois auparauant, ne laissant aucun vestige de celle
qui te donne maintenant tant de soucy. En quoy se voit le parfait crayon
de ce

de ce qui s'eſt paſſé en nôſtre ſiecle, autant que les fables des Poëtes peuuent reſſembler à la verité : car il eſt aſſez aiſé à eſtimer auec combien d'impatience cèt element furieux a ſupporté, que l'on bridaſt ſon cours, & pour
en parler à l'antique, combien Neptune a reſſenty autant de cholere & de
chaleur dans ſes eaux que ſa nature luy permet. Combien de fois a-t'il heur-
té cette digue auec la rage de ſes flots pour la rènuerſer ? auec quelles vagues
& marées a-t'il taſché de rompre ce ioug, & de forcer cette barriere ? que de
gros-d'eau n'a-t'il vomy pour l'eſbranler ? neantmoins touſiours auec peu d'effect, iuſques à ce que la ville a eſté reduite à l'obeyſſance du Roy. Il ſert
maintenant d'entretien à nos Poëtes, dont l'vn diſoit dernierement ;

> *Quand Neptune allumant ſon ire,*
> *Reſolu de faire vn effort,*
> *Pour mettre la mer dans leur port*
> *Bouleuerſe tout ſon Empire,*
> *Trouuant ſes deſſeins limitez,*
> *Et voyant ſes flots dépitez*
> *Reuenir contre leur couſtume,*
> *Honteux de ſe voir relaſcher,*
> *S'en va couuert de ſon eſcume*
> *Dedans ſes ondes ſe cacher.*

On exprime ce ſentiment par la digue des Grecs, iettée entre leurs nauires,
& la ville : Les Dieux ſont au haut de la peinture ; le mot d'Homere nous
aſſeure qu'ils ſont ſurpris d'eſtonnement ΘΗΕΥΝΤΟ ΜΕΓΑ ΕΡΓΟΝ.
ce qui ſuffit pour en expliquer la grandeur, puiſque l'admiration laquelle és
affaires & negoces humaines ne prouient que de l'ignorance, pour le regard des Dieux ne peut naiſtre que des objects qui ſurpaſſent l'ordinaire, &
la meſure vſitée de l'effort & pouuoir des mortels. Au moins ſçait-on que
les nations eſtrangeres ont eſtimé ce trauail par deſſus tout ce que noſtre
aage a produit ; & ſi l'on ignoroit maintenant, que ſa Majeſté en fuſt l'autheur, on ne pourroit la donner à autre qu'à la Merueille meſme, & faudroit croire qu'elle l'auroit baſtie de ſes mains pour eſtonner les hommes,
& leur faire voir vn ſujet digne de ſon pouuoir.

C'eſt ce qui fait que ces belles paroles, qu'on dit iadis à Conſtantin, ſçauoir que la Nature ſe rendoit ſouple à ſes commandemens, peuuent eſtre
addreſſées au Roy, auec plus de verité, qu'elles ne furent à cèt Empereur ;
car il ne trauailla pas deſſus la mer, mais ſur vn bras de riuiere ſeulement,
quand il baſtit vn pont ſur le Rhin. *Seruit profecto ipſa rerum Natura Nu-* ^{Eumen. Pa-}
mini tuo ; cùm in illa gurgitum altitudine, tantarum molium fundamenta ia- ^{neg. Conſt.}
ciuntur, fidam ac ſtabilem firmitatem habitura. La nature meſme ſe rend ſu-
jette à vos volontez, quand elle permet qu'au milieu de vôs eaux vous iet-

O o

tiez les fondemens de voſtre digue, qui doit reſiſter, à ce qu'ont de plus furieux les vagues de l'Ocean, elle a donné aux Rebelles leurs fortifications pour priſon, a ſouſtenu l'Angleterre, a dompté tous les vices & les monſtres d'vn grand Eſtat.

C'eſt elle qui les a domptez,
Oppoſant à leurs libertez,
Vn obſtacle ſi difficile
Qu'en puniſſant leur trahiſon
Elle a fait d'vne forte ville
Vne neceſſaire priſon.

Entre quatre colonnes qui ſouſtenoient l'architraue, on auoit placé quatre pieces, leſquelles ont du rapport à la digue, & à ce qui s'eſt paſſé dans la Rochelle en la victoire du Roy, dont les deux premieres ſont tirées de nos hiſtoires, qui meritent d'eſtre icy couchées entre les plus belles remarques que nous ayons de l'antiquité.

La premiere eſt de ce qui arriua ſous Louis huictieſme Roy de France, quand la Rochelle fut remiſe en l'obeyſſance des François, comme il a eſté dit cy-deſſus; elle eſtoit deſlors eſtimée ſi bonne placé, que les Anglois en faiſoient comme le donjeon de la Guyenne. Sauary de Mauleon s'eſtoit ietté dedans pour l'Anglois, car les grands exploicts de ceſte Couronne d'outremer n'ont eſté faits que par la Nobleſſe de deça; neantmoins le Roy apres la priſe des villes qui ſont autour, y alla planter le ſiege, & la fit battre furieuſement. Mais vn accident qui arriua, deſcouragea tout à faict les habitans, & leur faiſant deteſter les Anglois, les remit à leur deuoir. Car le Roy d'Angleterre ayant feint de leur enuoyer de l'argent pour payer les gens de guerre, quand ce fut à l'ouuerture des coffres & des voictures, on n'y trouua que des pierres & des cailloux, & adiouſte Guillaume Guyart, dans ſon Roman de la Branche des loyaux lignages, qu'outre les pierres il y auoit auſſi du ſon, pour mieux remplir les coffres, & couurir la trahiſon de ce ſecours. Les habitans entrerent en furie ſe voyans ſi laſchement deceus, tellement que ſe mutinant contre l'Anglois, Mauleon fut contraint de capituler, & ſe rendirent tous au Roy, *blancs & fauues*, comme il parle, ainſi qu'il ſe peut voir dans le diſcours cité des Priuileges de la Rochelle, où le paſſage eſt tout au long. On y apprendra auſſi que le ſiege durant long temps, les Roynes qui eſtoient à Paris firent tant de prieres & de deuotions publiques, que ce fut comme vn miracle, que la ville auſſi toſt ſe mutinaſt & ſe rendiſt; Ce qui ſeruira pour recognoiſtre la pieté de nos Grandes Roynes, qui pendant l'abſence du Roy, ont tant aduancé ſes victoires par leurs prieres, & inſtruira pleinement ceux qui croyent le moins aux miracles, quels ont eſté dans la France les prodiges de Dieu ſur nos Roys Treſchreſtiens, & combien les deuotions de l'Egliſe ſont puiſſantes pour dompter l'orgueil des ſubiets reuoltez contre leurs Roys. Sur le deſſein de ceſte hiſtoire, la peinture repreſentoit quelques ſoldats dans vne place de ville, autour de quelques coffres, que les vns vuidoient, les autres ſe monſtroient deſia ſaiſis de cholere par les actions de leurs corps : la place à l'entour eſtoit pleine de pierres & de ſon. Le mot dans la bande d'enhaut, FVRFVRIBVS SAXISQVE, vouloit dire que les Anglois auoient iadis deceu la Rochelle auec du ſon & des cailloux, & que nos modernes rebelles auoient eu ſuiet de ne s'y pas attendre, veu principalement, ſelon qu'adiouſta quelqu'vn qui vid cette peinture, que les Anglois cette fois-cy auoient fait pis, conſumant les munitions de bouche, & les cuirs meſmes des aſſiegez, ou bien comme vn autre diſoit, que ſa Majeſté auoit pour ce coup rangé vne belle digue entre eux & la Rochelle, pour empeſcher que le ſon meſme d'Angleterre n'y peuſt entrer.

La ſeconde piece declare ce qui ſe paſſa ſoubs Charles V. La Rochelle ayant eſté paiſiblement poſſedée par nos Roys depuis l'an 1224. qu'elle fut reduite en l'obeyſſance de Louis Huictieſme, comme dict eſt : Depuis par le traicté de Bretigny, fait en l'an 1360. auoit eſté renduë à l'Anglois pour la rançon du Roy Iean : Or la guerre eſtant eſmeuë entre les deux Royaumes, le Roy Charles enuoya Bertrand du Gueſclin Conneſtable de France pour aſſieger la Rochelle, les terres que l'Anglois tenoit en France, ayant eſté confiſquées, à raiſon de forfaicture, & autres outrages commis par le Prince de Galles, & les Anglois. Le Conneſtable s'y tranſporta, & la voulant aſſieger, manda premierement les habitans, auſquels apres pluſieurs menaces, il dit qu'il entreroit dans leur ville, la razeroit, & qu'ils le fiſſent tant impoſſible qu'ils voudroient, ſi tenoit-il pour aſſeuré, que ſi le Soleil y entroit, il y entreroit auſſi. Iean Cardorier Maire de la ville, traicta l'affaire ſagement, & apres quelques ſeuretez & priuileges qu'il demanda pour la ville, nommerent, comme dit Froiſſard, qu'elle ſeroit à iamais vnie au domaine de France, ſans que par mariage, paix, ou autre conſideration elle en peût eſtre diſtraitte : La Rochelle fut renduë au Roy, & les Anglois chaſſez du chaſteau, par la facilité de leur Capitaine que le Maire abuſa. Mais quand le Conneſtable y entra auec les Princes & Seigneurs qui eſtoient à l'armée du Roy, arriua ce qui eſt le ſuiect de la peinture, qu'il eſt meilleur d'apprendre des termes meſmes du Sieur d'Argentré. *Les fleurs de lys*, dit-il, *furent remiſes par tout, & les leopards iettez par terre, & à l'entrée fut au trauers de la ruë tendu vn filet de ſoye, au deuant duquel firent les Seigneurs François ſerment de maintenir la ville & habitans en leurs libertez, franchiſes, & immunitez. Le ſerment faict, le Conneſtable demanda aux Bourgeois, Et pourquoy eſt ce fil tendu au deuant de nous ? car cela n'eſt pas ſans ſignification. A ce reſpondit le Maire, C'eſt vne demonſtrance que la ville & habitans de bonne foy & ſans diſſimulation ſe ſouſmettent en l'obeyſſance du Roy, & que contre le Roy on ne doit fermer portes, ny hauſſer pont, & que ſi autrement on faiſoit, il eſt en ſa puiſſance de les rompre, tout de meſme qu'on peut faire ce filet.* Tous ſe contenterent de cette reſponſe, & vinrent là force proceſſions ſuiuies de leurs

Chap. 310. du 1. volume.

Liure 7. chap. 11.

habitans, auec pleurs de ioye, & cantiques. Les enfans crians, *Viue le Roy.*

Chap. 49. Mais ſi faut-il entendre icy l'Autheur de la vie de Bertrand de Gueſclin : car on peut recognoiſtre par ſes termes, quel eſt l'amour des ſubjects enuers leur Prince naturel, quoy que diſtraits par quelques centaines d'années de leur obeyſſance, quand la rebellion n'y eſt point. *Grant nobleſſe eſtoit de voir leur venuë. Et quant ils approcherent de l'entrée, le commun qui eſtoit dehors, ſans armeures, leur preſenterent les clefs de la Ville, en diſant, que Meßieurs de noble ſang Royal fuſſent tres-bien venus.* Car y eſtoient Meſſeigneurs de Berry & de Bourgongne. Et plus bas; *Car il n'y auoit grant ne petit, meſme les femmes & les enfans, quand ils regarderent les fleurs de lys ſemées eſdites bannieres & tunicles, qui ne criaſt d'vne voix & d'vn accort: Bien veigne la fleur de lys, qui dignement fut enuoyée des ſaincts cieux au Roy Clouis. Bien nous deuons amer l'eure & le iour qu'elle nous vient viſiter.* En cette entrée le peuple eut de grands ſentiments de ioye, de ſe voir reuny au domaine de France; Mais pour noſtre peinture, on auoit diſpoſé quantité de caualerie, arreſtée par vn filet tendu au trauers de la ruë: y adiouſtant vne main iſſante du Ciel, qui tenoit vn cizeau, auec ce mot dans la bande, TAM FACILE; pour donner à entendre, ſelon la ſage repartie du Maire Cardorier, que les fortifications de la Rochelle ſeroient auſſi aſſeurément razées, s'il arriuoit que iamais elle ſe reuoltaſt contre ſes Roys, comme vn cizeau pouuoit couper le filet. La longueur du temps qu'on a mis fraiſchement à la forcer, ne diminuë rien de la force de la comparaiſon: car il eſt auſſi aiſé à Dieu, qui combat touſiours pour les Princes, de boucler & d'affamer vne ville rebelle, auec vn filet de ſoye, qu'auec vne digue : Neantmoins Dieu a voulu prendre cette voye, (outre les conſeils qui nous ſont cachez) afin que la longueur du ſiege monſtraſt la grandeur du Roy, & que la ſolidité de la digue tinſt ſi long-temps les Rochelois enfermez, qu'ils y trouuaſſent le chaſtiment de leur crime. Si donc il a eſté plus difficile de baſtir la digue, que de tendre vn filet de ſoye, & ſi leurs murs n'ont pas eſté ſi toſt razez, qu'vn fil ſeroit facile à coupper, la comparaiſon, qui ne regarde que l'effect, a touſiours ſa force & ſon lieu. La longueur de leur reſiſtance les a dauantage punis, & les eſloignant plus des graces & de la bonté du Roy, leur a donné le loiſir de ſe reſſouuenir du filet, ou pluſtoſt du reſpect enuers les Roys, que leur Maire & leurs anceſtres leur auoient enſeigné. Mais ne faudra-t'il point imputer la longueur meſme de ce ſiege à la Iuſtice, qui ſ'en eſt voulu preualoir contre la clemence du Roy, lequel euſt pardonné à trop de criminels, ſi la ville euſt eſté pluſtoſt priſe. C'eſt ce-

Eumen. Pa-
negyr. Conſt.
A. ſte Iuſtice qui luy dit ce qu'on diſoit iadis en pareil ſuiet à Conſtantin; *Parce dicto; non omnia potes; Dij te vindicant, & inuitum.* Sire, voſtre Majeſté me pardonnera; c'eſt la verité neantmoins, tout ne reüſſit pas comme elle veut; ce n'eſt pas foibleſſe en vos armes, ou moins de faueur du Ciel : au contraire, ces delays, ſont les voyes que tient la Prouidence Diuine pour vanger voſtre Majeſté: vous leur euſſiez trop toſt pardonné : ce ſiege eſt la prolongation de leur crime, auſſi l'eſt-il de leur ſupplice : tandis que voſtre digue

ſ'aduance,

s'aduance, la famine les enleue, & en fait vn rauage que vos yeux ne pourroient fupporter : leur ville n'eft plus ville, elle en perdit le nom quand ils
perdirent celuy de bons fubiects : prenans celuy de rebelles, elle s'eft changée
en prifon, dans laquelle on execute des criminels.

Dans l'autre peinture qui eftoit au cofté droict, & regardoit encore la Magnificence du Roy, il y auoit vne digue, au deffus, & dans le Ciel, fe voyoient
trois Deïtez profanes, qui fembloient eftre en debat, à qui la digue appar-
tiendroit. Ce traict eft pris de Pindare, qui dit qu'en toute grande entreprife, trois parties doiuent neceffairement interuenir ; la Vertu, le Trauail,
& la Defpenfe. αεἰ ἀμφ' ἀρετᾷσι πόνος δαπάνα τε μάρναται πρὸς ἔργον κιν-
δυνῳ κεκαλυμμένον. La Defpenfe, le Trauail & la Vertu doiuent s'accorder toufiours, & s'vnir, quand il eft queftion d'vn ouurage hardy, eminent,
& plein de difficultez. La Vertu doit paffer la premiere, pour entreprendre
fagement, afin que ce ne foit folie ou vanité, mais vne iufte raifon qui oblige le Prince à entendre au deffein qu'on luy propofe. Apres elle, doiuent venir la Defpenfe & le Trauail, fans lefquels la Vertu demeure inutile & re-
ferrée dans les bornes de fes bonnes volontez. On les a donc reprefentées icy ;
la Vertu au milieu, ainfi qu'elle fe voit dans les monnoyes Romaines, c'eft
à dire, armée, & foulant aux pieds vne tortuë : Porus eft pour la defpenfe,
que Platon mefme met au rang des Dieux, quand il dict que Porus & la
Pauureté font le Pere & la Mere de l'Amour. Le Trauail eft auffi mis au
rang des Deïtez anciennes par Marcianus Capella ; voire il luy donne la puiffance de porter fa Philologie au Ciel, & de la confacrer entre les Dieux.
Tous trois donc combattent, & felon qu'il femble, chacun a de grandes raifons : car la Defpenfe reprefente les fommes innombrables de deniers qu'il y
a falu employer : Le Trauail, outre ce qu'y ont mis les foldats, produit que
le Roy mefme y a bien daigné mettre la main, deffeigner l'ouurage, s'y
tranfporter, y demeurer les iours entiers, & patir les incommoditez de l'eau,
& de l'Hyuer. La Vertu de fon cofté, dit qu'il n'y eut iamais de fi genereux deffein, & que fi ce n'euft efté à fa faueur, le Roy n'euft iamais affemblé tant de trauail & de defpenfe. MOLE SVPER CERTANT. Elles combattent encore pour la digue, & pour appointer les parties, elles feront ren-
uoyées à la Pofterité, qui iugera plus à loifir ce different. Quelqu'vn les voulant accorder, a fait que la Vertu dict à la Defpenfe & au Trauail, qu'eux
trois n'eftoient pas feuls, qui pouuoient pretendre cefte gloire, & que celuy
d'entr'eux qui euinceroit les deux autres, auroit apres tous les autres Dieux
fur les bras. Sa penfée eftoit telle.

Certant Mole fuper, Virtus, Sumptúfque, Labórque,
   Et tres in pugnam lis agit vna Deos.
Quilibet effe fuam titulis ingentibus vrget,
   Et magnâ caufa præftruit arte fidem.
Nam nifi pregrandes auri præftaret aceruos

*Olymp. odl
5.*

*Plato συμπ.
σίῳ*

*Lib. 2. de
nupt. Phil.*

Sumptus ; ab illisis fracta periret aquis.
Sed Labor immani saxorum pondere pugnat,
  Æquoráque insueto iactat adacta iugo.
Ponè subit Virtus ; Frustra certabimus , inquit,
  Non tres , sed cunctos lis manet ista Deos.

Le François :

  Depuis vn an , la Vertu,
  Le Trauail , & la Dépence,
Sur vn faict , que les Dieux ont cent fois debatu,
  N'ont point encor eu sentence.

  De ces trois Diuinitez,
  Chacune au Ciel a sa brigue,
Pour se faire adiuger les honneurs meritez,
  D'auoir acheué la digue.

  Iusques à quand , ô grands Dieux,
  Souffrirez-vous ceste guerre :
Faut-il que les procez durent autant aux Cieux,
  Qu'ils durent dessus la terre ?

  Le Trauail dit que ses mains,
  Sans l'ayde de la fortune,
Malgré l'effort des vents , des flots , & des humains,
  Ont mis en prison Neptune.

  La Dépence luy repart,
  Vous trauailliez à mes gages,
Et sans mes chaisnes d'or , ce merueilleux rempart
  N'eust peu brider les orages.

  La Vertu dit hautement,
  Que c'est par son ordonnance,
Que le Trauail a fait ce fameux bastiment,
  Pour le repos de la France.

  Et puis en fin , quel arrest
  Attendons-nous , ce dit-elle ?
Les Dieux à nostre cause ayans tous interest
  Entrent en nostre querelle.

Voulant dire, que si selon la coustume des anciens, les Dieux doiuent vne fois entrer en dispute pour l'auoir, comme firent Minerue & Neptune dans les fables pour Athenes, & dans Pline, Bacchus & Ceres pour la terre de Labour; tous les Dieux doiuent generalement y estre receus pour parties, afin de la disputer chacun pour soy, & non pas seulement les trois sus-nommez; tant elle est assortie de tout ce qui est rare & diuin. *summum Liberi Patris cum Cererè certamen. Plin. l.3.c.5.*

La seconde peinture, du costé gauche, monstroit la mesme digue, sur laquelle la Victoire auoit planté plusieurs trophées. En quoy est à remarquer, que les Princes ont pris plaisir à dresser semblables trophées sur les lieux eminents, & sur les plus hautes montagnes des contrées qu'ils auoient subiuguées. Ainsi Auguste en fit mettre sur les Alpes, apres auoir dompté les peuples, qui estans situez au cœur de l'Empire Romain, garderent neantmoins si long temps leur liberté: Pompée en fit de mesme sur les Pyrenées apres auoir défaict Sertorius, Alexandre sur les montagnes Caspiennes, & Xerxes sur les Thermopyles, dont il auoit chassé les Grecs, taillant en pieces Leonidas & les Lacedemoniens, qui luy auoient fermé ce passage. Or ce plan d'honneur, & cet arbre de gloire, que l'on nomme autrement Trophées, ne croist pas par tout également; quelques terroirs luy sont plus fauorables que les autres; ce qui se prend, non pas du Soleil, ny des pluyes, ny de quelque riuiere qui les arrouse; mais de la valeur de la main guerriere qui les plante: Car tout sec qu'est ce bois, il croist neantmoins autant que merite celuy qui le cultiue, tirant sa nourriture des victoires, & portant les fruicts d'Honneur, qui sont si agreables au goust des Princes. Pour monstrer donc qu'il n'y auoit point d'endroit sur la terre, où les trophées aymassent mieux se voir plantez, que sur la digue, on y en a mis quantité, comme plantez à la ligne, que la Victoire arrouse du Ciel, auec ce mot, NVLLIBI LAETIVS; ayant égard à ce que nous voyons dans la Nature, & que les arbres ne viennent pas bien en tout lieu, mais foisonnent, & croissent grandement où ils rencontrent vn bon terroir.

Dans le quarré du piedestal commun aux deux colonnes, du costé droict, estoit vne autre peinture prise sur la Nature mesme, de ce que les hirondelles font en Egypte pour se guarantir des inondations du Nil. On se sert de cecy plus volontiers, parce que les principaux Architectes veulent que nous n'ayons l'inuention de la maçonnerie que des hirondelles, qui gardant tant d'industrie & tant de proportion en la structure de leurs nids, nous ont appris à bastir. Partant si les hommes leur rendent cet honneur, ou pour mieux dire, à la Nature, laquelle nous enseigne tous les iours vne infinité de raretez par les moindres creatures, afin que dans la bassesse de leur conduicte nous recognoissions plus aisément la maistrise & l'excellence de la main qui nous guide; on ne croit point amoindrir l'honneur deu à la Magnificence du Roy, si l'on dict que la Nature auoit monstré quelque crayon & premier traict de son grand ouurage, & le trace encore tous les iours en ce que font les hirondelles, pour se munir & remparer contre le Nil: Pline en est le guarand; *Vitruu. lib.1. c.1.*

Lib. 10. cap. 33. *Jn AEgypti Heracleotico oſtio, hirundines molem continuatione nidorum euaganti Nilo inexpugnabilem opponunt , ſtadij fermè vnius ſpatio, quod humano opere perfici non poſſet.* Quand elles voyent que le Nil ſe va deſgorger, elles luy oppoſent vne digue inexpugnable, longue à peu prés d'vn quart de lieuë, qu'elles baſtiſſent de leurs nids entaſſez l'vn ſur l'autre : Les hommes ne pourroient venir à bout d'en faire vne ſemblable. Vn de nos Poëtes en parlant de la digue, ſ'eſt ſeruy de ces hirondelles pour monſtrer l'ardeur de nos ſoldats à la baſtir.

Petanius Triumph. LVDOVICI XIII.

Medio ſic gurgite Nili
Stat breuis Inachia quondam ſacrata iuuencæ
Inſula, quam primi ſub tempora veris, hirundo
Agmine denſa petit , paleáſque & ſtramina circum
Ore legens, longo, dictu mirabile, firmat
Obice : nec requies feſſis, noctemque , diémque,
Continuant opere , & quâdam dulcedine tacta
Sæpe animas etiam grato impendére labori.
Ni faciant, terram & longi munimina roſtri
Alliſi lacerent fluctus, ſpargántque per vndas.

On auoit mis en la peinture ces hirondelles meſme dans leur trauail : Mais ce n'eſt pas icy la premiere fois que Pline s'eſt trompé; il ſuit trop les inſtructions & les memoires qu'on luy donne : il n'auoit peu preuoir ny deuiner la magnifique entrepriſe d'vn Roy de France, qui n'a pas ſeulement eſleué vne chauſſée contre vne riuiere laquelle ſort de ſon lict, mais a fait vne digue à la mer, & oppoſé à ſes vagues vne maçonnerie ſi ferme, que cinquante gros d'eau, auec tout l'Ocean & les vents n'ont peu l'eſbranler. Neantmoins l'Ouurier de ceſte merueille ſe recognoiſt eſtre du nombre des hommes, & ne tiendra point à deshonneur de ſçauoir que la Nature luy auoit tracé ce moyen de victoire ſi puiſſant; c'eſt pourquoy on liſoit à la bande, pour mot de la deuiſe. NATVRA MONSTRANTE; par la conduite de la Nature, & ſur le modelle qu'elle en a donné.

La derniere peinture de cét arc, en la baze du piedeſtal oppoſé, eſt tirée de la façon qu'au rapport de Pauſanias on tient à prendre les Taureaux ſauuages, que les Latins appellent *Biſontes*, les Grecs Βίσωνας, (ſans preiudice du differend qui eſt entre les Naturaliſtes ſur ces animaux) Oppian les nomme φονίους ζαύρους, Taureaux cruels & ſanguinaires, & les compare aux Lyons, à raiſon du grand crin qu'ils ont autour du col.

Φεικαλέην χαίτlυ μgὲ ἐπωμαδὸν αἰϑύσσσι.

Pag. 328. v 42. Pauſanias donc rapporte que quand les Pœoniens chaſſent à ces furieux animaux, ils y employent vne digue, & vn parc pour les enclorre, & puis finalement la faim, qui les appriuoiſe à merueille. Ουτοι οἱ βίσωνες χαλεπώτατοι ϑηείων εἰσὶν ἁλίσκεσϑαι ζῶντες. Il eſt tres-difficile de les prendre en vie : c'eſt pourquoy

quoy l'on choifit vn lieu panchant, aboutiſſant dans quelque fondriere ; on l'entoure d'vn parc, & d'vne forte paliſſade, φϱάγματι ἰσχυϱῷ, puis on couure toute la pente du vallon de peaux fraiſchement arrachées, parce qu'elles ſont gliſſantes, ou meſme on baigne d'huile celles qui ſont deſia ſeiches, quand on n'en a point d'autres en main. Cet appareil eſtant fait, les plus leſtes, & les mieux adroicts à cheual leur donnent la chaſſe, & taſchent de les faire entrer dans ce parc, & de les pouſſer plus auant, iuſques à ce que rencontrans ces peaux eſtenduës ſur la terre, ils ne manquent pas à gliſſer, & à rouler iuſques au bas du vallon. On les y laiſſe tremper quelque temps, car ils ne s'en peuuent d'eux-meſmes retirer : mais quand la faim & le meſaiſe ont dompté leur fierté na-turelle, τῶν μὲν ἤδη τῷ θυμοῦ Ὃ πολὺ ὁ λιμὸς ἀφαιϱῇ & ἡ ζαλαιπωϱία, lors on leur enuoye des gens faits à gaigner & à conduire ces beſtes, qui leur donnent premierement du pignon ; car dans la foibleſſe où ils ſont, ils ne prendroient pas d'autre aliment ; puis en les deſgageans peu à peu de ces artificiels precipices, δεσμοῖς ἀγϱίοι, ils les amenent liez & vaincus. Que ſi la chaſſe eſt dignement nommée par Xenophon, & les autres, μλέτη τῷ πολέμου, Exercice militaire propre à ſe duire à la guerre ; Ie crois que dans celle de ces animaux tant violens, il ſe void quelque idée de ce qui s'eſt paſſé en nos iours, pour venir à bout des rebelles : La famine & la neceſſité les ont domptez, & les ont rendus maniables comme on a deſiré ; mais la premiere & la principale piece de la priſe, ont eſté les forts & les redoutes du coſté de la terre, & du coſté de la mer, cette digue : ωϱῶτα μὲν φϱάγματι ἰσχυϱῷ πίειξ ὠχυϱώσηϱι. C'eſt pourquoy pour ſe ſeruir à propos du paſſage de cet Autheur, qui touche pluſieurs particularitez de la Victoire du Roy, veu nommément que ſa Majeſté prend tant de plaiſir à la chaſſe, qui eſt l'exercice des Roys, & dans lequel ont eſté nourris tous ceux d'entre les Grands, qui ont acquis la reputation d'eſtre vaillants ; on a donné pour ame à la peinture qui repreſente le parc, & le taureau ſauuage que l'on a tiré, lié, & dompté par la faim, le meſme terme de l'Autheur, ΦΡΑΓΜΑΤΙ ΙΣΧΥΡΩ, Par vne forte paliſſade de digue & de redoutes, ils ont eſté vaincus.

Tel eſtoit l'Arc conſacré à la Magnificence du Roy, laquelle n'a rien icy que de Martial, & ne s'employe qu'en des œuures militaires : quoy que cette Vertu, de ſa nature, regarde également les largeſſes & les deſ-penſes publiques qui ſe doiuent faire en temps de Paix. Les Deeſſes eſtoient toutes armées à Lacedemone : Les Vertus Royales en la celebrité d'vn Triom-phe doiuent paroiſtre toutes guerrieres, veu principalement que ce qui ſe peut dire des forts, des redoutes, du trauail, & ſur tout de la digue, porte le nom de ſa Majeſté, comme parle Pindare, iuſques au dernier ſommet de la Vertu. Nous admirons trop les choſes eſtrangeres, & qui ſont eſloignées de nous par la diſtance des lieux, ou par la longueur des temps ; les Philoſophes ſe plei-gnent par tout de ce defaut, & ne l'ont peû iamais corriger : Nous ne ſçauons donner à ce que nous voyons chez nous, le iuſte prix & la valeur qu'il merite : ce qui naiſt deuant nos yeux, quelque accroiſſement qu'il prenne, porte touſ-

iours auec foy ie ne fçay quel prejugé de baffeffe, & ne peut nous induire à l'admirer. Mais c'eft trop baffement eftimer de nous-mefmes, de croire que rien
d'admirable ne puiffe naiftre entre nos mains; & c'eft eftre iniurieux à la Grandeur de nos Roys, de croire qu'ils ne puiffent rien faire qu'on doiue regarder
auec eftonnement : La cognoiffance des caufes & des principes ne deftruit
pas toufiours l'admiration, dit Sainct Bafile, voire mefme l'augmente fouuent, quand on compare la naiffance des grands effects, auec leur progrez &
leur fin : Iamais nous n'admirerions vne infinité d'ouurages dans la Nature, &
dans les Arts, fi nous n'en fçauions l'origine. Encore donc que cette digue ait
pris fon commencement deuant nos yeux, & que nous fçachions comme peu
à peu elle a efté pouffée à fa perfection, elle n'en eft pas moins admirable, &
moins digne d'arrefter l'eftonnement de l'vniuers. Que fi quelqu'vn dit qu'elle
fe ruinera auec le temps, & que la mer peu à peu la couurira; vne feule pierre
fuffira pour donner à cognoiftre aux fiecles à venir, la Magnificence du Roy :
Et comme la Grece iadis defcouurit fagement la grandeur du corps d'Hercule,
d'vn feul veftige de fes pieds qu'il auoit laiffé dans la lice des Ieux Olympiques;
auffi la pofterité pourra iuger des vertus & du courage de fa Majefté, de la
moindre partie qui en reftera. Cependant nous la grauerons icy, où elle com-
battra le Temps & la Deftinée, & fe conferuera fans crainte des orages & de
l'Ocean : Sa figure eft la fuiuante.

οὐ γὸ ἐκ καθιςα-
ται ἡ ὑπὸ τοῖς
μωρίσοις ἔκπλη-
ξις, ἐπειδαὶ ὁ
ζόπος, καθ' ὃν
γίνεται τι τῶν
ῥαδιωζων,
ἐξευρεθῇ.
Hexaëm.
homil. 1.

Gell. lib. 1.
Noẟ. Attic.

ARC DE TRIOMPHE
A
L'ETERNITE
DE LA GLOIRE
DV ROY.

Sur le pont de Noftre Dame,

RENCONTRE DOVZIESME.

A douziefme qualité du Zodiaque Royal, eft celle-la mefme où fe doiuent borner tous nos defirs, puifque l'Eternité de la Gloire, à qui cet Arc eft dédié, remplit tellement les fouhaits qu'vn peuple peut auoir pour fon Prince Victorieux, qu'il ne peut autrement que f'y arrefter, & fe confeffer fatisfaict. La Gloire en foy contient & comprend tous les attraicts imaginables qui peuuent contenter & affouuir vne ame grande & genereufe : Nous n'auons rien icy bas, diroient les Poëtes, qui rapporte dauantage à la douceur de l'ambrofie, dont fe nourriffent les Dieux, que la Gloire; Elle ne nourrit pas tant, qu'elle rauit & emporte l'efprit qui f'en laiffe faifir, en vn eftat metoyen entre les chofes humaines & diuines, d'où arriue qu'il deuient infenfible aux dangers, encore qu'il les endure; faict eftat des trauaux autant que les autres les fuyent, & dans vn corps de terre a le courage fi releué, qu'il ne femble plus viure que pour plaire & pour aggreer à la Vertu. Mais pour accomplie que foit cette Gloire, ainfi que le peut eftre celle qu'vne Victoire donne quand elle eft generalement acquife fur tous les hommes; elle a toufiours encore vn aduerfaire fur les bras, duquel elle a bien de la peine à fe defendre & à fe guarantir. C'eft le Temps, qui fe donnant le pouuoir d'efteindre & d'abolir comme il luy plaift ce qu'vne fois il a produict, veut

Q q ij

vſer de pareille inſolence ſur la Gloire, & luy rauir l'eſtre qu'il luy a donné. Et
quoy qu'elle ſe trauaille à l'encontre des dégaſts & des rauages inſupportables
qu'elle reçoit du Temps; quoy qu'elle cimente ſes Trophées de l'amour des
peuples, qui eſt ce qui les peut dauantage affermir; quoy qu'elle mette ſes Lauriers aux pieds des Dieux, pour les conſeruer des outrages de ſon ennemy, dans
la tutele & la protection de la Diuinité; neantmoins le Temps porte iuſques
là ſa puiſſance & ſes efforts, qu'il trouue touſiours moyen de démolir les trophées & les monuments d'Honneur que la Gloire s'eſtoit dreſſez; il ne ſe
tient pas ſujet & obligé aux loix des Romains & des Grecs, qui defendoient

·ὡς ἐ τοῖς ἐ μι-
λεμίοις θεοῖς
ἱερω ιδρα.
Dio Caſſius
lib. 32.

d'y toucher, & de les abbattre, pour quelque neceſſité que ce fuſt; il meſpriſe
les anathemes & les maledictions qu'on a fulminées contre ceux qui contre-
uiendroient à cette ordonnance; & ayant réduit en poudre les Vainqueurs
meſmes, il pretend pouuoir diſpoſer de leurs deſpoüilles à ſon plaiſir; il tire &
noye tout dans le profond abyſme du neant, comme parle vne grande Dame,

Anna Co-
mnena Ale-
xiad. lib. 1.

eſcriuant l'hiſtoire de ſon Pere, πάντα εἰς βαθὺ ἀφανείας καταπόντοι, ſans pardonner à choſe aucune; bref, quand il ne peut autrement aggreſſer la memoire
des Heros, & de leurs vertus, pour eſtre trop eſpanduës dans le reſſouuenir
des peuples, il ſe plaiſt à faire beaucoup parler des proüeſſes de ceux qui paroiſſent de nouueau, & par vn artifice admirable cache, & faict ſecher les
anciens lauriers par la foule des nouueaux; & pour vaincre infalliblement,
entre en combat contre la gloire par la gloire. Vn ſeul moyen eſt octoyé à
cette vaillante Amazone, pour ſe deſgager des mains d'vn ennemy ſi im-

Mart. Capel-
la lib. 2.

portun, qui eſt, quand Athanaſie, ou l'Eternité daigne la prendre ſoubs ſa
protection & ſauue-garde; car lors le Temps ne peut plus attenter ſur elle,
puiſque conſeruant ſes lauriers touſiours verds, elle iouyt dés ce ſiecle meſme, du repos & de la paix, qui ſont les biens que les hommes iugent les plus
recommandables en la condition des Dieux. Or ce ſont les Vertus qui luy obtiennent cet octroy: Car quand Baſilée les a produittes, & prouué qu'elles
ſont plus grandes que l'ordinaire, lors les Dieux luy octroyent vne generale
exemption des entrepriſes & des inſolences du Temps; d'où vient que d'vn
grand nombre de Capitaines qui ont flory dans l'Antiquité, le Temps a aboly
la memoire de pluſieurs, & n'en reſte que fort peu, qui ayent rompu les efforts
de ce Tyran, & ſubſiſtent encore par le bien-faict d'Athanaſie: Car à raiſon de
leurs extraordinaires vertus, ils ont conſerué leur gloire auſſi entiere, & leurs
lauriers auſſi frais, que le premier iour qu'ils en furent couronnez.

C'eſt ce que Baſilée faict icy, par les mains de la Ville, erigeant cet Arc à
la Gloire Immortelle du Roy, & le reueſtant de pluſieurs marques de l'Eternité, pour deffendre ſon luſtre contre le Temps; Ses incomparables vertus, dont, par les onze Arcs precedens, on a veu les preuues certaines, ont
merité, que ſa Gloire ne ſoit point ſubjette à l'ennemy commun des plus
grands Perſonnages. L'Arc pour ce qui touche l'ordonnance eſt celuy meſme
que iadis les Romains erigerent à l'Empereur Traian, lequel, comme dit le
Panegyriſte, porta le nom qui faict les Dieux, & fut appellé le Tres-bon.

Il eſt

Il eſt d'vn bel ordre Corinthien , & a pour ſa premiere ordonnance huict colonnes , auec leurs bazes & chapiteaux , entre leſquelles ſont quatre niches, où ſont quatre figures, qui ont au deſſus de leur tympan quatre peintures dans les ouales qui rempliſſent l'eſpace libre , iuſques à l'architraue, enrichie de toutes les moulures & gayetez de cet ordre : Sa ſeconde ordonnance eſt de quatre autres pilaſtres, de moyenne hauteur , qui ſouſtiennent quatre autres ſtatuës, ayant comme vn ſode au milieu , ſur lequel eſt vne grande peinture, qui porte le ſens de l'Arc , & eſt ſouſtenu d'vn marbre poſé ſur la frize, où eſtoit le Quatrain François, qui luy ſeruoit d'inſcription.

Pour l'intelligence de laquelle , on auoit mis en la peinture vne fiction emblematique, qui repreſentoit les principaux , & les plus conſiderables d'entre les Dieux, Iupiter, Mars , Hercule , & Apollon, leſquels , à la Requeſte de Baſilée, parée en guerriere, lioient de chaiſnes d'or, mais d'vne force diuine , le Temps, qui paroiſſoit au milieu , garrotté & ſerré auec ſa faulx, pour le faire dauantage recognoiſtre ; & puis par les mains de Mercure, iadis honoré particulierement chez les Gaulois , donnoient ce nouueau Priſonnier à la France , aſſez recognoiſſable par ſon manteau Royal ſemé de lys. Baſilée l'auoit conduitte à cet effect iuſques au Tribunal des Dieux , & auoit parlé en ſa faueur auec des termes & des raiſons ſi preſſantes, qu'ils luy auoient accordé ſa demande , & donné le Temps, pour l'empeſcher d'entreprendre contre l'eternelle durée , & le cours immortel de la Gloire de ſon Roy. C'eſtoit auſſi ce que la France, par la bouche de tant de peuple qui leut & releut les vers ſuiuans, prit plaiſir à repeter & à redire cent mille fois ce iour-là , & qu'elle veut eſtre icy couchez, afin qu'ils ſoient autant de fois repetez, que ſes ſubjects voudront prendre le contentement de voir les Triomphes de leur Roy :

Grand Roy, nos deſirs ſont contents,
Voſtre gloire eſt en aſſeurance ;
Les Dieux ayant lié le Temps,
L'ont mis au pouuoir de la France.

De faict, Baſilée ayant rendu ce bon office à la France, & ayant muny la Gloire de ſon Prince par l'empriſonnement & par la ſubjection du Temps à ſes loix, il ſemble qu'on n'ait rien dauantage à deſirer. Cette horloge caſſée , dont le Temps meſure le renom & la reputation des Victorieux ; & cette faulx, auſſi eſtroictement enchaiſnée, que la main qui la conduit, quand elle abbat indifferemment les monuments des Victoires, & coupe les palmes que les peuples ont dediées à leurs Princes ; nous aſſeurent que la gloire de ce Triomphe eſt exempte des bornes des années, & des ſiecles, & viura deformais en vn tresaſſeuré repos, ayant cet ennemy de ſa durée en ſon pouuoir. C'eſt ce que ſignifioit l'Eſcriteau couché en la bande ſuperieure de la peinture :

Cæſar de bello Gallico lib. 6.

Les quatre ſtatuës poſées ſur les pilaſtres du premier rang, donnoient dauantage d'aſſeurance de cette meſme eternité: Car comme ainſi ſoit que quatre
principales ennemies des Triomphes des Grands, qui ſont l'Enuie, l'Inconſtance, l'Ingratitude, & l'Oubliance; fauoriſent le Temps dans le pernicieux
deſſein qu'il a de les abolir & effacer; Baſilée y auoit pourueu, aſſubjettiſſant
ces quatre monſtres à quatre autres nobles qualitez, dont elle ſe voulut icy ſeruir pour l'accompliſſement de ſa victoire ſur le Temps, qu'elle vouloit aſſeurer à la France & au Roy. La Gloire donc eut commiſſion de tenir le pied
ſur l'Enuie, afin qu'elle ne fiſt icy aucun deſordre, comme elle faict ſouuent
contre la loüange des Grands. Cette Gloire eſtoit couronnée d'eſtoiles, monſtrant que ſon origine eſt diuine, & qu'elle ſe donne icy bas comme vn feu celeſte, qui eſchauffe les belles ames, & les rauit au firmament, où ſans ceſſe
elle tend, comme à ſon domicile naturel: Elle tenoit en ſa main vn eſtendard,
qui reſſembloit au peple que Minerue auoit chez les Atheniens; car là dedans
eſtoient eſcrits à l'aiguille les noms des Dieux, & des fameux Capitaines: Et
quiconque pouuoit auoir place pour eſtre eſcrit en ce peple, auoit atteint le
plus haut degré de Gloire qu'on euſt ſceu meriter en ce temps-là. Quant à
l'Enuie, elle eſtoit telle que les Poëtes la repreſentent, & que l'eſprouuent
ceux qui ſe laiſſent poſſeder par vn monſtre ſi furieux; pour declarer que de
faict, cette Megere des Eſtats ne tend à rien plus paſſionnémnt qu'à obſcurcir
par ſon venim, le loz & le renom des Grands Princes; mais que pour noſtre
Triomphateur Inuincible, la Gloire auoit tant pris d'aduantage ſur elle, qu'elle n'auoit plus de force pour luy nuire; ce que ſignifioit l'Eſcriteau mis dans
le quarré du pilaſtre, GLORIA INVIDIAM EXTINXIT: La Gloire
a eſteint & dompté l'Enuie.

La Vertu eſtoit à l'oppoſite, qui tenoit ſoubs ſes pieds l'Inconſtance, repreſentée par la Fortune, laquelle, pour eſtre d'vne humeur tres-bigearre,
& plus portée de ſon naturel à nuire & à offenſer, qu'à bien faire; aſſault tant
plus volontiers les Grands, qu'elle les void releuez; comme ſi elle eſtoit ia-
louſe de nos proſperitez, & qu'elle voulut paroiſtre dauantage en ſon humeur maligne & dangereuſe ſur des eminents ſujects: mais la Vertu la tient
icy ſubjette à ſes loix, luy lie les aiſles, & la contraint à perpetuité de tenir le
meſme viſage qu'elle prit lors que quittant le party des ennemis du Roy, elle
tourna du coſté de ſa vaillance, & vers la proſperité de ſes affaires. Sur le pilaſtre prochain eſtoit à coſté la Memoire, qui fouloit aux pieds l'Oubliance:
Ce monſtre eſtoit accompagné d'vn loup-ceruier, que les Naturaliſtes remarquent eſtre de ſi courte memoire, que pour vn ſimple détour de corps
qu'il face, il oublie meſme la proye ſur laquelle il eſtoit acharné, & en court
chercher vne autre: La Memoire au contraire auoit proche d'elle vn ele-
phant, qu'on nous aſſeure eſtre le plus memoratif qui ſoit entre les animaux,
non ſeulement des iniures, car ce ne ſeroit qu'vn vice de beſte, mais beaucoup
dauantage des bienfaicts receus, dont il ne perd iamais la ſouuenance pour

ἄξιος ῶ πί-
πλον. Ariſto-
phan. Aui-
bus. Plut.
Demetrio.
Virgil. Cciri.

aucune longueur de temps , où changement de condition : Ce que nous
auions faict à deſſein, pout affermir l'Eternité de la Gloire à Noſtre Victorieux, la rendant aſſeurée contre l'oubliance, qui ſe gliſſe aiſément dans les
peuples, s'ils ne ſont retenus en leur deuoir ; ce qui eſt vne grande ouuerture
à l'aneantiſſement du renom que les faicts heroïques meritent aupres de la poſterité. Cette Oubliance n'eſt que pour ceux qui perdent la memoire des biens
receus, ſans s'appercevoir de leur faute (encore que cecy ne ſoit iamais ſans faute, dit Seneque, & que ce ſoit eſtre criminel deuant les Graces, que d'oublier vn
bienfait.) Mais l'Ingratitude eſt plus à craindre; elle a plus de violéce & de mauuaiſe volonté: Auſſi l'on auoit mis ſur le quatrieſme pilaſtre, la Recognoiſſan-
qui tenoit enchaiſnée l'Ingratitude, la plus dangereuſe beſte qui ſe voye parmy les hommes, comme celle qui romp & qui deuore non ſeulement les eſpe-
rances du temps à venir, & le contentement des actions vertueuſes qu'on aura
faites par le paſſé ; mais le bien meſme preſent, qui tient en ſon entier la ſocieté
humaine: Elle change par ſon haleine venimeuſe, les hommes en autant de beſtes farouches; & comme elle fait que les miſerables ſoient indignes de ſecours,
auſſi elle porte les Grands & les Vertueux à eſtre cruels. Cette Ingratitude
eſtoit entourée de viperes, qui ſemblent auoir eſté produites au monde par la
Nature, pour nous faire haïr vn vice ſi dénaturé, comme celles qui ne naiſſent
qu'apres le meurtre de leurs peres, & de leurs meres ; Auſſi la hayne que nous
portons à tous les autres ſerpens, eſtant generale, pour laquelle de leur inſtinct
naturel ils ſe cachent touſiours de nous, & viuent comme criminels de nature
entre les choſes creées : neantmoins la vipere eſt plus chargée de cette hayne
que les autres, & ſe cache auſſi dauantage, eſtant ſeule qui ſe couure de la terre, les autres trouuant encore quelque refuge entre les pierres, ou dans les arbres, comme remarque Pline : *Serpentium vipera ſola terrâ dicitur condi : cæ-* Lib. 8. c. 39.
teræ, arborum, aut ſaxorum cauis. Au contraire, la Recognoiſſance, outre
vne couronne de fleurs, qui monſtroit la gayeté de ſa nature, auoit à ſon coſté
vn chien ; animal ſi recognoiſſant, qu'il y a quelquefois de la honte à le dire,
au prix de ce que nous voyons tous les iours entre les hommes. Les Anciens
ont bonne grace, quand ils diſent que Paſithée eſtant enceinte du Bienfaict, Celius Cal-
cagn.
Iupiter, à la requeſte de Themis, ordonna qu'elle ne ſe deliureroit iamais de
ſon fruict, & auec de grandes menaces defendit à Lucine, qui preſide aux ac-
couchemens des Deeſſes, de ne la faire iamais accoucher : Auſſi celuy qui reçoit vn bienfaict, ne peut iamais ſe contenter, s'il eſt veritablement recognoiſſant, & ne peut aſſez produire d'effects de l'obligation qu'il a conceuë,
quelque effort de ſeruice qu'il face, & quelque volonté qu'il aye de ſe deſ-
charger de ce fruict. C'eſt cette meſme Recognoiſſance qui nous reduit tous
icy à vn agreable deſeſpoir de ne pouuoir iamais ſatisfaire, ny meſme recognoiſtre dignement les obligations que nous auons aux Victoires incomparables du Roy : bien nous prend que l'Eternité s'en meſle ; car mettant la main
à ſa Gloire, comme elle la rend eternelle, elle eſtend quant & quant cette
meſme obligation ſur les ſiecles futurs, & aſſemble la Poſterité auec nous à la

recognoiſſance du bien que nous tenons de ſon bras victorieux. Et de cette façon la durée & la ſeureté de la gloire pouuant eſtre attaquée, ou par l'en-uie des mal-vueillans, ou par l'inconſtance de la fortune, laquelle eſtant en ſa liberté, fait naiſtre aiſément de grands mal-heurs au milieu des gran-des proſperitez ; ou en troiſieſme lieu par l'oubliance, que la longueur des an-nées fait aiſément couler dans l'eſprit des peuples ; ou finalement (ce qui eſt plus criminel,) par l'ingratitude, lors que les ſubiects refuſent de rendre les reconnoiſſances des bien-faicts que la victoire de leurs Princes leur octroye ; la gloire de ce Monarque triomphant ſe voit affranchie de toutes les ouuer-tures, & de toutes les approches qu'y pourroit faire le Temps : Car ayant rete-nu pour ſoy de combattre l'Enuie, elle a commis la Vertu pour dompter la Fortune, la Memoire pour eſloigner l'Oubliance, & la Recognoiſſance pour nous preſeruer d'Ingratitude. Ce que ſignifioient les quatre eſcriteaux qu'on liſoit en ces quatre pilaſtres, chacun ſoubs ſa ſtatuë : celuy de la Gloire a eſté rapporté : ſuiuent donc les trois autres,

VIRTVS FORTVNAM DOMVIT.

MEMORIA OBLIVIONEM SVPERAVIT.

GRATITVDO INGRATITVDINEM OPPRESSIT.

La Vertu a dompté la Fortune, la Memoire a ſurmonté l'Oubliance : la Re-cognoiſſance a aboly l'Ingratitude.

Entre les Pilaſtres, eſtoient quatre emblémes, qui auoient du rapport à l'E-ternité : pour accompagner le quatrain que l'on a rapporté cy-deſſus : Les deux plus prochains eſtoient tirés des façons anciennes de marquer les années, auſquelles on adiouſtoit dans l'Eſcriteau le ſouhait que la Ville auoit pour cette meſme Eternité. Au coſté droict eſtoit celle des Romains, qui mar-quoient leurs années par des clouds qu'ils fichoient à la porte de leur Temple ;

Sext. Pom-peius.

Ils les nommoient à ce ſujet, *Clauos annales*, parce qu'ils ſeruoient à marquer les années, & la ceremonie ſe diſoit, *Clauum pangere*, ou, *figere*, comme

Durantius l. 1. c. 5.

nous apprenons d'vne ancienne inſcription n'agueres deſcouuerte, qui nous enſeigne que c'eſtoit aux Ides de Septembre que cette ceremonie ſe faiſoit, à cauſe que l'An auoit commencé par ce mois auec la naiſſance du monde ; & que l'honneur de ce rite appartenoit à l'vn des principaux Magiſtrats, qui eſtoit le Preteur pour l'ordinaire : quelquefois neantmoins ç'a eſté le Conſul, ou le Dictateur meſme expreſſément creé pour cet effect. Comme donc les années chez les Romains ſe marquoient de cette façon, on voyoit en cet embleme vn Magiſtrat auec ſa robbe d'office, bordée de pourpre, appellée *prætexta*, ou περιπορφυρος, qui coignoit le cloud, & en auoit vne infinité d'autres à ſes pieds, comme eſtant diſpoſé de marquer les années infinies que durera la Gloire & le los de ſa Majeſté par le nombre ſans nombre de ſes clouds, pour arriuer iuſ-ques à l'Eternité ; ce qui ne ſe pouuant pas ſi bien exprimer par la figure, nous

auons

auons pouſſé plus auant ce meſme deſir dans l'Inſcription, pour ſignifier cette eternité, CLAVIS AETERNIS, Par des années eternelles. De l'autre coſté eſtoit vn Luicteur ou Athlete des Ieux Olympiques, qui preſentoit à Iupiter vne couronne, parce que parmy les Grecs on marquoit le Temps par les Olympiades, & par les couronnes des Victorieux; tellement que pour exprimer à la Grecque la longue ſuitte des années que durera la Gloire de ſa Majeſté, on auoit à deſſein donné à cet Athlete vne infinité de couronnes; à quoy ſeruoit auſſi l'Inſcription qui aydoit la peinture, & luy donnoit le ſens que l'on vouloit, CORONIS AETERNIS, Par des Couronnes & des Olympiades eternelles.

Aux deux coſtez des deux precedents emblémes, eſtoient les deux ſuiuants, qui ſymboliſoient enſemble ſur vne meſme diction, de laquelle les Grecs & les Latins ſe ſeruent; car φοῖνιξ, ſignifie cet oyſeau eternel qui renaiſt de ſes cendres, & le palmier, encore qu'Athenée attribuë ce nom aux dattes ſeulement, & non pas à l'arbre: neantmoins les autres Eſcriuains s'en ſeruent indifferemment. Or ce ſont deux hieroglyfes bien naïfs de l'eternité; Car pour ce qui touche le palmier, il eſt de ſi longue durée, qu'on ne la peut marquer aſſeurément; Ainſi Pline rapporte qu'en l'Iſle de Delos on voyoit encore vn ⟨Lib.6.c.44.⟩ palmier qui y eſtoit depuis la naiſſance d'Apollon; durée beaucoup plus grande que celle de trois cens ans que luy donnoient les Babyloniens; tellement qu'auec grand ſubject l'ame de la Deuiſe eſtoit, ARBOR AETERNA, L'arbre eternel: ayant eſgard à l'eternité de la victoire du Roy, de laquelle la Palme eſt le Symbole: Pour l'autre Deuiſe, c'eſtoit l'Oiſeau, qui porte le meſme nom, que l'on peut meritoirement nommer eternel, puis qu'il prend nouuelle vie de ſa mort, & que ſes cendres luy donnent vne origine & naiſſance perpetuelle. André Theuet Coſmographe François parlant des ⟨Lib.3.c.5.⟩ commoditez que les habitans du Cap-verd tirent de leurs Palmiers, dit que cét arbre eſtant mort de vieilleſſe, repouſſe par ſes racines, d'où ſe produiſent de nouueaux arbres, auec vne ſucceſſion eternelle; & on peut bien luy accorder ce qu'il adiouſte, que cette qualité naturelle de reuiure de ſa ſouche, & de raieunir de ſa vieilleſſe, a donné l'entrée à ce qu'on raconte de cét Oiſeau qui porte ce nom, que l'on dit prendre ſa naiſſance de ſes cendres. Pour le moins nous auons l'antiquité qui ſeruira de guarand de cette ſi grande durée du Phenix, qui iuſtifiera le rang que tient cette figure entre les ornements de l'eternité, auec ce mot, AVIS AETERNA. Oiſeau eternel.

Pour les niches qui ſont entre les quatre colomnes, elles eſtoient remplies de quatre victoires: Le meſme nombre a iadis ſeruy en la ſtatuë de Iuppiter Olympien, en la baze de laquelle Phidias, ou celuy qui en fut le ſculpteur, ⟨Pauſan.in Eliac.⟩ rangea tout autour quatre victoires, qui teſmoignoient vne grande ioye, & meſmes danſoient, comme ſe voyant ſoubs l'ombre & la protection du Pere des hommes & des Dieux. De plus, dans l'Anthologie Antipater met ⟨Lib.1.⟩ en debat quatre victoires, comme ſi ce nombre auoit quelque aduantage dans cét employ de triomphe, ainſi que Pythagore le luy auoit donné dans fes efcholes, & en fes difcours, duquel le plus grand iurement eftoit par ce mefme nombre de quatre. Propofez-vous donc qu'elles trauaillent toutes quatre à perpetuer la gloire de fa Majefté, y contribuant chacune de fon cofté ce qu'elle eftime deuoir rompre la force du Temps. La premiere, iouë de la harpe, & a plufieurs inftruments de Mufique à fes pieds, pour monftrer que c'eft par les Lettres, & par la Mufique, qu'elle veut rendre la gloire de fon Prince durable à iamais ; Auffi font-ce les Mufes, qui pour dire la verité, rompent la force du deftin, & emouffent la lime fourde du Temps; & nous rendent immortels dans nos cercueils, ce font les lettres qui font reuiure les Princes apres leur mort, ou pour mieux dire, qui ayant répandu leur renommée par l'vniuers, ne les laiffe non plus mourir que l'vniuers mefme qu'elles ont remply de leur renom. La feconde victoire qui eft à l'oppofite, eft tirée fur celle qui fe voit affez ordinairement dans les medailles, laquelle graue fur vn bouclier pendant d'vn arbre palmier, ces lettres RVPEL. RECVPER. voulant dire qu'elle burine à iamais la memoire du recouurement de la Rochelle, & de la reddition heureufe de cette ville rebelle entre les mains de fa Majefté. La main de la victoire eft fi bonne, & le burin qu'elle tient d'vne trempe fi forte, qu'il faut neceffairement que cét eloge dure à iamais. Celle qui la fuiuoit du mefme cofté, dreffoit vn trophée, pour le confacrer à l'eternité; elle amaffoit à l'ordinaire les defpoüilles des ennemis, fe promettant bien, que puis qu'elle-mefme y mettoit la main, & que l'eternité en prenoit la protection, fon ouurage dureroit plus que le Temps. L'autre auffi qui du cofté droict la regardoit, fe trauailloit fort à luy faire vne ftatuë d'vn Porphyre tres-folide; elle y employoit le marteau & le cizeau, mais le meilleur inftrument, eftoit la main mefme de la victoire, qui rendoit mole cette matiere qu'on tient eftre impenetrable, dans laquelle neantmoins les traicts du vifage de fa Majefté paroiffoient fi doux, que nonobftant la rudeffe, & la dureté de la matiere, la Victoire fe confeffoit eftre vaincuë de la beauté de fon ouurage, & par vn foubs-ris, & vne apparence de retenuë, fembloit apprehender qu'il ne luy efcheuft de tomber en la mefme paffion qu'Appelles fentit

φύσεως ἄγαλμα. Anna Alexiad. lib. 1.
pour Compafpé, quand Alexandre luy commanda de la pourtraire. Auffi ce vifage facré peut donner de l'Amour aux Vertus mefmes, & merite d'eftre nommé le plus riche & le plus precieux ouurage qu'ait maintenant la Nature.

Plin. lib. 25. c. 13.
Ces quatre Victoires fe declaroient affez ; & pour ce iour, ayant obmis le laurier, voulurent eftre couronnées de l'herbe nommée ἀείζωον, que nous nommons Toute-viue, & qui croift dans les mafures, & fur les murailles & toicts des maifons : Glaucus fe nourriffant de cette herbe, de mortel qu'il

lib. vltimo.
eftoit, deuint immortel, comme en parle Ifaacius Tzetzes, apres Athenée: Car elles pretendoient celebrer icy les myfteres de l'Eternité, & trauailler à la gloire du Roy, auec tous les ornements requis pour rendre le Roy Victorieux de l'inconftance du Temps.

Au deffus de ces quatre niches & figures que l'on vient de defcrire, eftoient placées quatre medailles, tirées des anciens Empereurs ; & ces pieces auoient mefme fens que les autres du mefme arc. Celles qui tenoient les deux coſtez les plus eſloignez, eſtoient les deux ſuiuantes. Du coſté droiʓ, VBERITAS SAECVLI, l'abondance & la fertilité du ſiecle. La figure eſtoit celle qui ſe voit dans les reuers de Hoſtilianus Empereur; vne Deeſſe debout, qui tient vne corne d'abondance d'vne main, & de l'autre vn bonnet, tel qu'on le repreſente quand on veut exprimer la liberté, comme ſi l'on vouloit dire, que dans la franchiſe, & dans la liberté des citoyens, les biens y ſont en ſi grande abondance, que la corne d'Amalthée les y ſemble auoir épandus; ou bien que la Prouince ayt priſe la beauté de cette contrée d'Afrique, que Diodore Sicilien nomme ἀμαλθείας κέρας; la pointe d'Amalthée, qui a don-né le ſujet à la fable, qu'on a forgée depuis ſur ces termes. L'autre qui eſtoit à l'oppoſite, portoit pour eſcriteau HILARITAS SAECVLI, & auoit pour le corps de l'embléme, la Deeſſe mefme qui porte ce nom, tenant en ſes mains deux grandes branches de palme, qui touchoient contre terre, ainſi qu'elle ſe voit és medailles de Iulia Domna Auguſta, mere des Antonins. C'eſt cette ioye qui doit cultiuer les Palmes de ce Prince, dont nos ſiecles ne verront iamais la fin: Elle ſe renforcera dans la longueur des années, appuyée comme elle eſt ſur ſes Palmes, & ſur ſes victoires, & ſe portera mefme iuſques à l'ex-cez, auec l'excluſion totale de tout ce qui peut attriſter les peuples, & effrayer leur repos; à l'égal de ſa gloire de laquelle Iſocrate dit tres-bien, que les excez *Epiſt. 3. ad* ſont infiniement à priſer, encore que la mediocrité ſoit ce qui eſt loüable en *Philipp.* toute autre choſe.

Les deux autres emblémes, qui ſont les plus proches de la porte, ſont éga-lement pointés, & tous les autres y ont leur rapport: Le premier, qui eſt celuy du coſté droiʓ, a vn Soleil dans ſon char, courant par les lices du Ciel, comme pour éclairer par tout les victoires du Roy, & l'aſſiſter de ſa tres-fidele & infatigable compagnie, puis qu'il n'a autre borne de ſes conqueſtes, que celle mefme que cet Aſtre tient pour ſa courſe, c'eſt à dire, au delà des Terres, & du Temps. C'eſtoit parler hardiment, quand Hercule prenoit le Soleil à *Senec. Herc.* teſmoin, s'il ne l'auoit pas veu dans ſon orient, & dans ſon couchant, tandis *Othæ.* qu'il domptoit les monſtres, & obligeoit le genre humain à l'aymer. Mais les Empereurs Romains ont eſté plus hardis, quand ils ont pris ſoubs la mefme fi-gure du Soleil cy-deſſus rapportée, les paroles & les mefmes termes, tels que nous les auons empruntez de leurs monuments, SOLI INVICTO CO-MITI, Au Soleil, l'inuincible & l'infatigable compagnon de mes Victoires. Sur quoy les curieux remarqueront en paſſant, que ce terme *Inuictus*, eſt vn nom propre donné par quelques ſiecles au Soleil, ainſi que doctement a prou-ué celuy qui depuis peu a mis en lumiere les vers du Poëte Commodian: De *Hieron. A-* faiʓ, nous le trouuons quelquefois exprimé tout ſeul dans les monuments de *leander.* l'antiquité; auſſi veritablement cet Aſtre ſe monſtre inuincible en cette lon-gue courſe, qui meſure les temps & les iours, & ne trouue rien plus grand que ſoy, apres les Victoires d'vn Prince, duquel il ſe tient trop honoré de ſe nommer aſſocié. Et pour n'obmettre icy ce traiʓ, que la Cour remarqua fort au sermon de celuy qui prescha deuant sa Majesté, le premier iour de cette année; il ne se faut plus estonner, si Iosué arresta le cours du Soleil, & que sa Majesté au contraire combattant aussi pour le Seigneur des armées, n'eust point besoing de le faire : car Iosué allant plus lentement en besogne, deut desirer que le Soleil s'arrestast pour l'attendre, & puis aller ensemble de pair; mais le Roy l'égalant par ses victoires, & allant aussi viste que luy, n'auoit eu besoing de l'arrester. Ainsi se monstroient-ils ensemble tres-fideles compagnons courant dans le champ de la Gloire, l'vn pour la Terre, & l'autre pour le Ciel; Sa Majesté prend asseurance sur la durée du Soleil, qu'elle doit estre aussi la sienne, afin que cette bien-heureuse affinité qu'ils ont ensemble, ne vienne point à defaillir. L'autre embléme qui reste à l'opposite, est Hebé, la Deesse Ieunesse, qu'on dit maintenir les Dieux en cette fleur d'aage qu'ils ont, par le moyen de l'ambrosie dont elle les sert; elle est figurée dans les medailles de Marc Aurele, assez proche d'vn Autel, pour monstrer sa diuinité, & tient vne coupe en la main, pour specifier la charge & l'office qu'elle exerce parmy les Dieux; C'est ce qu'on auoit icy gardé, y adioustant l'escriteau, à l'ordinaire sur la bande d'enhaut, IVVENTAS PRINCIPIS. La fleur d'aage de nostre Prince, pour asseurer ses tres-affectionnez subiects, que le doux Nectar de la gloire dont cette Deesse l'abbreueroit, le conserueroit tousiours en la verdeur de ieunesse, & en la beauté qu'il a maintenant.

Tel estoit cét arc consacré à l'eternité de la Gloire, iusques où Basilée nous a voulu conduire, par ces riches desseins, & la monstre des qualitez Royales de sa Majesté. Les Lis sont les marques de l'eternité, dit sainct Hilaire, *Lilium enim etiam auulsum à radice & à terra ex se efflorescit & virescit, & rursum suo honore vestitur.* Le Lis encore qu'il soit arraché de terre, & separé de sa racine, fleurit toutefois, & retient sa beauté. Semons cét arc de Lys, non pas tant par vne effusion de fleurs, que la saison nous dénie, que par vne infinité de souhaits, à ce que la Gloire du plus Auguste, & du plus vaillant de tous les Roys dure tousiours : & puis inscriuons à la closture de cét arc ce que l'on mit à l'vn de ceux que Domitian se fit faire par la ville de Rome, APKEI. C'est assez; Car qui a peu porter par ses desirs la renommée de son Prince iusques à l'Eternité, n'a plus rien dauantage à desirer.

In Matth.

Suet. Domitiano.

DESSEIN

DESSEIN
DES TROIS
MACHINES
Qui furent traisnées sur les chariots
de Triomphe.

A Ville allant au deuant de sa Majesté, & s'effor-
çant de luy témoigner la ioye qu'elle ressentoit de ses
Victoires, & de son retour tant desiré, se voulut seruir d'vne industrie prattiquée par les Anciens en la
Reception des Roys, & aux resiouÿssances publiques; qui fut de dresser trois Machines portatiues,
pour donner vie à cette pompe, & vn plus libre mouuement à la celebrité, au gré des desirs de tout son
Peuple.

L'estrecisseure des ruës les plus grandes & les plus spacieuses de Paris, laquelle ce iour-là estoit trop estroitte à soy-mesme, obligea les Ingenieurs à
tenir leurs mesures plus estroittes, & à se fier dauantage sur la discretion des
regardans, que sur leur trauail. Quand l'vn des Ptolemées, surnommé Phila-
delphe, fit voir à ceux d'Alexandrie en cette magnificence, qui semble n'a-
uoir rien eu de pareil dans l'antiquité, l'histoire de tous les Dieux, selon ce
que les Poëtes en ont inuenté, elle fut aussi conduitte par la ville; mais ce fut
sans doute auec de grands raccourcissemens, & plusieurs omissions, puisque
le Ciel mesme, dans cet immense espace que la Nature luy a donné, à peine

Tt

poürroit porter, difoit l'vn d'entre-eux, ce que ces prophanes en auoient ordonné. Tellement que les Machines qui ont eu lieu en femblables occurren-
ces, ont toufiours paru auec l'efperance de ce pardon, & iufques icy le iugement des fpeétateurs a efté fi fauorable pour de pareils deffeins, qu'on f'eft
pluftoft contenté de l'effort, que de l'ouurage.

Auffi eft-ce la merueille des Efprits, de faire voir les grandeurs raccour-
cies, & les hauteurs abaiffées fans les forcer, & en peu de lieu trouuer place à
beaucoup de deffeins : C'eft l'excellence non feulement des Peintres, de monftrer en peu d'efpace des batailles entieres, & vne infinité de figures en group-
pes : Mais de tous ceux generalement qui trauaillent pour le public, & qui feruent aux yeux & aux defirs d'vne communauté, de beaucoup faire en peu de
chofe : C'eft faire gagner aux fpeétateurs fur leur temps, fur leur loifir, & fur leur
veuë, & imiter le Grand Autheur de la Nature, qui met dans les petits grains de
femence, la force & la hauteur des arbres les plus éleuez, & qui enchaffe dans
la prunelle de nos yeux que la perfpeétiue nous apprend f'aboutir à vn poinét,
ce que le monde a tant de peine d'embraffer auec le Ciel : *In arétum coaéta Natura majeftas, nulla fui parte mirabilior*, dit Pline; Comme la Nature fe monftre
plus admirable dans les perles, pour y ramaffer tant de qualitez & de vertus;
Auffi l'Art n'eft iamais fi rauiffant, que quand en peu de relief il faiét paroiftre de grands effeéts.

La premiere Machine eft à la Ruftique, & tirée des fables anciennes; la feconde, à la Romaine, & employée dans les grandes refiouyffances de ce peuple Vainqueur de l'Vniuers : la troifiefme, eft à la moderne, & exprime de
plus prés ce qui nous touche, comme celle qui reprefente la ville de Paris, &
fes parties : Toutes trois n'ont qu'vne mefme fin, qui eft, d'embellir le Triomphe de fa Majefté, & de monftrer la ioye que la Ville conçoit de fes Vi-
étoires.

Lib. 37.
proœm.

LA
PREMIERE MACHINE.
L'Aage d'Or.

Es siecles passez ont acquis ce glorieux aduantage sur nous, & nous ont laissé ce commun desir, qu'entré les plus grands souhaits que l'esperance nous fasse conceuoir, nous ne demandions rien plus ardemment que de les reuoir, auec les biens, & la felicité qu'on nous en vante. Notamment celuy qui par son excellence est autant par dessus les autres aages que l'estime des hommes prise l'or par dessus les autres metaux, & pour ce suiet est surnommé le siecle d'or.

Les Platoniciens ont donné vn terme trop long à la Palingenesie, & à la reuolution des siecles qu'ils disent deuoir arriuer au monde, auec vn retour general de ce qui a precedé: le terme est si grand, & faut attendre tant de mouuement des corps celestes, que personne n'ose se promettre le bon-heur de s'y trouuer. Les Roys sont les veritables Planettes, qui font le Temps & le siecle comme il leur plaist, aux Empires & Prouinces où ils commandent: & ainsi soubs la violence des vns, on sent toutes choses se brunir & s'obscurcir en vne couleur de fer, ou de plomb desagreable ; & au contraire, soubs l'aimable & victorieux gouuernement des autres, nous voyons que le monde prend, pour ainsi parler, son beau visage, & que la Nature fait reluire l'vniuers d'or & d'argent.

La Victoire du Roy, sa Pieté, sa Iustice, la grande lueur de ses autres vertus, donnent à la France tout ce qu'elle pouuoit desirer, & luy ameinent vn aage d'or, auec des effets aussi veritables, que l'antiquité en a sceu feindre dans la licence qu'elle a prise sur nostre creance, & dans le grand loisir de ses discours. C'est ce que represente cette premiere Machine qui monstroit vn Saturne, assis sur la crouppe d'vne montagne, comme ç'a esté soubs le gouuernement de ce Prince que le monde fut si fortuné. Aussi le siecle de Satur-

ne paſſe dans les anciens, pour l'aage d'or. Philon Iuif remarque qu'à l'adue-
In legat. ad
Caium. nement de Caius Cefar à l'Empire, toutes choſes furent en telle abondance
que ce qu'ils eſprouuoient de la bonté de leur ſiecle fit receuoir pour veritable ce que iuſques alors on auoit eſtimé fabuleux de celuy de Saturne : ὡς τὸν
ἐπὶ τῶν ποιητῶν ἀναγραφέντα Κρονικὸν βίον μηκέτι νομίζεσθαι πλάσμα μῦθον. Mais
comme cette felicité ne fut pas de longue durée pour les Romains, à raiſon
des grands excez qui ſe virent en ce Prince, qu'on dit auoir eſté choiſi par la
Fortune, pour monſtrer ce que pouuoit vn mauuais naturel dans vne grande
puiſſance ; Auſſi la creance qu'auoit acquis ſur les hommes la felicité de
l'aage d'or, fut aſſez foible pour ce coup.

C'eſt au Roy que cét honneur eſt deu : La France rendra veritable tout ce
que les Poëtes en ont eſcrit, & ce premier ſiecle, qui iuſques icy eſtoit demeuré clos & caché dans les ſouhaits des peuples, ſe verra dans des ſolides effects, plus doré que l'or meſme, diſoit Sappho, mais de beaucoup plus longue durée dans le Printemps eternel de ce grand Prince, qu'il ne fut iamais
ſoubs la vieilleſſe fabuleuſe de Saturne.

Deux fleuues repreſentez en figure humaine, comme on le faict ordinairement, eſtoient addoſſez à la croupe de cette meſme montagne, tant pour repreſenter la fertilité qu'apportent les riuieres, qui comme mammelles de la
terre nourriſſent les peuples, & les pouruoyent de tous biens ; quepour toucher auſſi la varieté & la gayeté des fables, ſur le cours que les fleuues auoient
pendant ce temps. Car l'vn verſoit de ſon vrne du laict, l'autre du vin.

Flumina tunc lactis tunc flumina nectaris ibant.

Au milieu, ſeſleuoit le double tertre, ſi ſouuent chanté par les anciens,
que le Pegaſe touchoit de l'ongle de ſon pied, pour en faire ſourdre vne eau
criſtaline, laquelle découlant ſur le tapis d'vne riche prairie, gazoüilloit har-
monieuſement, auec des liures & des inſtruments de Muſique qu'elle lauoit.
Ce fut touſiours l'opinion des Poëtes du temps paſſé, que comme les graues
perſonnages ne deuenoient iamais tels, que par enthouſiaſme, dit Platon ; ce
ſaiſiſſement d'eſprit leur eſtoit communiqué par cette eau. De faict, on ne
peut pas nier que quelques eaux n'ayent de grandes vertus, & que par leurs
occultes effects, elles ne peuſſent donner des grandes diſpoſitions à la Poëſie,
quand le trauail ſ'en preuaudroit. Pauſanias & les autres, diſcourant de l'an-
tre Delphique, tirent ce tranſport d'vn air puiſſant & vif, dont vne perſonne ſe trouuoit inueſtie à l'improuiſte, ce qui la faiſoit ſe debattre, voire meſme prononcer des vers : Mais ſoit que la choſe fut naturelle, ſoit qu'il y euſt
quelque autre plus dangereux artifice, comme nous pouuons ſoupçonner ; en
vne inuention antique, nous auons aſſez fait de tenir icy le grand chemin de
tant d'Autheurs.

Or ce n'eſt pas ſans ſuiet qu'on a repreſenté la Felicité par le cours des ri-
Lib. 3. c. 21. uieres & des fontaines : les Stoïciens l'ayant definie dans Sextus Empyricus,

vn cours heureux, & vne affluence de toute chofe; ὸ δαιμονία δὲ βίτν, ὼς οἱ ϛωικοί Φασιν, ἐ̓λϑοία βίου. Le laict, le vin, les liures nous marquent par leurs hie-roglyfes, tout ce qui fe peut fouhaiter, pour iouyr d'vne vie pleine de conten-tement: Le laict & le vin expriment les neceffitez de la vie; les fciences font les pieces les plus importantes & releuées de la felicité, que les gens fages peu-uent defirer, qui font repréfentées à la Ruftique, par ces liures & ces inftru-ments de mufique, dans la bien-féance neantmoins, & fans f'oublier de la gra-uité du fubject; & non comme fit celuy-là, lequel dans Cratinus le Comique, mettoit le principal bon-heur de l'aage d'or, en ce que tous les combats & tous les exercices des tournois n'auoient pour recompenfe que pafticerie, & bonne chere.

Athen. lib. 6. pag. 199.

Quand les Mufes combattirent de leur chant contre les neuf filles de Pie-rus, les fables difent, que lors que ces temeraires chantoient, tout l'air f'obfcur-ciffoit, & rien ne vouloit entendre leurs voix: au contraire, le ciel, la terre & les eaux receuoient les accords des Deeffes auec tant de plaifir, que le monde en eftant furpris, perdit à mefme temps fon mouuement: ἵϛατο οὐρανὸς καὶ ἄϛρα καὶ ϑάλαϲϲα καὶ ποταμοί. Mais pour la montagne de Parnaffe, elle en creut vi-fiblement iufques au ciel, tant l'aife la dilata; iufques à ce que Neptune, pour empefcher l'enormité de fa croiffance, & l'excez où la chofe alloit, com-manda au Pegafe d'aller battre fon fommet, & de l'abbaiffer à force de frap-per; ce qu'il fit, & par la violence des coups qu'il donna, vne agreable four-ce en nafquit, laquelle enrichit la montagne par le cours argentin, & la puiffante qualité de fes eaux; & dans cet abbaiffement mefme la releua plus en loüange, que fi elle fuft toufiours montée iufques au firmament. Neantmoins cette liqueur eft peu de chofe, pour y loger les richeffes d'vn fiecle d'or.

Antonin. Metamorphof. fuuaʒʒe hiftor. 9.

Dion Chryfoftome loüant les Celæniens, peuples de la Phrygie, des grands trefors qu'ils monftroient auoir par leurs contributions publiques, dit que neantmoins, à fon aduis, les Indiens eftoient encore plus heureux, & que chez eux eftoit veritablement l'aage d'or. Car, ainfi qu'il adioufte, leurs fleuues coulent de vin, de laict, ou de miel; Le tribut de la contrée confifte en ce qu'vn mois entier de l'année, le cours & le profit de ces riuieres eft pour le Roy: Mais il adioufte, que fur toutes les raretez du pays, defquelles il faict vn grand denombrement, ils auoient vne fontaine, nommée de la VERITE', laquelle eftoit feulement ouuerte aux Brachmanes, Philofophes du pays, qui pour vaquer plus librement à la recherche des fciences, fe priuoient de toute autre commodité: ἐ̓ξαιρετον αὐτοῖς ἐἰ μίαν πηγὴν τὴν τῆς ἀληϑείας, πολὺ παϲῶν ϑρίϲτην καὶ ἠοπάτην. C'eft cette vnique fontaine, qui doit arroufer la felicité de noftre fiecle, de laquelle les hommes ayant vne fois beu, ne trouueront plus rien à fouhaiter.

Orat. 35.

On n'a rien dit du retour de l'Aftrée, felon ce qui f'en adioufte aux autres fictions de l'aage d'or; car iamais les fiecles paffez n'ont efté tels dans la France, qu'elle n'y ait efté cherie, & reuerée; encore que l'accroiffement des deuoirs

Vu

que nous luy rendons, depuis que noſtre Prince a daigné parer ſon front royal de ſon nom, ſoient ſi conſiderables, qu'elle ſeule pouuoit reſtablir ce ſiecle heureux, & nous mettre en poſſeſſion d'vne tres-ample felicité.

Sur l'aage d'Or.

Fameux Pere des Ans, ie ne croiray iamais
Que la terre ait flory ſoubs ton obeïſſance,
Et qu'vn morne ſommeil ait donné la naiſſance
A la fecondité d'vne innocente paix.

Tant de ruiſſeaux de laict, tant de fleuues de miel,
Tant de torrens de vin, tant d'autres beaux menſonges,
Ne ſont que des couleurs, dont le pinceau des ſonges
Deſguiſoit aux mortels les delices du Ciel.

Auec ſi peu d'eſprit, accablé des defauts,
Que ton oiſiueté couloit dans ton courage,
De quel or pouuois-tu faire briller ton aage,
Qui ne fuſt plus roüillé que n'eſt l'or de ta faulx?

Mais ſi tout l'vniuers a les yeux eſbloüis
De l'eſclat des grands biens dont ce Royaume abonde,
Oſerois-tu nier ce que dit tout le monde,
Que le vray ſiecle d'or eſt celuy de LOVIS.

SECONDE MACHINE.
Du Cirque Romain.

ES Grecs ont esté les premiers à dresser des Cirques, ou lices de cheuaux & de chariots, pour seruir de spectacle, & de resiouyssance au peuple : Les Romains depuis en ont basty à leur exemple, mais ils les ont si fort enrichis, qu'on peut dire qu'ils sont montez, entre leurs mains, iusques où la despense & l'industrie humaine pouuoient porter vn grand dessein, La Ville s'y assembloit, les Empereurs & les autres personnes qualifiées en faisoient la despense; on les dressoit à la memoire, & à l'honneur des Grands, comme ont esté les Cirques à Rome, qui ont porté la renommée de Flaminius & des autres dans leur nom: Les peuples y estoient si attachez, que les Princes se sont trouuez souuent obligez d'en reprimer l'auidité, moderer les iours, & les frais, ainsi que nous voyons dans la disposition du Droict, nommément quand cette inuention repassa en Orient, & retourna parmy les Grecs, où finalement elle s'est esteinte, y ayant duré plus long-temps qu'en Occident.

L'idée la plus nette que nous ayons maintenant des Cirques, se doit rapporter aux medailles, en plusieurs desquelles; les peuples ont pris plaisir de les grauer, pour en conseruer la memoire, & afin d'offrir à leurs Princes ce qui estoit de plus considerable chez eux, & de plus digne de leur Grandeur. La Ville a faict aussi grauer celuy que l'Ingenieur voulut estre portatif, pour seruir à la veuë de tout le peuple, encore qu'il eust eu plus de grace, se monstrant en vn lieu stable & arresté : La veuë qu'il receura du burin, & les sens tresreleuez de cette piece, contraindront les spectateurs de ioindre leurs vœux & leurs applaudissemens auec ceux de la Ville, qui seront icy expliquez sur la figure, à laquelle on n'a rien adiousté que les trois cheuaux qui manquoient à chaque chariot; le peu d'espace dans lequel on auoit ietté ce grand dessein, n'ayant pas permis qu'on en mist plus d'vn.

La signification des Cirques est releuée, celeste & diuine, prise sur l'establissement mesme du monde, où la Sagesse Diuine prend son plaisir & ses.

delices. Elle represente le Ciel, le Temps, & la course des quatre saisons, sur
lesquelles les quatre factions, ou differents partys, qui tenoient les courses,
sont dressez. Ptolemée fit voir à ses subjects, en la feste dont on a parlé cy-dessus, les Dieux, les saisons, les parties principales de l'année, pour rendre sa grandeur égale au temps, & pour luy donner par ses figures symboliques plus de durée, que de faict elle ne pouuoit auoir, veu que sa magnificence se trouua reser-
rée dans les termes, & dans la fuite d'vn seul iour. Mais il appartient aux Roys,
qui portent les armes les années entieres, d'auoir des Triomphes qui durent les
années, & les siecles aussi; & s'il les faut raccourcir à vn iour, elles doiuent estre
marquées par les mesmes periodes, que le Ciel employe en la durée de son eternité. Partant, pour monstrer la violente passion qu'auoit la ville de Paris, de
conseruer à iamais la memoire de ce iour, & de rendre ce Triomphe eternel
par les figures dont il seroit exprimé; le Cirque en a fourny de grands moyens,
puis qu'il est l'image du Ciel, des siecles, & de l'eternité.

Athen. l. 5.
pag. 147.

Lib. 3. ep. 51.

Nous deuons cette piece à Cassiodore, Grand de nom, & de faict, lequel
entendant bien le secret des Cirques, & passant plus auant, que le plaisir qu'en
receuoit le simple peuple, les nomme *Magnarum rerum indicia*, & mesme
plus richement, *Naturæ mysteria*, les marques & les indices de choses grandes, les mysteres, & les ceremonies cachées de la Nature, pour nous faire apprehender dignement les merueilles exprimées par ce dessein.

Le Cirque donc est de figure ouale, telle qu'estoit celle du monde en la
creance des anciens, d'où est née la fiction des Egyptiens, qui en leurs secrets
plus religieux se seruoient d'œufs, & disoient que le monde estoit engendré
d'vn œuf; ou plustost, & auec meilleur fondement, parceque ce qui fut descouuert de la terre, durant plusieurs siecles, auoit cette figure, les nauigations
& les voyages ne leur ayans encore enseigné que ce qu'y est enclos entre les
anciens meridians & les climats. Il auoit douze portes, pour exprimer les douze signes & maisons celestes du zodiaque, par lesquelles principalement les
vertus des corps superieurs se respandent sur la terre, & la font changer autant
de fois d'estat & de parure, que le Soleil change de domicile & de maison.
C'estoit à quoy peut-estre auoient égard ceux desquels parle Simplicius Philosophe Peripateticien, qui les nomme à raison de deux principes du bien & du
mal qu'ils mettoient, τὰς ἄσεβῶς, Impies. Car pour le decoulement de ces deux
qualitez que nous sentons sur la terre, ce n'estoit pas assez pour eux, que les
deux tonneaux qu'Homere auoit mis aux costez de Iuppiter; mais resolu-
ment ils vouloient qu'il y eust douze portes, ou ouuertures au Ciel, pour leur
donner assez de cours, & que l'vne s'ouurist à chaque heure du iour naturel;
δώδεκα θυρίδας, μιᾶς καθ' ἑκάστην ἀνοιγομένης. Ce qui n'est pas beaucoup es-
loigné de ce que les Astrologues racontent du domaine des douze signes sur
les heures du iour, ou de celuy que les Planettes ont à tour de roolle, sur les
mesmes heures, comme dans Dion Cassius, les Egyptiens les ont distin-
guées & nommées.

In Enchirid.
Epicteti.

Lib. 37.

Chacune de ses portes s'ouuroit auec vne poulie, à laquelle estoit attachée
la teste

la teſte d'vn Mercure, pour monſtrer que toutes les ouuertures, & les diſtri-
butions des faueurs celeſtes ſe regiſſoient par la conduite & le reſſort de la Prouidence diuine, repréſentée par la teſte de l'homme; *docentes*, dit le Caſſio-
dore, *totum illic conſilio geri, vbi imago capitis cognoſcitur operari.* Tellement
que quelque changement ou accident inopiné qui ſe voye dans la lice des
choſes humaines, & dans le cours de la Nature, encore que le ſecret ſoit caché, nous deuons croire qu'il a ſa cauſe tres-iuſte, & tres-compaſſée dans les
admirables decrets de la Diuinité.

　　Aux deux extremitez du Cirque eſtoient les metes; ou les bornes, autour
deſquelles les coureurs faiſoient leurs tours & retours, pour exprimer les mouuemens reglez du Soleil, qui ſe font dans la ligne ecliptique, de laquelle il ne
ſort iamais, rodant autour des ſignes Tropiques, ſans aller ny plus haut, ny
plus bas, que les bornes dans leſquelles le Tout-puiſſant a renfermé ſon cours.
Les metes auoient dans le Cirque trois colomnes, ou comme il parle, *metæ
ſecundùm zodiacos decanos ternas obtinent ſummitates*; ce qu'il faut entendre des
trois principaux degrez de chaque ſigne; c'eſt à dire, qu'en diuiſant chacun
d'eux en trente degrez, les trois pointes marqueront le premier, le dixieſme, &
le vingtieſme degré; ainſi qu'a doctement entendu dans Euſebe ce paſſage *Vigerus in*
de Bardeſanes tres-obſcur, celuy qui depuis peu la mis en lumiere: οὐδὲ δωδεκα *Euſebium.*
χῑ` τὰ ζώδἰα, οὐδὲ τελακοντἀξ χῑ` τοὶς δεχμοιέ. Tellement qu'au zodiaque,
comme il y a douze ſignes, auſſi ſeront trente-ſix Doyens, ou peut-eſtre à
mieux dire, dizeniers, chacun des douze ſignes en ayant trois, *R omana ex
militia vſu*, dit l'Interprete dans ſes Notes, ſelon la milice Romaine, qui donnoit chaque dixaine de ſoldats au dizenier. Or que ces degrez ſoient conſiderables dans le mouuement que faict le Soleil en chaque ſigne, on le peut aiſément cognoiſtre par les changemens qui ſy font, comme ſi cét aſtre chan-
geoit trois fois de qualité en chaque ſigne, dont la premiere ſoit quand il y
entre, la ſeconde, quand il ſy eſt affermy, & y regne, la troiſieſme quand il
eſt ſur le declin, & qu'il en ſort; d'où les Grecs peuuent auoir pris les trois parties de leurs mois, qu'ils nommoient μίωὸς ἀῤχοντος, ἱςαμ̈ύου, λήγοντος, ou
bien φθ́ινοντος, & nous autres les trois dixaines de iours que pour le plus nous y
mettons.

　　Ces meſmes bornes ou metes aboutiſſoient en vn œuf, en memoire des
Tyndarides, Caſtor & Pollux, que les fables diſent en eſtre nez, d'autant que
le haut d'vne maiſon ſ'appelle chez les Grecs l'œuf, ὃ ὤον· ou bien pour repreſenter par ces deux freres, & les deux bonnets qu'on leur donnoit, les deux
hemiſpheres, qui ſont faicts comme les deux moitiez d'vn œuf. Sextus Em- *Lib. 8. in*
pyricus l'explique ainſi; τα δύο ἡμιςφαҁεια, τ́ τε ὑπὸρ γίω̃, καὶ ὃ ὑπὸ γίω̃, *Mathemat.*
δἰοσχούҁιϛ οἱ σοφοὶ τῶν τότε ἀνθϱ́πων ἔλεγον, d'où vient que les Poëtes diſent
qu'ils meurent, & viuent alternatiuement, à cauſe que les deux hemiſpheres
ſont illuminez l'vn apres l'autre: & les bonnets qu'on leur donne repreſentent
la ſituation & la forme de chaque hemiſphere, πίλοις ὁπιπθέασιν αὐτοῖς, καὶ ὁπὶ
τούτοις ἀςέρας, αἰνιπόμθνοι τίὼ τῶν ἡμιςφαҁείων κατασκ́υίω.

Neantmoins ce qui arreſtoit dauantage la veuë dans le Cirque, eſtoient les quatre factions, ainſi nommées vulgairement, c'eſt à dire, les quatre bandes differentes, qui faiſoient les courſes dans la lice. Elles eſtoient habillées de quatre couleurs, qui pouuoient repreſenter les quatre ſaiſons de l'année qui roulent, & ſ'entre-ſuiuent dans le cours tres-reglé que nous admirons. *Praſina factio*, qui eſtoit la faction verte, eſtoit dediée au Printemps : la rouge à l'Eſté, *roſea aut ruſſata æſtati flammea*; la blanche à l'Automne, comme celuy qui commence à ſe blanchir de glace & de broüine, *alba autumno* : la bleuë à l'Hyuer, *veneta nubila hyemi*. Ces quatre ſaiſons de l'année ont ces couleurs, quand on parle des Cirques : mais dans les Poëtes, l'Hyuer eſt pluſtoſt nommé blanc pour ſa neige, & l'Automne noir, ou pourprin, pour les vendanges; elles ſont auſſi chez les meſmes, pluſtoſt repreſentées par quatre filles qui danſent, comme fait le docte Piſides.

Κοσμουργίᾳ.

Κόραις ὁμοίως συζηρδλουόσαις ἅμα
Καὶ συμβαλουόσαις τοὶς ἑαυτῶν δακτύλους
Ὅπως χορὸν πλέξωσιν ἐυρύθμου βίου.

Mais dans vn exercice militaire, comme eſt celuy des Cirques, qui a ſon origine des armes, elles ont peu eſtre exprimées par cette courſe de cheuaux.

C'eſt de ces meſmes factions que les ſeditions du peuple, comme nous enſeignent les hiſtoires, ont ſi ſouuent pris leur naiſſance, ſelon que le Prince ou le peuple ſ'affectionnoit dauantage à l'vn de ces partis, & fauoriſoit plus à ſa victoire; ce qui ſe faiſoit auec tant de paſſion, que les Saincts Peres, qui ont grandement combattu cet exercice, voulant en deſtourner les peuples, ne ſe ſeruoient point d'autres termes pour l'exprimer, que de manie, de fureur, ou d'inſanie. Et ſi le Prince ſe declaroit pour vne faction, & le peuple pour l'autre (ce qui arriua ſouuent en l'Empire d'Orient) l'eſmeute eſtoit plus violente, & ſouuent a pouſſé iuſques aux armes, & faict rougir de ſang la plus innocente volupté qu'ils euſſent, & qu'vn moderne Grec, ne regardant que la nature & l'inſtitution de l'exercice, appelle aſſez proprement λύσιν ἀζήμιον, vn combat qui de ſoy-meſme eſt ſans perte aux deux partis des combattans.

Phorton apud Codin. de Origin. CP.

Mais pour obmettre les autres remarques, comme les vingt-quatre courſes, qui ſignifient les vingt-quatre heures du iour; le filet d'eau qui entouroit tout le Cirque, non ſeulement pour empeſcher l'abord aux importuns, mais auſſi pour exprimer l'Ocean qui embraſſe toute la Terre, *&c.* ce peu qu'on en a dit, doit ſuffire pour rendre raiſon de ce qu'on ſ'eſt ſeruy de cette forme de reſiouyſſance publique, pour embellir le Triomphe du Roy, & monſtrer à ſa Majeſté que la Grandeur de ſon Nom, & l'éclat de ſes trophées, ne meritoit rien moins que la longue durée des temps & des ſiecles, que le Cirque Romain repreſentoit, puis qu'elle auoit paſſé dans les armes les quatre ſaiſons d'vne année, & auoit gardé les meſmes periodes en ſa Victoire, que tient la Nature au renouuellement du monde, & le Soleil, ce grand Genie du Cirque naturel, à faire fa ronde par les maifons du Ciel.

Que fil euft efté libre d'adioufter quelque chofe à l'antiquité, ou bien de nous declarer partizans de l'vne des quatre factions, c'euft efté principalement pour l'Automne que nous euffions employé noftre faueur, embelliffant cette faifon que nous recognoiffons auoir efté la fource de tant de bon-heur, foit en la conualefcence de fa Majefté, l'an paffé, foit en fa victoire, & en fon retour, pour maintenant.

Tout ce qui peût eftre permis, felon les regles du Cirque, fut d'y donner au Roy Victorieux, la place qui fe donnoit aux Grands Princes, entre les defpoüilles des ennemis, & les trophées que les peuples dans cet entretien de plaifir, y erigeoient à leur Vertu. Cette place eftoit fur l'efpine ou fur l'arefte, qui coupoit le Cirque au milieu, & eftoit comme vne longue chauffée, qui fe tiroit entre les deux metes, où l'on mettoit les ftatuës des Empereurs, & des Dieux. *Spina*, conclurons-nous auec Caffiodore, *infelicium captiuorum fortem defignat; vbi duces Romanorum fupra dorfum hoftium ambulantes, laborum fuorum gaudia perceperunt.* L'efpine ou l'arefte du Cirque eft le lieu où l'on met les ftatuës des Capitaines Vainqueurs, ayant foubs eux les defpoüilles de leurs ennemis, & iouyffant, à la veuë du peuple, du fruict de leurs trauaux & de leurs conqueftes. A ce mefme deffein on auoit mis au mefme endroit vne ftatuë equeftre de fa Majefté, pour monftrer que c'eftoit à fon honneur que toute la machine eftoit dreffée; & que, quoy que les faifons roulaffent autour de fes Victoires, neantmoins elles n'auroient iamais d'autres bornes, que l'Eternité.

Sur la magnificence des Cirques anciens.

Ompeufes voluptez, rauiffants exercices,
Superbes entretiens, victorieux plaifirs;
Venerables objets de celebres loifirs,
Precieux paffetemps, triomphantes delices:
Ie fçay bien que l'antiquité
Ne parle que de vos miracles,
Mais fi nous luy pouuions faire voir nos fpectacles,
Vous ne luy pourriez plus donner de vanité.

Vostre plus grand éclat vient du renom d'antiques :
Entre les partisans de vos braues coureurs
Vos appas ne causoient que de vaines fureurs :
Vos Cirques si fameux à peine ont leurs reliques ;
    Et si les esprits curieux,
    Dans la forme de leur structure,
N'auoient imaginé des secrets de nature,
A grand peine auroient-ils vn regard de nos yeux.

    Mais voicy qu'vn Grand Roy dans le Cirque du monde
Deuançe tous les Roys en la lice d'honneur,
Puis couuert de Lauriers apporte le bon-heur
A la ville où son œil fait que tout bien abonde.
    Cet objet nous rend si contens,
    Qu'il tirera sur nous l'enuie
De ceux qui pour le voir ont eu trop peu de vie,
Et de ceux qui naistront apres cet heureux temps.

TROISIESME MACHINE.

Le Nauire de la Ville de Paris.

E fut iadis vne parole bien hardie à vn perfonnage Romain, de dire qu'à fon retour il auoit femblé que Rome f'eftoit détachée de fes fondements, & luy eftoit allée au deuant. La verité eft, que la Ville de Paris fe preparant à receuoir fon Prince couronné de palmes & de lauriers immortels, ne pouuoit prendre meilleure refolution, que n'ayant rien de fi beau que foy, de fortir elle-mefme de fon enceinte, & d'aller à la rencontre de fon Monarque Triomphant. Peut-eftre qu'à ce mefme deffein, dans les medailles anciennes, on void vne Dame que les Empereurs retournans à Rome, éleuoient de terre, comme fi la Ville fuft fortie de fon pourpris, & fuft allé receuoir le Prince fur la premiere veuë de fes murs. Paris auec pareille inclination, & auec le mefme mouuement d'impatience, apres auoir efté priuée de fon Soleil vne année entiere, pendant laquelle elle s'eftoit employée à charger le Ciel de prieres; maintenant dés qu'elle void ce bel Aftre rayonnant de gloire paroiftre fur fon horizon, luy enuoye fes citoyens & Magiftrats, auec le plus bel appareil qu'elle peut, & puis finalement f'aduance elle-mefme, & fe prefente dans la figure d'vn Nauire, en fes trois parties principales, pour baifer la main victorieufe, qui a moiffonné tant de palmes; & reprendre la ioye qu'vne fi longue abfence auoit fleftrie.

Quelqu'vn pourroit peut-eftre eftimer que ce vaiffeau, dans la celebrité de ce Triomphe, fut faict fur le deffein des Naumachiés & des Iouftes Nauales que les Romains employoient aux refiouyffances publiques. Mais pour aduoüer la verité, la Ville en cecy n'eut point d'autre deffein, que de fe mettre elle-mefme dans le Nauire que l'Antiquité luy a donné pour enfeigne; & de fe venir prefenter au Roy en fes trois parties principales, comme pour l'accueillir, & le prier de reprendre la place que fa Majefté doit tenir au timon & gou-

Y y

uernail de cette Ville, l'œil du monde, & la plus peuplée de l'Vniuers.

La victoire d'or, qu'on peut qualifier maintenant le Genie, & le Palladium fatal de cette Monarchie, ainsi que la faisoient les Romains de leur Empire, estoit à la pointe de la pouppe, comme pour couronner le Roy, & le
couurir de ses aisles, quand il y seroit monté. Car le siege auoit esté semé de
fleurs de Lys d'or, dans vn fond d'azur, pour monstrer à qui se gardoit cette
place, par les fleurs qui tiennent le premier rang entre tous les ornements qui
soient au monde, & qui par consequent ne peuuent estre employées qu'à marquer la place du premier Roy de l'vniuers; Puis que selon le dire de sainct Bernard, le Createur mesme, à qui l'on se peut rapporter asseurément de ses ouurages, non seulement remplit les liz, & les comble de gloire, ce qui ne conuient pas aux autres fleurs, mais aussi les prefere aux richesses, & à l'arroy du
plus magnifique Prince qui eust esté. *Omnem mundi gloriam sapientißimus
omnium creator & conditor vnico flosculo cooperuit, nec gloriam flosculo, sed flos-
culum omni gloriæ prætulit:* De sorte que la gloire, qui au iugement des hommes est le bien le plus excellent, & le plus diuin qui soit entre les choses peris-
sables, toutesfois doit hommage aux Lys, & n'a point d'excellence & de
beauté qu'vn seul d'entr'eux ne surpasse: aussi le Ciel semble ne les auoir principalement mis au monde, que pour representer la beauté du Fils de Dieu
dans les Cantiques sacrez, & pour orner la Couronne & le Throsne de nos
Roys.

*Tract. de
Paß. Domi-
ni.c.28.*

Les trois Deesses qui estoient dans le vaisseau conuioient sa Majesté de
prendre cette mesme place; la Pieté pour la Cité, la Iustice pour la Ville, &
Minerue pour l'Vniuersité. Elles tenoient à cét effect des branches d'Oliuier
reuestuës de floccons de laine, qui estoient les ornemens ordinaires des sup-
plians, & qui pour cette raison se nomment dans quelques anciens, *supplicia:*
on receuoit aussi les Princes auec ces mesmes paremens; le tout afin de témoigner auec combien de passion ces trois Dames desiroient que sa Majesté
entrast dans la Ville, & y fist vn long seiour, comme celles qui ne viuoient
que pour iouyr des biens de sa presence.

In æquiuoc.

Xenophon traictant des villes, & de leurs grandes differences, remarque
que celle qui n'auoit qu'vn corps de communauté, & se nommoit Monopo-
lis, estoit rustique, champestre, & ne meritoit que le dernier rang: Apres
suiuoit Dipolis, qui se diuisoit en deux parties, & portoit la qualité de riche
& opulente: Au troisiesme rang estoit Tripolis, qui estoit le chef d'vne Prouince, & se diuisoit en trois parties; Mais celle qui se diuisoit en quatre, estoit
vne ville Royale, le siege des Roys, la capitale d'vn grand Empire, & se
nommoit Tetrapolis. Telle estoit Hierusalem en sa grandeur, dont les quatre parties estoient Sion, Moria, Iebus, & Salem: Ainsi la ville de Niniue

*εἰς δῆμος ἄσυ
πόλις πόλις
ἄστα μύελα
κώθ4.
Photius Bi-
blioth.*

estoit composée des quatre qu'on trouue en la saincte Escriture, Niniue, Fo-
ra, Cale, & Resem. Et dans l'histoire profane nous auons que Syracuse estoit
Tetrapolis, & auoit comme quatre villes, à sçauoir, Tyche, Acradina, Nea-
polis, & Insula. Mais Rome par dessus toutes eust aussi ses quatre parties; Ro-

ma, *Vellia*, *Germallia*, & *Forum*; si ce n'est que nous disions, qu'elle auoit autant de villes que de maisons, comme dit d'elle Olympiodorus; Paris est aussi Tetrapolis, au dire de Theuet, qui met la premiere partie en la Cité entourée d'eau, la seconde en l'Vniuersité vers Saincte Geneuiefue, la troisiesme à la porte de Paris tirant vers le Louure, qui est l'ancienne Ville, & la quatriesme partie, est la nouuelle Ville bastie depuis le temps des Anglois, lors que la ruë sainct Anthoine, & tout le quartier de sainct Paul, les clostures de saincte Catherine, & du Temple, furent enfermées dans les murailles de Paris. Ce neantmoins on n'a pas voulu changer la diuision ordinaire qui s'en faict en trois seulement, Ville, Cité & Vniuersité: & pour ce sujet on auoit mis dans le vaisseau les trois Deesses susdites, donnant à chacune d'elle son Genie, pour porter ses marques, afin qu'elles eussent l'action plus libre en leurs demandes: Le premier pour la Pieté tenoit ce qu'il falloit pour les sacrifices à l'antique, celuy qui estoit au milieu auoit la balance & l'espée pour la Iustice, & celuy de Minerue portoit son bouclier & sa lance.

Elles prient sa Majesté, comme nous auons desia dit, de monter sur ce vaisseau, pour l'esperance qu'elles ont du succez, si comme vn Genie Tutelaire il daigne le couurir de son nom, & le proteger de sa faueur. C'est vne remarque assez particuliere, celle que faict Sainct Gregoire de Nysse, quánd *Orat. de Fá-* il dit que les anciens estimoient que les nauires auoient leur destin, leur fata- *to.* lité, & le cours arresté de leur durée, aussi bien que les hommes: Les Hebreux qualifient nos corps du nom de vaisseaux, & parlent des vns & des autres auec *Procop. in* tant de ressemblance, & d'égalité de termes, qu'on les croiroit auoir voulu fa- *Isaiam.* uoriser cette opinion: Quelques Manichéens ont creu que les ames des hommes, apres leur decez, estoient changées en vaisseaux, qui voguoient dans des abysmes de lumiere, comme font les autres sur la mer: D'où arriuoit que les nauires & les hommes auoient pour leur destinée, l'ordre & la construction des estoiles, qui les gouuernoient par leurs influences secrettes. Entre les Payens ceux qui ont voulu paroistre plus religieux, mettoient le destin du vaisseau, & leur esperance és noms & és images des Dieux, dont ils ornoient les pouppes, les estimant comme leur sauue-garde contre la mer & les vents; Aussi les nommoit-on ϖϱσιωπμϱ, *Tutelas*; & on les logeoit nommément à la pouppe, comme pour assister ce qui regit & conduit le vaisseau, & leur en deferer la conduitte. Les Grecs nommoient ce mesme endroit ἄφλϱϛϛον, comme n'estant plus *Tzetzes in* subject aux iniures du feu, ayant vne fois esté consacré par la presence & par la *Lycophr.* religion des Dieux. D'autres nomment la place où les Deïtez estoient mises, & où s'eliſoit le nom du vaisseau, ὀφϑαλμοὺϛ, des yeux, parce que c'estoit comme *Pollux lib. 1.* autant de sentinelles sacrées qui veilloient continuellement pour la prosperité *cap. 9.* du nauire; Leurs noms estoient souuent substituez au lieu des statuës, ou bien adioustez aux figures, afin d'estre cognuës plus aisément; quelquesfois aussi ils se contentoient de noms choisis & fauorables, pour seruir de bon augure à leur nauigation, comme ἐύπλοια, nauigation heureuse; ou bien, ϖϱϑνοια ϥζουσα, la Prouidence qui nous garde & nous conduit, ou tel autre sembla-

ble; afin que par ces demonſtrations de pieté, & recherches d'heureux preſage, leurs vaiſſeaux fuſſent plus aſſeurez contre les flots. Mais pour celuy duquel nous parlons, & que nous auons dit eſtre la Ville de Paris, ſi ſa Majeſté
daigne monter deſſus, honorer le ſiege qui luy eſt offert par les trois Deeſſes,
& ſe mettre à la pouppe non ſeulement comme Pilote, tel qu'il eſt de cette
Ville, & de toute la Monarchie Françoiſe; mais auſſi comme vn Genie tutelaire & fauorable, ſon œil, qui eſt celuy, par lequel la Prouidence Diuine nous
gouuerne, & beaucoup dauantage ſa preſence fera proſperer la nauigation politique de ce grand vaiſſeau, & l'aſſiſtera, pour rendre tant de peuple qu'elle
porte, au port du repos & du bon-heur.

Telles eſtoient les trois Machines, qui accompagnoient le Triomphe:
chacune deſquelles auoit ſes enrichiſſemens & ſes parures conuenables à ſon
deſſein, tant és couleurs, veſtemens de figures, qu'és lambrequins, moulures, maſques & modillons, qui reueſtoient chaque chariot. Le vaiſſeau eſtoit
entouré d'vne mer, repreſentée par la peinture, & ſe tiroit par deux cheuaux
marins, gouuernez par vn Triton. Et parce qu'il exprimoit la ville de Paris,
on auoit mis entre les moulures & les Dauphins dont il eſtoit enrichy, les armes du Gouuerneur, du Preuoſt des Marchands, des Eſcheuins & Officiers de
la Ville: le voile meſme eſtoit couuert de fleurs de Lys d'or, pour parfaire les
armes de la capitale de cét Empire, qui eſt d'vn vaiſſeau d'argent, au chef ſemé de fleurs de Lys ſans nombre.

SVR LE NAVIRE

de Paris.

Aiſſeau, qui ſans faire voyage
Reçois tant de peuples diuers,
Et qui, ſans changer de riuage,
Vois tous les iours tout l'Vniuers.
Tant d'autres nefs, qui ſur les ondes
Vont découurir de nouueaux Mondes
Afin de butiner leurs biens,
Par ce trauail inſupportable
Qu'ont-elles, qui ſoit comparable
Aux richeſſes que tu contiens?

C'eſt dedans ton ſein que ſe porte
Tout le reuenu de nos Roys,
Sans qu'il te ſoit beſoin d'eſcorte
Contre l'aſſault des Hollandois.
Tes arts ſont comme autant de mines
Où les influences diuines
Font multiplier tes treſors,
Et dans ſa pretieuſe arene
L'Orient n'a rien que ta Seine
Ne face éclatter en ſes bords.

Il ne restoit qu'vne Nauire,
Dont les vaines temeritez,
Osoient te disputer l'Empire
Sur toutes les autres Citez :
Mais en fin cette concurrente
Void dans vne horrible tourmente
Tous ses nochers enseuelis :
Et pour accomplir ta couronne,
Ton Roy Victorieux te donne
Ce qu'elle auoit de fleurs de lis.

Ce Grand Heros dessus ta poupe
Brillant comme vn nouueau Soleil,
Commande à l'honorable troupe
De ceux, dont le pole est son œil.
Ces Argonautes de la France,
D'vn visage plein d'asseurance,
Vont publians tous resiouys,
Que malgré les guerres ciuiles,
Paris demeure entre les Villes,
Ce qu'entre les Roys est LOVYS.

LA

ROCHELLE

AVX PIEDS

DV ROY.

Rand Roy souffrez qu'vne rebelle
Addreße au plus iuste des Roys,
Ce peu qui luy reste de voix,
Pour se confeßer criminelle :
Le seul exemple du grand Dieu,
Dont vous tenez icy le lieu,
Rend ma requeste receuable :
Puisque sa clemence consent
Que de se declarer coulpable,
Soit aßez pour estre innocent.

★

Desia quinze mille victimes
De mes enfans morts en mon sein
Auoient aduancé le deßein
De m'enseuelir dans mes crimes :
Ie vien detester la fureur
Qui les a iettez dans l'horreur
De leur volontaire supplice :
Et pour ceux qui me sont restez,
Ie vien prier vostre iustice
De les donner à vos bontez.

Ce sont les piteuses reliques
De vos infidelles subiects,
Que mes ambitieux projets
Enyuroient des larmes publiques :
Ce sont eux qui doiuent vn iour,
Pleins des effets de vostre amour,
Apprendre aux ombres de leurs freres,
Que dans le fort de leur trespas
La plus grande de leurs miseres
Fut de ne vous connoistre pas.

S'ils eußent sceu combien vostre ame
Se rend facile à consentir
Aux instances d'vn repentir,
Qui sans feintise vous reclame;
Leurs courages determinez
Ne se fußent pas obstinez
A poursuiure vne iniuste gloire,
Dont les monuments eternels
Ne leur gardent en nostre histoire
Que le seul nom de criminels.

Mais qui ne fçait que la clemence
Modere tous vos iugements,
Auant que vos reßentiments
Se declarent contre l'offence?
N'ont-ils pas veu, ces infenfez,
Pendant le cours des ans paßez,
Que la repentance a des charmes
Qui font que iamais voftre cœur
Ne peut abandonner vos armes
Au pouuoir de voftre rigueur?

C'eftoit donc la feule arrogance
Que ma force leur fournißoit,
Qui dans leur memoire effaçoit
Cette importante connoißance:
Et mille demons menfongers
Sous des vifages eftrangers,
Se meflants dans ma populace,
Luy defendoient de conceuoir
Qu'vn Monarque peuft faire grace
A ceux qui brauoient fon pouuoir.

Cependant la fameufe enceinte
De mes prodigieux rempars
Les aßeuroit de toutes parts
Contre les aduis de la crainte:
Et la hauteur de mes foßez,
Qu'on n'auoit iamais trauerfez
Que pour mourir à mes murailles,
Difpofoit leur rebellion
A faire plus de funerailles
Qu'en dix ans n'en fit Ilion.

Et puis me tenant asseurée
Du prompt secours de l'estranger,
Ie ne preuoyois nul danger
Que n'emportast vne marée,
Ne pouuant pas m'imaginer
Que vous deussiez me ruiner
Par des exploits si peu croyables,
Que ceux qui viuront apres nous
Les mettroient au nombre des fables
S'ils n'estoient racontez de vous.

Qui n'eust iugé que les furies
Complices de mon attentat,
Pour ébranler tout cét estat,
Faisoient ioüer mes batteries?
Tant estoit terrible le bruit:
Tant estoit horrible la nuict
De cette infernale tempeste,
Qui durant les iours les plus clairs,
Ne laissoit luire sur ma teste
Que des foudres & des esclairs.

O vains efforts de tant d'années,
Effets de mal-heureux conseils!
Vains trauaux, foibles appareils,
Contre l'arrest des destinées!
Que m'a-t'il seruy de m'armer
Des forces de terre & de mer?
Dieu qu'elles estoient inutiles
Contre vn Monarque si pieux,
Qui voulant reprendre ses villes
Faict ses approches par les Cieux!

Mais

Mais quoy, ce monstre d'heresie
Hurlant, & les nuicts, & les iours,
Au milieu de mes carrefours,
Entretenoit ma frenesie;
Et tous les ministres d'enfer,
Mettant les flammes & le fer
Dedans la main de l'Euangile,
Animoient vn peuple peruers
A mourir pour sauuer l'Asyle
Des crimes de tout l'Vniuers.

Et certes à voir l'insolence
De leurs complots seditieux
Dont les discours audacieux
Autorisoient toute licence,
Ie croyois qu'enfin les destins
Auoient promis à ces mutins
De leur faire acheuer l'ouurage,
Dont, pour viure exempts de vos loix,
Ils auoient fait l'apprentissage
Par le mespris de quatre Roys.

Que si leur perfide manie
Auoit quelques heureux succés,
L'orgueil ne peut auoir d'excés,
Ou n'arriuast ma felonnie:
Ie défendois à mes desirs
D'aspirer à d'autres plaisirs
Qu'à voir tresbucher cét Empire,
Et tous vos tiltres démolis
Laisser à ma seule Nauire
La gloire, & le pouuoir des Lis.

★★

La Rochel-
le a d'azur,
à la nef d'ar-
gét, aux voi-
les de mes-
me, surmô-
tée de trois
fleurs de Lis
d'or en chef.

Mais cette funeste pratique
Deuoit par ma prise finir,
Puis que le Ciel pour me punir
Rouloit mon an climaterique.
La rigueur de mon chastiment
Commença par l'aueuglement
De mon Conseil, & de mes Maires,
Qui n'ont pû iamais approuuer,
Sinon des remedes contraires
A ceux qui me pouuoient sauuer.

Deslors les sinistres augures
De mille nouueaux accidens
M'offroient des signes euidens
De mes calamitez futures :
Les vents sembloient me menacer,
Les ondes sembloient m'annoncer
Que quand elles seroient captiues,
Ie payerois à vos guerriers
Les dommages de vos oliues
Par la perte de mes lauriers.

En suite ie vy l'entreprise
De ces vastes retranchements,
Où la fleur de vos Regiments
Viuoit de l'espoir de ma prise.
Ie vy s'esleuer tant de forts,
D'où, sans faire d'autres efforts,
L'œil de la Iustice Diuine,
Au trauers de mes garnisons,
Alloit conduisant la famine
Dedans le sein de mes maisons.

Ie vy la merueilleuſe maſſe,
Qui dans mon canal s'aduançoit,
Et d'vn front hautain menaçoit
Les partiſans de mon audace.
En vain cent boulets tous les iours
Partoient du ſommet de mes tours,
Afin d'abbattre ſa ſtruᵉture,
Et de rabaiſſer cét orgueil,
Qui forçoit toute la nature
Pour faire d'vn port vn écueil.

Souuent i'oüy la violence,
Dont tant de bouches de canon
Faiſant ſonner haut voſtre nom,
Impoſoit aux vagues ſilence.
Ie vy ces vaiſſeaux enfoncez,
Ie vy ces chandeliers dreſſez,
Qui ne permettoient le paſſage
Aux flots qui venoient dans mon port,
Que pour m'apporter le meſſage
Des aſſeurances de ma mort.

Depuis, quels eſtranges rauages
Ont puny mes preſomptions,
Qui nourriſſoient les faᵉtions
De mes deſeſperez courages.
A quel poinᵉt de brutalité
La faim n'a-t'elle pas porté
Mes rebelles abominables?
Ils ont, au fort de tant de maux,
Mangé les rebuts deteſtables
Des plus infames animaux!

Malgré l'horreur de la nature ;
Et le refus de la raison,
Ils ont cherché dans le poison
Le secours de la nourriture :
Et la iuste rigueur des Cieux
Par leurs appetits furieux
Les a sceu tellement poursuiure ;
Que la peur mesme de perir
Leur a fait employer pour viure
Tout ce qu'il falloit pour mourir !

Tousiours pourtant ces Insulaires
Amusoient ma credulité,
Qui donnoit à leur vanité
Le nom de mes Dieux tutelaires :
Et leur Roy, que mes matelots
Croyoient estre le Dieu des flots,
S'interessant dans ma fortune ;
I'auois quelque droict d'estimer
Que, malgré ce nouueau Neptune,
On ne m'osteroit pas la mer.

Mais apres la triste retraite
De ces Poltrons, qui dedans Ré
Laisserent leur nom enterré
Souz l'opprobre de leur défaite ;
Deuois-ie croire à mon malheur
Qui m'alloit vantant la valeur
De ceux qui font si mal la guerre
Dedans & dehors leurs vaisseaux,
Qu'ils n'ont que des pieds sur la terre,
Et n'ont point de mains sur les eaux ?

Ils font venus, & leurs machines
N'ont feruy qu'à-me faire voir.
Les marques de leur defefpoir
Sur le débris de leurs ruines :
Apres auoir efté battus ;
N'ofant plus ioindre vos vertus,
Qui combattoient dans voftre armée ;
Ils font demeurez, pour le moins,
Afin qu'vne ville affamée
Ne fe rendift point fans tefmoins.

Mais qui croira qu'ils eftimaffent
Que les yeux de tout l'Vniuers
Eftants fur mon deftin ouuerts,
Iamais les tefmoins me manquaffent ?
I'ayme mieux iuger qu'apres Dieu
L'Ancre de ce grand Richelieu
Les retient proche de ma terre,
Afin de leur pouuoir monftrer
Comment vn iour dans l'Angleterre
Vos armes vous feront entrer.

Tel que des plus hautes montagnes,
L'amas des torrens vagabonds
Va defchargeant par mille bonds
Mille malheurs dans les campagnes :
Au bruit des arbres arrachez,
Tous les troupeaux effarouchez,
Abandonnent les pafturages,
Et fe vont en vain enfermer
Dedans l'enceinte des villages
Qui doit auec eux abyfmer.

✶✶✶

Tels paroiſtront ces volontaires,
Lors que vous leur aurez permis
De ſondre ſur vos ennemis
Pour vous les rendre tributaires:
En vain nos pirates du Nort
Fuyront les menaces du ſort
Dans leur coin ſeparé du monde;
Là meſme vos ſoldats eſpars
Sçauront, auſſi bien que ſur l'onde,
Donner la chaſſe aux leopards.

Deſia la victoire tient preſtes
Les Palmes qu'elle doit donner
A ceux qu'il vous plaira mener
A ces infaillibles conqueſtes.
Cependant, touſiours, ô grand Roy,
Quoy que vous ordonniez de moy,
La clemence aura l'aduantage,
Puiſque meſme la cruauté
Ne pourroit pas trouuer l'vſage
Du tourment que i'ay merité.

Et puis quand l'eſclat du tonnerre
Contre moy s'offriroit à vous,
Pour mieux ſeruir voſtre courroux,
Que n'a fait la faim, ny la guerre:
Conſiderant ce que ie puis,
Ce que i'eſtois, ce que ie ſuis,
Iugerez-vous pas que la foudre
Darderoit des feux ſuperflus,
Pour mettre des cendres en poudre,
Et deſtruire ce qui n'eſt plus.

Non, non, ie m'arreste au presage,
Que mes regards audacieux,
Instruits par les rays de vos yeux
Remarquent sur vostre visage:
Laissant aux Princes inhumains
Le droict d'ensanglanter leurs mains
Dans les effets de la vengeance,
Vous reseruerez les efforts
De vostre adorable puissance,
A faire reuiure les morts.

La fidelité de l'Oracle
Qui nous a predit vos bien-faits,
Pour rendre nos vœux satisfaits,
Nous doit encore ce miracle:
Mäis en bref vous l'acquiterez,
Si tost que vous commanderez,
Marchant en pompe dans mes places,
Que mes citoyens resiouïs
Leuent de terre leurs carcasses,
Pour vous crier viue LOVIS.

Fautes suruenuës en l'Impreßion.

Page 9. ligne 7. *sub.* effacez. p. 17. l. 1. *commença.* on commença. p. 22. l. 35. *pur.* pour. p. 24. l. 4. *ponr.* pour. p. 27. l. 20. *pouuoir.* pouuoit. l. 25. *senrence.* sentence. p. 38. l. 22. *le.* les. l. 30. *eust.* eut. p. 50. l. 13. *ee.* ce. p. 56. l. 35. *effußion.* effusion. p. 59. l. 18. *ie sçay.* ie ne sçay. l. 39. *puißances.* puissances. p. 69. l. 15. ἀχρωπειαζι. lis. ἀχρωπειαζι. p. 76. l. 16. *condnicte.* conduicte. p. 62. l. 38. *elle l'auoit auoit.* effacez *auoit.* p. 79. l. 26. *Argonantes.* Argonautes. p. 88. lig. dern. *assauls.* assaults. p. 98. l. 5. *cemme.* comme. p. 117. l. 8. *lesquelles.* lesquels. p. 132. l. 24. *les.* le. p. 133. l. 11. *forces.* forces. p. 143. l. 4. *combien Neptune, &c.* combien Neptune a ressenty de cholere & de chaleur dans ses eaux? combien.

Extraict du Priuilege du Roy.

PAR Lettres du Roy, données à Paris le 11. iour de Feurier 1629. il est permis à PIERRE ROCOLET, Impr. & Libraire à Paris, d'imprimer
ou faire imprimer, vendre & distribuer tant de fois que bon luy semblera,
& en telles marges & characteres qu'il aduisera, *Les Eloges, &c.* & ce pendant
le temps & espace de six ans ; Et defenses sont faictes à tous Libraires & Im-
primeurs, & autres personnes de quelque qualité & condition qu'ils soient,
de les imprimer, ny faire imprimer, ny d'en extraire aucune partie, & d'en vendre pendant ledit temps, d'autres que de ceux qui auront esté imprimez par
ledit ROCOLET, ou de son consentement, à peine de mil liures d'amende, & de confiscation des exemplaires qui seront trouuez d'autre impression
que celle dudit ROCOLET, comme il est declaré plus au long en l'ori-
ginal desdites Lettres données les iour & an que dessus, & signées,

Par le Roy en son Conseil,

POICTEVIN.

Et seellées du grand seau.